中国现代外国哲学学会分析哲学专业委员会 编

山西大学哲学社会学学院 资助

中国分析哲学

ANALYTIC PHILOSOPHY IN CHINA 2023

2023

ZHEJIANG UNIVERSITY PRESS

浙江大学出版社

·杭州·

图书在版编目（CIP）数据

中国分析哲学．2023 / 中国现代外国哲学学会分析哲学专业委员会编．-- 杭州：浙江大学出版社，2024.4
ISBN 978-7-308-24704-7

Ⅰ．①中…　Ⅱ．①中…　Ⅲ．①分析哲学—中国—文集
Ⅳ．① B089-53

中国国家版本馆 CIP 数据核字（2024）第 046656 号

中国分析哲学．2023
中国现代外国哲学学会分析哲学专业委员会　编

责任编辑　伏健强
文字编辑　谢　涛
责任校对　叶　敏
出版发行　浙江大学出版社
（杭州天目山路 148 号　邮政编码 310007）
（网址：http：// www.zjupress.com）
排　　版　北京楠竹文化发展有限公司
印　　刷　北京中科印刷有限公司
开　　本　787mm × 1092mm　1/16
印　　张　16
字　　数　308 千
版 印 次　2024 年 4 月第 1 版　2024 年 4 月第 1 次印刷
书　　号　ISBN 978-7-308-24704-7
定　　价　85.00 元

中国分析哲学　2023

启真馆 出品

启真馆 出品

国家社会科学基金重大项目
“20 世纪中国分析哲学史研究”（21&ZD050）
阶段性成果

王华平（中山大学）
王姝彦（山西大学）
王文方（山东大学）
魏屹东（山西大学）
徐向东（浙江大学）
徐英瑾（复旦大学）
叶　闯（山西大学）
郁振华（华东师范大学）
张学广（西北大学）
朱　菁（厦门大学）
朱志方（武汉大学）

Editorial Board of *Analytic Philosophy in China*

卷首语

江　怡

2022年年末，英国著名的《牛津英语词典》推出了经过网民投票选出而不是像以往那样根据数据分析选出的年度词汇：“哥布林模式”（Goblin Mode）。“哥布林”是一种传说中的类人生物，普遍特征为绿色皮肤、尖耳、鹰勾鼻和金鱼眼，在《魔戒》《哈利波特》等奇幻故事中都可见到它的身影。在日常语言中，“哥布林模式”是一个俚语，《牛津英语词典》对它的解释是“一种毫无歉意的自我放纵、懒惰、邋遢或贪婪的行为，通常是以拒绝社会规范或期望的方式呈现”。根据英国《卫报》的分析，这个词反映出在新冠疫情形势逐渐明朗之时，人们难以脱离居家状态、不想回到办公室工作的情况。美国语言学家兼词典编纂者本·齐默（Ben Zimmer）在宣布该词入选2022年牛津年度词汇时说：“哥布林模式确实与时代和时代精神相呼应，这无疑是2022年的表达。人们正在以新的方式看待社会规范。哥布林模式允许人们放弃旧的社会规范，接受新的规范。”牛津语言（Oxford Languages）的总裁卡斯帕·格拉斯沃尔（Casper Grathwohl）说：“在我们刚刚经历的这一年，‘哥布林模式’引起了所有在这一点上感到有点不知所措的人的共鸣。”

的确，2022年是让世界上所有人都感到错乱的一年：疫情依然肆虐，但人们却选择放弃隔离；全社会已经解封，但人们却依然心存疑虑而坚持自我隔离；全球经济普遍衰退，但人们却不得不承受日益高涨的物价；个人生存空间日益受到压缩，但人们却不能选择“躺平”且不得不继续“内卷”。所有这些都以明显的方式向我们表明，我们生活的世界正在发生着似乎不可逆转的改变。世界格局的变化直接影响到每个国家的政策制定，而国家之间关系的调整则导致了社会内部结构的改变。对我们每个人来说，这种变化最直接的一个后果，就是个人与社会的关系似乎比以往更为密切，我们不得不更加依赖我们生存的这个世界。大到国家政策的制定和调整，小到个人生活的未来安排，我们都越发感到个人的无能为力。所以，选择以“哥布林模式”生活就成为普通人的一种自然状态。从消极的方面看，这种选择是逃避现实的不得已而为之，或者是为了反抗已有的社会规则而采取的“鸵鸟式”策略；从积极的方面看，这种选择为我们重新认识自我与社会的关系、重新确定社会在自我成长和完善过程中的位置，带来了转变和机遇。

当今世界的变局并非只有在这个时代才会出现。回首人类的历史，每个时代都有不同的危机、困难和冲突，而正视这些问题并竭力找到解决它们的出路，正是人类共同的宿命。在乐观的人看来，这些危机、困难和冲突的每次解决，都体现了人类社会的进步；在悲观的人看来，这些危机、困难和冲突的出现，却是人类不得不面临的劫难。但无论我们如何看待它们，它们就在那里。用一句通俗的话说，它们的存在是不以我们的意志为转移的。《悲惨世界》中的艾潘妮最后勇敢地为马吕斯抵挡子弹，就是为了让马吕斯在她的额头上留下一个吻，实现她的少女之梦；冉·阿让经历了荣誉和辉煌，但最后不得不背上沉重的十字架，这是因为他无法摆脱作为苦役犯的悲惨过去。《战争与和平》中的安德烈公爵和皮埃尔伯爵无论经历了多少人生磨难和痛苦，最终依然能够保持善良平和，各自做好力所能及之事，摆脱心中的痛苦，因为他们坚信，世界并非刻意对他们不公，而是对他们的意志进行考验。托尔斯泰告诫我们："要记住，情况越危急、越困难，就越需要坚定、积极、果敢，而越无为，就越有害。"而我更想要说的是，无论遇到何种艰险，首先要认清环境，然后积极寻找解决困难的各种办法，最后实现与环境的共同融合。认清环境和共同融合是解决困难的关键所在，而首要前提，则是要承认环境和世界的真实存在。

承认这个世界的存在，其实并不是一件容易的事情。我们在日常生活中经常可以看到，人们按照自己的意志行事，对世界的真实性似乎不以为然，总以为依靠自己的力量就可以改变周围的环境，甚至可以改变整个世界。阿 Q 式的思维方式总会以各种方式表现出来。如果仅是个人的行为受到这种思维方式的支配，我们完全可以把这归结为主观意识作祟，并以众人的行为对个人行为的结果给出限制。然而，如果这表现为一种有组织的行为模式，就会使更多的人在面对现实拷打的时候感到无能为力，甚至惊慌失措，无所适从。承认真实世界的存在，并不需要过人的智慧，但却需要勇于担当的气魄。只有当我们与现实世界碰撞时，我们才会意识到自己的错误和无助；而刻意地坚持与现实世界的对抗，其结果就是毫无意义的失败。维特根斯坦曾把哲学的产生归结为理智与语言用法的碰撞，因而在他看来，哲学的思维方式也可以被看作一种理智上的疾病。他提出的解决方法，是让我们的语言回到坚实粗糙的大地，即让我们遵守语言的日常用法规则，而不是按照我们臆想的语法使用日常语言。承认这个世界的真实存在，就是我们避免错误，减少代价，并最终与世界共存的直接方法。

"你见，或者不见我，我就在那里，不悲不喜。你念，或者不念我，情就在那里，不来不去。你爱，或者不爱我，爱就在那里，不增不减。你跟，或者不跟我，我的手就在你的手里，不舍不弃。来我怀里，或者，让我住进你的心里。默然相爱，寂静欢喜。"这是广为流传的中国诗人扎西拉姆·多多的诗歌《班扎古鲁白玛的沉默》，以爱情来表达对宗教信念的热情。在这里，我希望借用这首诗的表达方式，表明我们对世界存在的应然态度："你知，或者不知，世界就在那里，变动不居。你愿，或者不愿，实在就是如此，无怨无悔。你变，或者不变，事实即是事实，毋庸言辩。你认，或者不认，公意就存于人心，泾渭黑白。到世界中去，或者让世界到我们心间。默然接受，与汝同在。"

愿我们能够与世界同在。让我们用历史见证未来！

是为序。

目 录

[语言哲学]

洪谦一辈论述断定所催生的分析结果：论语言与理论的关系

◎ 周伯乔
陕西师范大学哲学学院

摘　要：石里克提出知识分析法，指出掌握知识在于掌握认知对象之间的关系，掌握人们既没有先验原则可依，也不靠直觉来确认的这些体系内的关系。从此，知识系统的一致性和可证实性便被确认为知识的两个表征，纽拉特等人又视之为知识真理性的表征。石里克不同意，他认为知识成为真理，除了靠着本身的一致性和可证实性之外，还要反映认知对象之间各种关系的真实情况。做到这一点，他坚持需要有一些命题，它们只会在对应的外在关系出现时才有所表述，谁懂得它们描述什么，也就知道什么关系是真确的。也就是说，为命题赋值完全取决于它们的意义，石里克称之为断定。可是，没有经验命题会像分析真句一样，单凭句义即可决出真值。面对疑难，石里克拒绝退缩，他认为断定既是经验性的，又是分析性的，可为经验知识保证其确定性。石里克没有解释断定为何要在本身得到真值时才有所表述。本文把断定视为极限诠释的对象，让人们在诠释中酝酿出理解相关断定所需的指引，据此确定断定之所以为真所必须描述的外在关系，这造成了真值与描述同步并举。人们可参考相关的外在关系从断定推演出表述知识的命题。完善断定论，既响应了洪谦等人对知识分析法的积极态度，又根据断定为知识加油一事说明语言扶持了理论。

关键词：断定；证实；意义；知识分析性；翻译不可确定性；诠释；石里克；洪谦

一、前言

石里克（M. Schlick）早年的哲学研究集中于知识论，力证科学知识为概念性知识。无论是形式科学知识（如几何学知识），还是物理科学知识，只要能够在系统中得到表述，我们便可以通过认识这些系统加以掌握，而不是通过直觉。所掌握的知识要么由分析命题来表述，要么由综合命题来表述。前者是先验命题，后者是经验命题。知识只由这两种命题来表述，不用康德所说的先验综合命题来参与。这个观点成为维也纳学派的核心思想，在石里克的领导下，引进《逻辑哲学论》的观点，接受证实原则[①]，通过证实来说明分析语句没有（有）经验内容，其真（假）值保持不变；而综合命题于经验界是有所判断的，其值可真可假，视外界的情况而定。从此语言与外界的关系便由证实句值的方法和语句所表述的意义的关系来决定（Schlick，1979e：156-157）。关乎外界的知识，如果要说明其确定性，便先要弄清楚两点：第一，所用语句所表达的意义为何？第二，语句是如何得到证实的？然后，再根据意义与证实的关系来说明知识的确定性。分析语句全凭句义即可被证实为真或为假，毫不含糊；而综合语句就不能单靠句义来确定其真（假）值。这说明经验科学知识没有形式科学知识的确定地位。针对这一情况，石里克提出所谓的断定，例如"这里一片蓝色"，我们在认识它的意义时便知道它是真的，与分析命题一样，语句表述其意义的同时，其值也得到证实，石里克即以断定为经验知识的确定性提供保证。但这引起激烈的反对，可惜石里克因故无法完成断定论的论述。他的学生辈，例如洪谦和坎贝尔（C. Campbell）等人，在 60 多年之后仍在讨论这个争议，却是怀念多于批评。本文回顾石里克和 20 世纪 50 年代以后的语言哲学的发展，从中整理出支持断定论所可能有的依据，借此弄清楚知识确定性的含义，并且进一步理顺语言与（科学）理论的关系。

二、从知识的分析到语言分析

日常生活中所获取的一般知识来自知觉，知觉所提供的印象往往被视为知觉的内容，这些内容难有清楚的说明，可以称得上是难有定说。在光源不足的情况下我们不会轻易地判断一物的颜色，这说明知觉若真的提供了印象，那么它往往是不够清晰的，未必可信。我们的科学家就不单靠知觉，有需要时会动用光谱仪来测量颜色。由此可知，科学研究不靠知觉提供的印象。关于这一点，石里克之前的赫尔曼·冯·亥姆霍兹（Hermann von Helmholtz）已有说明，他提出的记号论（sign theory）认定知觉所得仅是个记号，没有什么内容，仅代表着引发知觉的外因（Helmholtz，1924—1925）。我们只可以通过有关记号的有序变化来认识知觉源在变化中所展示的秩序，这个秩序是不能被知觉的，因此这也就意味着引发知觉的原因不靠

---

① "Verification""Confirmation""Affirmation"有多种汉译，洪谦依次翻译为证实、确认和确证。如果要研究这些翻译的得失，建议把三者放在一起考虑，相信对洪谦的译法会多产生一点好感。本文采用他的译法，并且有所增补如下："Affirmations"指表述式时译作断定。这是洪谦在 1990 年作品中的译法（洪谦，1990），而他在 1999 年出版的著作中则译作确证（洪谦，1999）。本文在"Affirmations"指称认知行为时才译作确证。

知觉来掌握，而是通过知觉记号的有序变化。这种认知方式既不需要先验的因果概念的帮忙，也不需要介入直觉，因为科学家所面对的是没有内容的记号，以及记号的有序变化。亥姆霍兹的同事普朗克（M. Planck）为此提出了一个概括性的说明，他指出知识不以个体为对象，重要的是这些个体在一个系统中所形成的关系。个体间的关系是有结构的，而系统的变化是有其内部秩序的，科学知识所关注的仅是结构和秩序。没有掌握知觉的内容，无碍于掌握科学。他给出的理由是这样的："我们的知觉为物理学家提供的不是外在世界的表象，而是各种量度，以及附带的记号，而这些记号都等待着物理学家的诠释。"（Planck，1933：84；1960：53）石里克继承了这个新的科学立场，让直觉自然化，即不再承认纯粹直觉和经验直觉能构成为我们所掌握的规范与内容以成就知识，纵使直觉提供了一些经验，也不可视为知识[①]。真正的知识之所以成立，完全在于各个记号所得到的诠释，没有偏离记号之间的量度结果。这个知识论立场看重的是诠释和测量的能力，这两种能力从何而有？石里克认为关键在于懂得运用概念，营造知识（Schlick，1979b：285-369）。

掌握概念首先要知道我们根据知觉而形成的观念是比不上概念那么清晰的。比如，三角形的观念足以让我们判别一些图形是否为三角形。无论是出现在平面的三角图形，还是在球面上的三角图形，都能按照我们的观念而视为三角形。不过，我们至少有两个三角形概念，其中的一个可用于谈论欧几里得平面几何学，另一个则可用于谈论非欧的球面几何学。

按照希尔伯特（D. Hilbert）的理解，几何学公理论述的对象包括了诠释几何学所需的对象，即点、线、面等，其分别由"点""线""面"等的几何学词汇来表示；而我们诠释这些对象，不能偏离或抵触几何学语言为其词汇编织出来的逻辑范畴以及范畴之间的关系。在希尔伯特看来，几何学的真理性在于论述几何学体系内的对象时是否保持一致，不管选取哪一种诠释，都以一致性为依归。人们通过平面几何学的公理来诠释点线面而掌握了相关几何学词汇所表述的概念，以及概念之间的逻辑关系，便可以进一步依据这些关系整理出一些几何学公理，并从中推演出定理来，为定理求得证明。如果一个证明所得出的定理指明三角形三内角之和为 180 度，不认识这条定理算不上掌握了（平面）三角形概念。至于球面几何学则另有一套公理和定理，不懂得通过其公理证明（球面）三角形三内角之和大于 180 度，便算不

---

① 说直觉自然化，是指直觉在认知的过程中所起的作用与知觉无异。笼统地说，康德所说的纯粹直觉不复存在，有关空间的结构仅凭几何学公理来理解。至于经验直觉所提供的，则要在于经验科学的系统中得到诠释而成为系统内的关系元之时，才得以知道它们是什么东西。如果知识在乎认知对象关系的结构，直觉便失去重要性，因为关系元在整理好知识的结构之后方才以清晰的面貌现身，整个过程与直觉无关（参考 Schlick，1979e; Textor，2018）。

上掌握好（球面）三角形概念。

对石里克而言，掌握几何学知识实际上是掌握了概念性知识。

他认为一切知识都是概念性知识，从直觉得来的印象所提供的观念无法构成正确的几何学知识。其实，只有概念性知识才有可能鉴别其正确性（Oberdan，2017）。关于几何学知识，鉴别其正确性就在于检查几何学公理的一致性，只要认知者诠释几何学对象并在据此整理对象之间的关系时以几何学系统的内部一致性作为依归，不予抵触，他所掌握的便是正确的几何学知识。无论在认识平面几何学还是其他的几何学的时候，石里克都坚持这个知识论立场（Schlick，1979b）。这是否意味着掌握了一致性的证明，便掌握了相关的几何学系统的全部知识？如果认知的重点放在几何学对象之间的关系上，那么对象便因此变得不重要，有可能沦为构想出来的关系元，而把它们实在化，说成是几何学知识的对象无非是为了方便我们解说系统的结构。如果这是真的，我们只能把点、线、面等对象是否真实的问题转移到形而上学去，视之为几何学以外的问题。这样对待几何学范围内的诠释对象也许是无伤大雅的，因为几何学概念是抽象的，掌握这些概念从几何学结构入手是理所当然的，至于物理学概念，大多数为抽象程度不高的经验概念，要掌握它们大概不能萧规曹随吧！

面对这样的叩问，可以想到，石里克感到最要紧的依然是把直觉拒之门外，坚持知识因概念而生。让我们拿平面几何学来说明为什么要有这样的坚持。平面几何学提出了一个空间的结构，让各种几何学关系在这个结构中得到单义的表述，意思是说，让所有点、线、面的关系都被表述成平面上展示出来的关系，那就要靠平面几何学的几条公理来维持这样的表述方式（Oberdan，2017）。如果换成球面几何学公理，有关的几何学关系便只能是球面上所展示出来的关系，而不再是平面上的关系了。掌握公理系统的一致性并以此来说明几何学关系得到单义性的表述，这依靠直觉是做不成的；成就知识，概念不可或缺。单靠直觉所得的三角形观念达不到几何学知识所要求的清晰度，因为在观念中三角形该有什么模样因人而异，不能确定它是否有独立于观念之外的身份。至于几何学所提供的三角形概念，是通过演绎几何学公理而得出的，学懂正确的演绎便能够掌握，这个概念是共有的，不会因为各人有不同的形而上学立场而损害了概念的共有性。由此可知，搁置上面所提到的实体化问题至少不会给几何学的知识论使绊子。

在石里克那里，物理知识也是概念性知识，所说明的是物理学体系内各个诠释对象之间的关系，也就是说，关乎物理现象的各种观念被摈弃了，关乎诠释对象本身是否为实在化的结果［马赫（Mach）所否决的对象］的问题也被排斥了。为何如此？石里克等维也纳学派中人有其解释。

他们有一个简单的解释：物理现象的观念因人而异，该怎样说难有共识，成就不了共有的知识；而物理学词汇所指称的对象有着哪一种形而上学的形态也难达共识，物理科学只管为其对象寻找各种测量结果，作为物理学家诠释物理对象时的指引，如此成就的概念性知识不会提供任何形而上学的信息，所以说，物理学家有理由搁置实在化的问题。以上的解释隐约透露了一个哲学立场，可以看到为什么概念性知识提供不了形而上学的信息。从那个立场出发，争论分为两大类：一类被称为事实之争，争论的胜负以事实为依归；另一类被称为言词之争，胜负不取决于事实，而取决于言词的地位。石里克发现，科学的论争取决于事实，而形而上学则是言词之争。据康德的观点，形而上学的言词对于经验事实是有所判断的，当由综合命题来表述，而这种判断又不能依据经验事实而被驳倒，所以又是先验的。一言以蔽之，形而上学命题就是先验综合命题，有超然的地位。石里克的哲学工作就在于说明先验综合命题不成立，以此终止无甚意义却又无休止的形而上学争论（Schlick，1979e）。

他从维特根斯坦那里学懂了命题之所以有意义，是因为它具备了正确的逻辑结构。他追随维特根斯坦的做法，以逻辑结构为据，把命题分为两大类。一类为分析命题，其中的一种可用于表述几何学对象之间的关系，只要用于表述的所有命题不互相矛盾，保持一致性，便得到真值，其所得的真值不会受到外界的影响，这是由于命题不曾论述过经验界的任何事情。另一类命题称为综合命题，当中的一部分用于表述物理学的测量结果，或者用于表述物理对象的关系。无论是哪一部分的命题，对于经验界都是有所表述的，其赋值会跟随经验界的变化而变化，也就是说，经验命题既可真又可假，统称为假设（Hempel，2000：277）。维特根斯坦展示的是语言的逻辑分析，得出的结论是:命题如果是分析的，便不是综合的，反之亦然。石里克引申了这种逻辑分析的结果，让它在知识论的范围内派上用场。他指出，分析命题是先验的，即为它们赋值不受经验变化的影响，因此它们不可能是综合命题。而综合命题都是假设，既可真又可假，不可能是分析命题。所以说，不存在先验综合命题可用于传递形而上学的信息。物理科学所开发的概念性知识只限于物理对象的关系，上面谈到的逻辑分析支持了这个讲法，并且意味着一切经验知识都是物理关系的知识。正是这个主张，催促着维也纳学派设法把社会学、心理学和生物学等关系还原为物理关系，以便组成一个全面的知识体系（Neurath，1983：42-62；1983：56）。

不过，这个系统再大，也不包含形而上学，所谓的全面知识系统是否会因此而仍有缺失？我们不妨沿着卡尔纳普（R. Carnap）的思路寻找答案。他为选择语言定了个宽容原则，因此，他不会因为马赫把物理个体视为感觉复合体而否定其科学研究。在马赫看来，如果描述现象足以展示所有的物理关系，那就干脆放弃个体语言。在卡尔纳普看来，马赫只是用现象语言去描述物理界的状况，这样的语言不带个体词汇，从不谈论个体，所以从来就没有承认过物理个体的存在地位。如果我们赞同卡尔纳普的语言选择的宽容原则，除了接受马赫，还要注意，选择语言不涉及认知上的对错，所涉及的是描述的方式是否便于理解物理关系。卡尔纳普本人便因为追求简约的描述而放弃了现象语言，改用个体语言。由此可见，所谓物理对象的形而上学问题其实是语言的选择问题。而分析哲学也因此而明确了它的身份，它不研究形而上学，只研究语言的逻辑。其核心问题就是怎样通过语言的逻辑确定语言的意义。

三、证实与知识的确定性

1930 年，石里克引进《逻辑哲学论》后，便以证实来说明意义问题，接受这个做法的理据主要来自真值函项理论，其次是重言句理论。维特根斯坦指出重言句对于经验界无所表述，没有经验意义，单凭其意义即可裁决其真假。而句子若依据意义即可推算出真值，便统称为分析语句；若要考虑其表述的内容才能决出真假，便是综合语句。无论句子是分析的或是综合的，都包含在真值函项理论的范围内。这个理论指出复合语句由简单语句组成，前者作为真值函项，包含着后者。也就是说，前者的真值取决于后者的真值，前者在后者得到证实后便得到证实。而后者都是简单语句，本身的逻辑结构就是它们所表述的简单事实的结构。借助证实来确定简单语句的意义首先要掌握语句的逻辑结构，再通过句法和句义结构确定语句所表述的是哪一桩事实，语句所表述的意义（即命题）正好是以这个事实为描述对象所说出的内容。一方面，所谓证实无非是依据事实是否出现来决定句子是真还是假；另一方面，句子凭其意义在表述对象（即事实）出现时取真值，在事实不出现时则取假值。这么一来，证实与意义在取值上共同进退，成为一体之两面，让证实来说明意义，使得证实主义大放光芒。然而，一旦发现有些经验语句无法为其展开证实，证实的光芒很快便暗淡下来。在卡尔纳普等人看来，放弃证实，让确认或否证取而代之，便可以排除证实所带来的逻辑问题，逻辑经验主义大体上仍然保持着原貌。

不过在石里克看来，怎样处理证实问题涉及知识的系统性、客观性和确定性。三者以后者最为重要，逻辑结构既有助于确定句子之间的关系，又有助于确定复合事实与简单事实之间的关系，以及简单事实之间的关系。由于句子和事实两者实为同构，人们也可以凭着句子之间的逻辑关系整理事实的关系，得出的论述所形成的正是系统的经验知识，其客观性得到保证，因为它凭借的逻辑结构不会随着个人的意愿而变化。最后是知识的确定性，在维特根斯坦的体系里，分析语句的取值与多变的外界无关，无论外界如何，其取值不变。我们可以这样描述它的确定性：只要句子的逻辑词语的定义和语句结构不变，句子便不改变取值；由于取值不受质疑，所以是确定的。至于综合语句，有的时候会随着外界的变化而变更取值，然而这种变化改变不了句子与其描述对象的同构关系。可以说，句子即使改变了取值，也没有改变其意义，只要趁着它们取得真值时拿来表述知识，便会得出确定的知识。

确定性之所以最重要，是因为它牵涉知识的破立问题，其余两项只涉及质量问题，一般都没有破立问题来得迫切。当然，科学对其知识的质量是有要求的，质量不达标便影响其确定性。对于经验主义者来说，知识的破立与知识的确定性是息息相关的。而知识的确定性则与知识的来源有密切联系。罗素（B. Russell）和早期的维特根斯坦着力于揭示语言的逻辑结构，目的之一就在于维护经验语句与描述对象的同构性，借此说明经验知识的来源，罗素更以这个来源容得下亲知而肯定相关知识的确定性（Russell，1997：25）。然而，1929 年维特根斯坦重返哲学之时，已决意疏远逻辑结构，他把研究焦点转移到日常语言的用法上，特别是那些卓有成效的用法。不过，他为知识确定性的正确用法提出的较为完备的论述，让我们明白确定性一词在什么情况下提出来才会发挥预期的效果，提高大家判别知识可靠性的能力，这已是十多年后的事了（Wittgenstein，1969）。石里克 1932 年的伦敦演讲仍着眼于逻辑形式，直至次年才转向维特根斯坦所讲的语言用法。这个时候，他是不可能知道维特根斯坦日后是怎样看待知识确定性的。也许维特根斯坦曾经告诉过石里克自己的一些思考方式，对他有所启发，例如尝试去理解“明白”是怎么一回事。维特根斯坦建议大家留意这样一种情况，即人们明白了一些东西，之后往往想不出该如何解释自己是怎样明白的，有可能是因为明白本身没有过程可供记录来作为解释的依据，所以不要因没有记录或者没有解释便怀疑一个人是否真的有所明白。若把这样的思考方式移用于人们在当下的知觉，我们大概会得出如下的说法：如果有人说“此时此处一片蓝色”，并设法向周围的人解释这不是假的，我们会觉得很奇怪，因为我们总觉得一个人说这样的话是不需要质疑的，更不会着手求证其真假。那么，我们当可仿效维特根斯坦，指出那个人既然因当下的知觉而得知“此时此处一片蓝色”说的是什么（即知道所说的话有何意义），也就知道所说的是真的。由于那个人的话语是因话语的意义而取得真值，所以话语所言是确定的。石里克认为，通过这些他找到了语言与外界对象的一个连接点，并且认定这就是安顿知识确定性的地方，于是他大力提出断定论，指出认知者在当下揭示他有什么经验，从而得出的断定（例如“此时此处一片蓝色”）既是综合的，也是必真的。那么，断定便可以凭着综合和分析的双重性来说明经验知识的确定性，也就是说，经验的来源无损于知识的确定性（Uebel，2020：143-146；Schlick，1979e：407-413）。这个说法有复活先验综合语句之嫌，在维也纳学派中引起了轩然大波。之所以如此，主要是因为学派中人几乎全部都站在石里克的对立面，而他本人又在 1936 年突遭不幸而身故，没有机会为断定论提供完整的论述。

断定论从此沉寂下去是可想而知的。却没料到，在学派解散之后的 60 多个年头里，石里克的学生辈，包括洪谦和坎贝尔等人，仍不时撰文回忆当年的争论，并为这个未完成的断定论发表评论。一方面，反对来自经验的一个断定单凭其意义便能证实为真，不承认这样的断定能为经验知识保证其确定性；另一方面，同意断定与其他综合语句仍保持着一种关系，让认知者因着这种心理性的关系而对综合语句所提供的知识抱有信心（洪谦，1990、1999；Hempel，2000：181-198）。洪谦等人似乎要提醒我们，石里克的断定论仍有生机，可配合后逻辑经验主义时期语言哲学的研究态势，为石里克完成未竟之业，并据此进一步梳理证实和意义的关系，以便探讨知识的确定性是否成立。看来，替他完成断定论，有其价值。让我们先回顾一下紧接着逻辑经验主义而展开的语言哲学研究对完成断定论有何启示。

四、证实与意义

维也纳学派解散后，与逻辑经验主义的发展和传承有着密切关系的论述分别来自卡尔纳普、蒯因（W. Quine）和戴维森（D. Davidson）。他们的论述各有重点。卡尔纳普致力于科学语言的逻辑，首要的目的在于提供一个语言，当中包含了观察和理论语句，以前者记录经验界的现象，以后者在前者提供辅助之时解释和预测经验界的现象（Carnap，1936、1937）。其次，为语言提供一个句法与句义的逻辑结构，他认为这个语言的逻辑结构为所有的语句安排好它们与其他语句的逻辑关系，科学家为外界现象提出解释或预测，必须尊重这些已经安排好的逻辑关系，借此守护着解释和预测的合理性。不过，卡尔纳普也知道，不同的理论语句集合可演绎出同一集合的观察语句，这样便显示出经验界的现象有可能得到不同的解释，对其变化也可能有不同的预测。他相信科学家掌握好科学语言的逻辑，便能够提出合适的准解释或者准预测，再凭着科学界的取舍标准——例如依据解释的简约度，依据解释对其他研究成果的兼容度，以及依据预测力的准确度等等——从各个准解释或准预测中筛选出最好的解释或者预测，以此代表科学知识（Carnap，1952、1956）。有的时候可能出现实力相近的两个解释。按理，同一个经验记录语句（一种观察语句）不会因为从属于不同的解释系统而有着不同的证实方法，这是卡尔纳普坚持观察语句有相当独立性的理由，不过这仅是卡尔纳普对待经验记录语句的一个态度。他也同意纽拉特（O. Neurath），主张所有语句的意义都根据它和其他语句的关系来确定。这么一来，记录语句在不同的解释系统中是否因为取义不同而有不同的证实方法？卡尔纳普需要检查他所提供的科学语言，看看多元的解释一旦出现，是否一定要让理论语句的含义从属于观察语句的证实方法。证实和意义的从属关系是否可以倒过来？

我们都知道，逻辑经验主义者反复地说过，掌握了经验语句的意义并不因此而知道它的真（假）值，还需要加以证实，方有定说。例如，一个人若不知道“日过中天”一语的意义，便不知道要观看什么才能证实它是真还是假。这个说法意味着意义先决的立场。可是，逻辑经验主义者又强调说，经验语句的意义要通过语言使用者所采用的证实方式才得以展示出来。例如“外面正下雨”一语，要确定它的意义就在于人们怎样证实此语，证实的方法是往外看，要看的不是别的，正是雨水；如果决定不了往外看的人究竟看什么，我们可以问他有下雨吗，雨下得大吗？如果他说真下雨了，而且说雨下得很大，或者说雨下得不大，那我们便比较有把握地说他看的是雨，并证实此语为真。如果我们想象不出证实此语为真的方法，便难以想象证实此语为假要用上什么证实的方法。当往外看不到下雨时，“外面正下雨”为假便得到证实，我们也许怀疑往外看的人没有看好外面的情况，便会问他天色怎样，如果他说天空是蔚蓝一片，那我们便知道他没有乱看。这个过程显示了我们要很好地掌握此语的证实方法，然后回过头来才能看清楚此语的意义为何。之所以如此，主要是因为证实者一直都依据着大量的经验知识行事，才能够取得正确的证实结果，把句义确定下来。出现这种证实先决的论调，便抵触了意义先决的说法，逻辑经验论者是知道这种情况的，却没有提出调和两者的办法。

有鉴于此，蒯因便从意义的从属问题入手，指出意义之所以从属于证实，原因在于科学家所要证实的是整体的理论，要把理论中的全部语句视为假设，无论是理论语句还是观察语句全都是假设。任何假设在维护理论为先的原则下都可以牺牲，牺牲部分语句只有一个目的，就是要守住科学理论所能发挥的解释或预测的作用（Quine，1951）。蒯因指出，两名科学家即使挑出不同的语句予以牺牲，仍有可能得出相同的守护效果，这说明了意义之所以与证实搭上关系，只在于语言所发挥的作用，都是为（科学）理论服务。也就是说，我们所能说出来的仅是理论所表达的意义，这意味着我们先要拥有相应的理论，才能够谈论物理现象或者社会现象，离开这些理论便无话可说（Quine，1975；1981：38–42）。这不奇怪吗？想想学前的儿童，虽然还没有学过什么理论，却会说话。那么，他们在说些什么呢？说的都是全无意义的话语吗？看来，理论的作用被夸大了，这是借助理论来说明意义与证实的主从关系的恶果，如今之计是把语言从理论中拯救出来，挽回语言在理论形成之前所能表达的意义，把衡量证实与意义的关系的天平向意义的一方倾斜。

戴维森的论述正好在意义的一方添了砝码，他在大学时期上过蒯因的课，两人在学术上过从甚密。戴维森说，说话者在交流中所透露的语言信息莫过于他的语言行为所披露的一切，他认为这是蒯因传授给他的“秘诀”（Davidson，1999：80）。蒯因本人曾经给我们示范过他是怎样理解这个秘诀的。他设想语言学家造访土著，与他们合作制作一本翻译手册，这是一项从无到有的工作，蒯因称之为极限的翻译。意思是说，这个语言学家充当翻译家，手中没有土著的任何资料。第一次见面的时候，土著指向出现在他们眼前的一只动物说“gavagai”，翻译家便根据他所看到的动物把“gavagai”翻译成“兔子”，之后的翻译工作便以早前的译作作为参考，确保完成的手册反映用语的一致性（Quine，1960：26-73）。次日，另一位翻译家也碰上了相同的情况，他把“gavagai”翻译成“兔子复合体”，他很可能相信土著没有把兔子看成实体，才有别样的翻译。在蒯因看来，如果两位翻译家分别完成了各自的翻译手册，尽管两册不尽相同，但两人仍然能够依据各自的手册的提示用土语与土著顺畅地交谈，那么两项翻译工作都算是成功的，彼此不分上下（Quine，1990）。至于土著怎样理解“gavagai”，有没有把“gavagai”看成实体，翻译家只要拿出各自的手册查看，便有了答案。可以想象得到，两人得到的是相反的答案。支撑他们看法的，就是各自的交谈结果。对土著而言，他不一定知道两位翻译家用的母语是相同的，也不必假设两本手册都为同一种母语制定翻译土语的指引。蒯因认为这是我们所面对的语言现实，说话者的语言行为所披露的正是一切的语言信息，我们通过这些信息了解说话者怎样看待这个世界，怎样理解自己的想法。所有人，包括土著在内，都不可能绕过语言行为直接了解土著的心思。两位翻译家各自依从自己的翻译指引而说出的土语，如果土著听得懂，那么，其中一个人把“gavagai”翻译为“兔子”，另一个人则翻译成“兔子复合体”，只能各行其是，无对错可言。这就是蒯因所说的翻译不可确定性。翻译不可确定性提醒我们，证实土著所说的话是否为真离不开翻译出来的土语，翻译者如果想知道土著是否把兔子视为个体，只可以在翻译出来的土语中寻找答案。出现这种情况，充分印证了上述秘诀的说法：语言行为所披露的正是我们所可能知悉的全部的语言信息。

可是，蒯因在引证秘诀的时候加进了自己的一些私见，他似乎相信翻译家不可能抛开自己的语言与土著一起生活，也不可能像孩子一样从牙牙学语开始逐步掌握土著的语言。在戴维森看来，这种学习方式其实一直都出现在我们这个社会，成年人都在互相学习中交流，但平日的同语交谈有不顺畅之时，人们不会因此而去查字典，这不是个好习惯。比较有效的解决办法是彼此找一些别的话语来补充先前的说法，目的在于让对话双方更易于整理当下的用语所要传递的语言信息，以便更好地明白对方（Davidson，1984a）。在戴维森看来，语言所表述的意义不存在于任何地方等待我们去把它找出来，而只能在交谈中把它塑造出来，成为交谈双方所共有的东西，这样才有可能明白对方的用意。这个见解说明了蒯因的“翻译家”有可能摆脱自己的母语，和土著一起讨论本体论的问题，以便确定“gavagai”是否为个体的存在。这样看来，戴维森这个见解较为可取，值得探究一下其来龙去脉。

戴维森是个整体论者，认为我们可以通过一个人的话语知道他相信什么，反之亦然。也就是说，能说得出的东西当然能够想得到，而想得到的东西当是可描述的。蒯因赞同这个说法，把意义与信念比喻为连体婴（Quine，1981：38）。如果是这样，对话者当可通过对方的话语了解对方想什么，也可通过自己的想法了解自己说什么，戴维森称他们为诠释者。那么，这些诠释者是怎样确定他们真的知道对方在想什么呢？戴维森是这样看待诠释者的，他认为我们未必知道自己有哪些不实的信念，但我们的信念大多数是真的，否则，便确定不了我们所相信的是什么（Davidson，1984a）。假设小陈相信青莲居士生于唐代，人称诗圣，杜陵人，曾任左拾遗，所以又被称为杜拾遗，后隐居草堂。在这种情况下，我们需要确定小陈说的这个人叫什么名字，才能确定小陈相信什么。诠释者可采用（诠释的）宽容原则，确定这个人是杜甫，不是李白。如果是李白，那么，只有“青莲居士生于唐代”是个真信念，其余的都是“杜冠李戴”；出现了太多的不实信念，就不好说我们真有清晰的信念。如果说这个人是杜甫，只要应用（诠释的）宽容原则，剔除小陈的第一句话语，便没有出现“李冠杜戴”，也没有出现“杜冠李戴”的情况。可以肯定，关于那个人，我们有清晰的信念，这是关于杜甫的信念。戴维森指出，（诠释的）宽容原则也适用于诠释对话者的话语（Davidson，1974a）。假设我们把刚才的信念告诉别人，受话者有理由引用宽容原则断定我们在谈论杜甫，不受少量错误信念所误导。由此可见，信念和话语的意义是分不开的，知其一即知其二。出现这种情况有个先决条件，那就是交谈者的信念和话语大多数都是真的，否则交谈者无法确定此中的内容与杜甫有关。诠释双方对于李杜两人未必有充足的认识，在开始对话之时，双方都可能不知道自己有多少，以及有哪些信念是真的，要回答究竟谁是谈论的对象自然就拿不定主意。在这种情况下，双方可以补充一些资料，或者作出一些推理，例如凭着“杜拾遗”一名即可否定所谈内容与李白有关，这样便一步步地把上述的信念和相关话语的意义确定下来（Davidson，1974）。这样做，便没有翻译家所受到的限制，他们的限制来自各人的翻译理论，抛开这些理论，对于土语便一无所知，当然也就无法知道土著有什么本体论。如果知道别人另有翻译，把“gavagai”翻译为“兔子复合体”，也只能依据别人的理论来论述翻译是否有错，与自家的理论无关。这正是理解土语离不开翻译所造成的困局。

对蒯因而言，不可确定不可怕。他的“翻译家”观察了大量土著所说的话，并且确定在同样的语境中自己会说什么话，再把双方说的话对应起来编成手册，不时加以修订和扩充，务求使用者与土著交谈时，绝大部分时间都同意对方所说的话。蒯因认为交流的目的在于通过语言共识掌握对方的心理，以便理解对方的生活和信仰（Quine，1999）。如果是这样，我们便不必太注重彼此同意的话是否为真，也就是说，不必通过话语的意义为其求得证实，以决定真假。蒯因早就认为，逻辑经验主义者为语言提出语义规则来确定句子的意义是我们所不能理解的，他质疑这样得出的意义是否能够为证实提供指引。在他看来，我们能够通过翻译来理解别人的话语，靠的不是语句的证实结果，而是掌握别人发话的语境，根据发话者的语境理解他说出来的话，并且预测接下来要说的话。理解和预测是否正确要看彼此的交流是否仍能继续，以满足各自的生活和信仰的需要（Quine，1999）。我们愈是能够理解其人和预测其言行，便愈是不会倚重意义给予的指引，去寻找合适的语句来说明相应的事实。蒯因认为相信意义可充当指引未必可靠，也未必需要。他不同意“意义”这个可以通过语言信息说得明白的概念，认为这是经验主义的第一个教条（Quine，1951）。他借用纽拉特的说法指出，语句在系统中与其他语句形成了确定的逻辑关系，它的真值取决于这些逻辑关系，因此只有语句系统才有证实可言。经验主义者无视此说，以为简单语句通过语义规定得出的意义独立自存，不受其他语句影响，这被蒯因认为是经验主义的第二个教条（Quine，1951）。蒯因决意去除这两个教条，按照纽拉特的主张把翻译理论视为一种语句系统，可根据语言信息（即来自语言行为的各种提示）来修订若干翻译结果，以通过检查。他认为修订翻译结果有自由度，造成翻译不可确定一点也不奇怪，这样无损于认识土著的心理，所以他是放心的。

这里所说的不确定性与蒯因所认可的证实互相呼应。在他看来，证实的目的在于识别理论所包含的语句是一致的，以保证理论可用于描述经验世界的现象。语句要在理论中与其他语句保持一致性，才有所表述，它的意义由它在系统内部分工中所扮演的角色来裁决。所以说，执行证实和表述意义都离不开理论。如果出现解释力相若的两个理论，便谈不上哪个理论是对的还是错的，因为两个理论都得到证实而过了关。选择哪一个理论和选择哪一种翻译都有不确定性。刚才提过，蒯因认为出现翻译不可确定性不可怕，因为翻译家的目的不在于查明土著说了哪些真话，重要的是识别土著所说的话是否为持真（即被他信以为真）的句子。翻译家只用知道土著们说过哪些他们信以为真的句子，就可以理解土著的心理和信仰。所以说，翻译不可确定性不可怕。在这里，证实与意义的关系只建立在持真句上，目的在于确定哪些土著语句是持真的。可是，科学家所珍视的证实和意义，只能在真语句中产生关系，证实借助句义确定的是句子的真值，而不是持真值。科学家在求真的道路上经常要突破前人的理论，以求得新的解释，所以不应满足于证实只为旧理论服务，甘愿让语句因着旧理论而被持真。科学家要想办法让语言在新理论中发挥作用，这需要语言从理论中解放出来。

至于戴维森，他的重点不在于了解对话者的心理，对话者不会因为大家同意连番的对话在谈论杜甫而感到了解对方。重要的是对话者的连番对话是否真的在谈论杜甫，因为通过语言来确定小陈真的在谈论杜甫要靠真语句，所以对话者总希望拿来谈论杜甫的话语是真的。据戴维森所说，诠释者的信念和话语大都是真的，这样才会有较多的机会，让大家在相同的语境中说出大家都同意的话语，也有更多的机会碰上合适的语境，让一方以真的话语促使对方明白他要说什么（Davidson，1974）。当然，在一些交流中产生误解是难免的，但只要（诠释的）宽容原则用得松紧有度，是可以帮助消除误解的，要让对方明白自己会受到很多因素的制约。首先，双方所掌握的真语句未必相同，更有多少之别；其次，在对话中所需要的共识受到外界不同因素影响，对话者在多大程度上同意对方会因时因地因事而变化；最后，双方在行使（诠释的）宽容原则时有不同的松紧度。这里所提出的只不过是三种因素，便足以说明诠释的不可确定性了，控制不了确定性就会影响诠释的可靠性。为此，让我们考察戴维森的极限诠释，看看不确定性是否受控。

戴维森谈论诠释时用上了“极限”一词，其用意有别于蒯因谈论翻译时所说的“极限”。在蒯因看来，翻译家处于极限的状态是一种信息极其贫乏的状态，他所知道的仅是土著受到的刺激与给出反应时出现的语言行为。翻译家从这些贫乏的信息开始，评估土著接下来会有哪些语言行为，不断的评估和修正让翻译家逐渐形成关乎土著的因果知识，这也许是关乎心理反应的知识。而戴维森所说的极限诠释则发生在其他诠释之前，或者发生在割舍一切诠释之后。对话者处在同一个封闭环境，面对外界的同一个事物，要弄清楚它是什么。也就是说，它是什么就得说出它是什么，而且两人的说法要一致。说这是极限诠释，意思是说这次的诠释尽可能拒绝了诠释者既有的信念和过去的言语行为可能造成的影响。在没有可用的宽容原则时，两人所要做的是合力为建构这次诠释分享所需的意义和信念。两人一旦相信面对的事物是一只兔子，他们便要同意称之为兔子，并且知道“兔子”之所以指称共同面对的事物，正是因为面对的事物是一只兔子。这种诠释是诠释整个语言的起点。这样启动的诠释让诠释者依据自己的信念和用语的含义来发话，是为了受话者明白他的用意。由此可知，发话不一定为理论服务。为了让彼此明白对方，诠释者要有能力在极限的诠释中，同步地为话语（例如“这是一只兔子”）建构互相配合的意义和证实，既不让意义主宰证实，也不让证实来主宰意义。在说出面前的某物是一只兔子时，既建构了意义，也完成了证实。戴维森凭着这样的论述，把语言从理论中拯救出来，我们因此而看到语言不带任何理论的要求，并以独立的姿态直接接近经验。用这样的语言谈论经验界，还需要概念图式作为中介吗？蒯因认为我们不能离开自己的翻译理论去理解土著，不能离开科学理论来描述外界的现象，我们要等到相关的理论得到证实，才可凭着这些理论所提供的概念图式去说明语言现象和外界现象（Quine，

1981：38-42）。这个想法实际上认定了证实先行，由它来决定语言所能表述的意义和外界现象，戴维森认为这是经验主义的第三个教条，应予以抛弃（Davidson，1974）。没有第三个教条的干扰，参与极限诠释的对话者会更容易找到并分享所需的信念和意义。话虽如此，他们是怎样走上极限诠释的成功之路的，仍是个谜。完善石里克的断定论也许会找到答案。

五、断定论

卡尔纳普、蒯因和戴维森都谈论过语言怎样发挥描述外界现象或者传达信息的作用。综合他们的论述，有一个非常重要的主张值得阐述和讨论：语言表述的意义不是预设的，是在证实的过程中酝酿出来的，证实的方法也同时在这个过程中形成。我们通过设想的事例来说明这个情况。第一，科学家在真空的环境里测出热能的传播，并以这个实验结果来说明什么是热辐射。如果把实验过程视为证实过程，便可以说实验让我们认识"热辐射"一词的意义，那就是"热能没有透过介质而传播的现象"。这个意义要经过一番操作才能获得，不是预设的。第二，我们通过实验确认了热能传播理论中提到的"热辐射"是"热能没有透过介质而传播的现象"，因此"热辐射"只能被理解或者被定义为"热能没有透过介质而传播的现象"。如果实验人员事前不确定热辐射是什么，他又凭什么促使自己根据真空环境中热源发热遍及四周的现象而断定这是热辐射现象？答案是他提出假设，暂且认定"热辐射是热能没有透过介质而传播的现象"，这个假设一旦被证实，他便知道热辐射是什么。尽管科学家为"热辐射"假设了一个词义，不过只有在假设被证实之后，"热辐射是热能没有透过介质而传播的现象"的句义才诞生。第三，句义被确定与句子被证实为真是互相依存的，没有先后之分，情况类似于戴维森所说的极限诠释。布置实验在科学家看来，是为了检查假设的真伪。在诠释者看来，布置实验是为了确认说明热辐射是什么时所需要的信念。如果实验结果证明了科学家的假设，这个假设便成为表述诠释所需的信念。这样的诠释还未到极限的地步。极限的诠释除了要确认热能没有透过介质而传播这个现象之外，还要确认"热辐射"一词是否能够指明所要理解的对象是什么。第四，物理学家早已知道辐射是能量以波或是次原子粒子移动的形态，在真空环境里找到这种移动的情况，不会觉得奇怪，通过测量温度之后，便有理由相信"热辐射"一词指明了所要理解的对象正是热能的一种传播方式。第五，设想科学家刚发现一种暗物质充斥全宇宙，以往所说的真空其实充满着这种暗物质。如果能够制造一个真正真空的实验环境，便发现一旦暗物质被排除在外，热辐射便消失了。到了这个时候，科学家真的要重新考虑"热辐射"指明的是什么东西。第六，这样看来开会讨论势所必然。这里，戴维森所说的极限诠释便启动了，目的有二，其一是决定我们需要哪些信念，才能让“热辐射”指明现在所看到的现象，即绝对真空形成后热能便传播不了的现象。其二是确定“热辐射”一词所指的现象是那个消失了的现象，还是别的现象。第七，这样的会议未必能够达成共识，科学家们如果分成派系，谁是谁非便留待日后的科研成果来决定。

综上七点，除了最后一点之外，其余的在发展石里克的断定论时都可参考。我们在上面提过，反对石里克的主要论据在于“这里，红色！”之类的断定只反映私底下的经验，别人无法证实真有其事，由于“这里，红色！”没有证实的可能，便谈不上是个有意义的表述；如果仍然坚持断定有意义可供发话者掌握，并据此确证断定是真的，那更是天方夜谭（洪谦，1999：64-67，75-77，89-91，125-135，173-176；Hempel，2000：181-198）。石里克的回应包括了两点。第一，尽管发话者能够根据断定的意义确证它是真的——正如他能够根据分析语句的句义确认其真（假）值一样——也不能说断定为分析真句。因为断定落在语言体系之外，所以才能以单独的身份直接与经验接触；系统内的语句，即使是经验记录语句，也做不到这一点。如果经验知识的确定性要得到保证，那么这个保证不能来自系统内的分析语句和综合语句，更不能来自早被唾弃的先验综合语句。剩下便只有系统外的断定有可能为知识的确定性保驾护航。第二，系统内的所有综合语句，包括经验记录语句在内，都是可真可假的，仅凭其句义是不能证实其真值的，至于断定则留在系统外。因此，它的出现不能通过系统内的任何语句关系来确定它的句义；它之所以出现完全由于发话者确信断定为真才公之于众[①]。而他确信断定为真的原因只有一个，那就是凭着句义即可判断断定是真的。石里克似乎意识到，像“红色”之类的既定词义早已出现在系统之内，却从来没有促使相关的记录语句凭其句义而判定其真值，为经验知识的确定性出过力。断定如果要效力于知识的确定性，便要在发话时产生句义，并因着句义而确定为真句，这才有可能根据句义来确证断定是真的（Schlick，1979e、1979f、1979g）。

石里克的反驳未能说服维也纳派别中人，主要在于没有解决两个问题。第一，断定由主观经验触发，怎可以成为客观知识的基础？第二，断定在语言系统外，知识则由系统内的语句来表述，系统内外的语句没有联系，怎可以让系统外的语句为系统内所表述的知识保证确定性？我们参照科学家在研究热辐射是什么时所经历的过程来重新理解上述的两个问题。首先，让我们认同维也纳学派的主张，认定系统内用于表述经验知识的语句都是假设——上述

① 洪谦在论“断定”时引述了艾耶尔（Ayer）的一段话，用上确信（constated）一词来形容肯定断定的状态。

的科学家在布置实验时为热辐射提出的假设便是一例——假设被证实为真，便表述了知识。不过，实验所进行的证实过程并不是简单地通过句义找到语句的真值，科学家为了认识什么是热辐射，很可能提出过许多假设，布置过许多实验，最终只有一个实验成功，让"热辐射是热能没有透过介质而传播的现象"这个假设表述知识。类似的情况也出现在戴维森的诠释过程中，对话者所用的句子都有既定的句义，虽然掌握得不错，却仍要多加努力，寻找更适合的信念在交流时用作参考，方才明白与对方一番对话谈的是什么。其次，科学家布置实验，目的不在于为"热辐射"找寻定义，以规范该词的用法，而在于弄清楚大家谈论热辐射时谈论的是什么。另外，要弄清楚掌握哪些理论，对于热辐射才有正确的认识。再次，在没有发现暗物质之前，关于热辐射需要掌握哪些理论科学家已有共识，因此，大家都不用怀疑"热辐射"所指的正是布置实验所要找到的东西。然而，发现了暗物质之后，情况便发生了变化，原来的真空理论失效了，关于波和次原子移动的理论可能要修订了，这么一搞，科学家便开始怀疑"热辐射"是否仍指称着我们原来所认定的东西，他们有必要来一次极限的诠释，才能够清理这些疑团。一般来说，科学家会通过重新诠释旧理论和旧概念，让大家知道需要掌握哪些新的理论。在新诠释下，"热辐射"得到了新的词义，大家才明白"热辐射"指的是什么。科学就这样通过极限诠释来恢复常态，科学教学重新回到只需一般诠释便能达到目的的日子。因此极限与非极限诠释是相通的，在两者之间过渡所形成的曲折无碍于科学发展。

石里克指出断定的确证发生在语言系统之外，情况类似于极限诠释，例如"这里，红色！"所说的红色是一种个人的经验，别人无法感受，不知它所指的是什么东西，也不知道需要掌握哪些信念方才明白所谓红色是个什么东西。为了解开疑团，戴维森提出建议，让对话者面对同一事物。为了搞清楚它是什么，便设想从这个事物向两名对话者延伸出两条认知的因果链。当两人分别提出的关于这个事物的一些想法，都是这个事物所产生的刺激沿着因果链来到对话者处而造成的反应时，对话者便凭着这些反应开始交流彼此的想法，合力进行修订，就像上面提过的关于杜甫的讨论一样，最终会找到谈论这个事物所需要的信念，也会找到合适的话语用于指明这个事物是什么。以后再谈论这个事物，进行一般的诠释，便可以知道哪些信念可作为指引，提高交流的效率。戴维森的这个建议只借用了对话者的共同知觉对象来显示极限与非极限诠释是相通的，我们要扩大这个建议的应用范围，试着让诠释从个人的经验开始，才有可能找到系统外的确证怎样为系统内所表述的知识提供确定性的保证。

刚才提过，石里克论述断定的确证，没有申明确证是主观间的事，成为缺陷。为了改良他的断定论，便要先说明怎样实现在主观间出现的确证。为此，设想张红三和李褐四在一个上午来到莫斯科红场的一道红墙前，张红三指着红墙说："这里是红色的。"李褐四却说："这里是褐色的。”两人都知道对方视力正常，又没有戴眼镜，却各说各的，所以都相信对方说的不对。他俩的辩论不会有结果，于是另想办法，寻求真相。为公平起见，双方以相同的方式来理解对方的说法，并且相约下午再来红场，检验谁说得对。

首先，张红三为李褐四所说的褐色下定义，说褐色在上午为红色，下午为红外色（即红色以外的某个颜色，不予明说），而褐外色在上午则为红外色，下午为红色。至于李褐四则为张红三提出如下的定义：红色在上午指褐色，在下午则指褐外色，而红外色在上午指褐外色，在下午则指褐色。

其次，规定在张红三和李褐四之间，如果只有一个人在下午换了颜色词，那么另外的一个人便算是说对了。例如，张红三下午回到红墙之前便说“这里是红外色的”，在李褐四看来，上午说的红色实为褐色，下午说的红外色也为褐色，所以说，李褐四相信张红三在（红墙）这里看到的是褐色，因而张红三会同意李褐四的说法，即同意“这里是褐色的”。两人会依据早上的约定，把看到的颜色称为褐色，纵使各有不为对方所知的感觉，也不会影响“褐色”的指称作用，褐色就是在（红墙）这里看到的颜色 。另外，如果李褐四下午回到红墙，并且说“这里是褐外色的”，同样的情形也会发生。也就是说，在张红三看来，李褐四上午说在（红墙）这里看到的是褐色，实际上是说看到红色，下午说是褐外色的，指的亦为红色，所以张红三相信李褐四在（红墙）这里看到的是红色，李褐四会同意张红三的说法，即“这里是红色的”。这是他们依据早上的约定而达成的共识。

除了上述的情况需要规范之外，还有另外两种情况需要处理。一种情况是张李两人下午回到红墙，都改变说法；另外一种情况是两个人都不改旧说。先说改变旧说的情况，张红三早上说是红色的，下午则说是红外色的，在李褐四看来，张红三其实是接受了褐色的说法。而李褐四上午说是褐色的，下午则说是褐外色，在张红三看来，李褐四说的无疑是红色。看来，红褐之间没有更好的选择，也许张李在彷徨之际，从一人的背包中掉出一本老旧的小书，一看之下正好是小红书，那就选红吧，两人同意提出“这里是红色的”的断定。如果两人认为掉下来的其实是小褐书，那就别有共识了。无论他们选哪个词，绝不影响红墙的颜色;也就是说，不论把他们在（红墙）这里所看到的颜色说成是红色或褐色，任取其一都能说出在（红墙）这里所看到的颜色。一经选定，其他的颜色词便标示不了他们在（红墙）这里所看到的颜色。

现在要谈的第三种情况是两人到了下午仍然坚持上午的说法，在对方看来，其实是改变了说法。先说张红三，上午他说这里是红色的，下午仍说是红色的，在李褐四看来，张红三其实在说这里上午是褐色的，下午是褐外色，用词虽然不变，指称变了。至于李褐四，上午下午他都说是褐色的，在张红三眼里，李褐四上午认了红色，下午则认了红外色，又是用词不变指称变。两人都会觉得对方的做法难以接受，这意味着双方在选红或选褐上难有共识，第三者也说不上谁的颜色词更好。看来，抓签选词是个好办法。采用这个办法看似莽撞，其实不然。上面讨论过的两种情况早已显示了张李两人一旦选定了颜色词，那个词的指称就是在（红墙）那里所看到的颜色，指称作用不取决于个人的视觉经验，起决定性作用的是两人在互动中所完成的诠释。

上面的铺排有助于了解诠释是怎样展开的。开始，让两人同时面对某物时，所要理解的不是某物本身，而是它的颜色。至于石里克则关心诱发断定的颜色经验，而不是外在的颜色（即墙上的颜色）。若以石里克之说为准，张李两人便没有共同的对象作为极限诠释的对象，因为各人的颜色经验不同。幸好两人都提出自己的断定，借此说出了自己的颜色经验，两个断定分别为“这里是红色的”和“这里是褐色的”，这都是谁也否定不了谁的断定，各人都可以持之以为真。即使出现这种情况，张李两人仍可以说，单凭断定的句义便可以确定其真值，按照石里克的说法，这样的断定可成为（颜色）知识的确定性的基础。如果我们能够通过上述的铺排，让张李两人同意在两个断定中选取其一，例如选择“这里是褐色的”，并且同意这个断定所说的是当下两人身处莫斯科红场面向红墙时所发生的颜色经验，那么，两人便因为在相同的瞬间身处莫斯科红场而有资格把断定所描述的颜色经验视为极限诠释的对象。这个共同的对象未必清晰易见，但只要能够集中精神，合力找到诠释对象所需的信念，例如“你我同时看到的是同一种颜色”“你能看到的颜色我也能看到”以及“你我一旦离开这里，已有的颜色经验便会消失”等，直至对象的清晰度足以帮助两人认识各自的颜色经验。而这其实都是关乎红墙的颜色经验，随后重临旧地又能够正确地说出哪里是否仍是褐色的，极限诠释便完成。到了这个时候，大家都知道“褐色”就是当时红墙的颜色。如果红墙颜色不变，两人都会说“莫斯科红场的一道红墙是褐色的”。有如此表述的主要原因在于张李两人分享断定，使得极限诠释的焦点不是落在两人那互不相通的个人经验，而是落在断定所描述的颜色经验。让两人以这样的经验作为诠释对象，便有可能确认这是红墙的颜色所诱发出来的经验，从而确认“褐色”指的是红墙的颜色，这便是诠释的结果。完成了极限的诠释，“褐色”一词经过日后的一般诠释便会转化成为概念，既表述红墙的颜色，也表述天安门城楼的颜色。到了那个时候，“褐色”便可用于表述概念性知识，如有疑问，拿来红墙的颜色样本或照片对照一下便可释疑。“褐色”是否指褐色与昔日张李两人的个人经验内容没有多少关系，却与昔日共享的断定有关。如果当日的共识为“这里是红色”，那么红色就是莫斯科红场的一道红墙的颜色，也是天安门城楼的颜色。总之，在极限诠释完成之前，“褐色”或“红色”都有可能拿来形容莫斯科红场的一道红墙的颜色，用词的取舍要视哪一个是张李两人共享的断定而定。两个选择都以红墙的颜色为目标，所要指称的颜色出现在色谱的同一个位置上。

综上所说，石里克可借助诠释论来完成断定论。在极限诠释完成之前，摆在面前的是断定，是系统外的语句，纵使它准确地描述了颜色经验，也不表述知识；完成极限诠释之后，确认了有关的经验是关乎红墙颜色的经验，我们开始掌握的颜色知识便是关乎外物的颜色知识。说红墙是褐色的，所说出来的便是个经验记录语句，它是个综合语句，可以在系统内表述颜色知识。看来，没有断定，我们掌握不了经验记录语句，说断定是经验知识的基础，实至名归。

六、结论

我们在上面讨论了张李两人在莫斯科红场的经历，说明了八点：（1）断定可共享，成为主体间的信息载体。（2）断定所反映的经验可成为极限诠释的对象，诠释的一个目的在于弄清楚这是怎么一回事（因红墙的颜色所引发的经验），另一个目的在于弄清楚怎样指称它才没有误称，这要看两人共享的断定是怎样说的。（3）两人会接受同一个断定（不是张便是李在上午所说的断定）。如果没有根据张的断定说“这里是红色的”，便会根据李的断定说“这里是褐色的”。共享的断定使诠释成为可能，为系统内的颜色知识提供颜色概念。（4）设想他们打开手机看一看天安门城楼的彩照，如果没有从张的断定出发，进一步说“天安门城楼也是红色的”，便会从李的断定出发，进一步说“天安门城楼是褐色的”。这说明颜色词用得正确与否，与两人在红场的经验内容无关，而是要看被选断定怎样描述颜色。（5）掌握了颜色概念之后，我们便有可能为“天安门城楼也是红（褐）色的”一语赋上正确的句值。它是个假设，代表了一种概念性知识。如果城楼改涂别色，假设便不成立。（6）体系外的断定依然保真，说“这里是红（褐）色”是说这里的颜色是“红（褐）色”所指称的颜色，所说的颜色之所以出现在莫斯科红场是纯粹的偶然，当时的颜色一旦被确认，即有了颜色指称词，断定便被定格了，红墙变色或城楼变色都不会改变断定的取值。（7）断定给体系内提供用语，这些用语进入体系内成为概念的代表之后，便用于表述知识。断定是知识的起点，它本身没有理论的诉求，全凭极限诠释显露它的含义，也显露它的真值，实是语言的起点。它为语言做好准备功夫，在体系外通过断定主体间化和适当的诠释，便能够让体系内的用语以代表概念的身份来表述理论性的知识。由此可见，蒯因颠倒了语言与理论的关系，他让理论来主宰语言可表述的概念，其实是歪曲了语言和理论的关系。极限诠释显示了语言向理论提供所需的概念，如果语言没有提供概念，理论是无所表述的。（8）完善石里克的断定论，原来受困于主观的描述不能传达的问题，现在通过断定主体间化而解决了。原来受困于体系外的陈述支持不了体系内的陈述的问题，现在通过诠释而解决了。

我们以张李的经历来说明断定的知识论的含义，让大家明白断定为经验知识发挥类似于公理为几何学知识所发挥的作用，即成就概念性知识。达至这个结论离不开洪谦所称道的“知识分析方法”。这是典型的石里克方法，此法力求概念取代观念。设想红墙改涂别色，张李共享的断定不会因此而成假，因为断定所描述的是断定在确认的那一刻确认者所看到的颜色，以后出现的任何变化都不是断定所描述的状况。由此可知，确认断定的真值要看确认者是否拿它来描述所看到的颜色，至于颜色词所描述的是什么内容可不予考虑。张李两人能够选取相同的断定，说明颜色词的指称作用不会因为张李两人的颜色经验有别而受到干扰，颜色词所代表的绝不是张李两人互不相通的观念，而是两个共享的颜色概念，可用于掌握颜色的知识。石里克据此认定知识源于断定，断定的必真性为知识保证了它的确定性。这个断定论因着戴维森的诠释理论而得到清晰的表述，而语言不从属于理论的主张也因诠释得到阐述而变得更可信。洪谦是学生辈，纵使批评了断定论，也没有对石里克的方法失去信心。1981年，他在维特根斯坦年会上指出石里克有两个法宝：一是维特根斯坦和卡尔纳普的逻辑方法，二是石里克本人的知识分析方法。洪谦援引韦斯曼（F. Waismann）的话说，此法让我们考察“关于物理的陈述和关于知觉的陈述之间是否有联系以及有怎样的联系”（洪谦，1999：121-122; Waismann，1979：xxiii）。正是洪谦的积极态度，为断定论保存了生机，最终借助诠释理论说明物理和知觉陈述之间的联系，完善了石里克的断定论，让维也纳学派的学说继续发挥其影响力，也为语言哲学研究添砖加瓦。

参考文献：

Carnap, Rudolf. (1936). Testability and Meaning [J]. Philosophy of Science, 3(4): 419-471.

Carnap, Rudolf. (1937). Testability and Meaning—Continued [J]. Philosophy of Science, 4(1): 1-40.

Carnap, Rudolf. (1952). Meaning Postulates [J]. Philosophical Studies, 3(5): 65-73.

Carnap, Rudolf. (1956). The Methodological Character of Theoretical Concepts [M]// H. Feigl and M. Scriven (eds.). The Foundation of Science and the Concepts of Psychology and Psychological Analysis(pp.38-76). Minneapolis: University of Minnesota Press.

Davidson, Donald. (1973). Radical Interpretation [J]. Dialectica, 27(3/4): 314-328; reprinted in Davidson 1984.

Davidson, Donald. (1974). On the Very Idea of a Conceptual Scheme [J]. Proceedings and Addresses of the American Philosophical Association, 47: 5–20; reprinted in Davidson 1984.

Davidson, Donald. (1974a). Believe and the Basis of Meaning [J]. Synthese, 27(3/4): 309–323; reprinted in Davidson 1984.

Davidson, Donald. (1984). Inquiries into Truth and Interpretation [M]. Oxford: Clarendon Press.

Davidson, Donald. (1984a). Theories of Meaning and Learnable Languages [M]// D. Davidson. Inquiries into Truth and Interpretation(pp.3–15). Oxford: Clarendon Press.

Davidson, Donald. (1999). Reply to W.V. Quine[M]// L. E. Hahn (ed.). The Philosophy of Donald Davidson, Library of Living Philosophers, Volume XXVII (pp.80–86). Chicago: Open Court.

Davidson, Donald. (2001). The Myth of the Subjective[M]// D. Davidson. Subjective, Intersubjective, Objective (pp.39–52). Oxford: Clarendon Press.

Davidson, Donald. (2001a). Three Varieties of Knowledge[M]// D. Davidson. Subjective, Intersubjective, Objective (pp.205–220). Oxford: Clarendon Press.

Helmholtz, Hermann. (1924-1925). Treatise on Physiological Optics (3 Volumes) [M]. Milwaukee: Optical Society of America.

Hempel, Carl. (2000). Selected Philosophical Essays [M], R. Jeffrey (ed.). Cambridge: Cambridge University Press.

Neurath, Otto. (1983). Philosophical Papers 1913—1946 [M], R. S. Cohen and M. Neurath (eds.). Dordrecht: Reidel.

Neurath, Otto et al. (1938). Logical Foundations of the Unity of Science[M]// International Encyclopedia of Unified Science, Vol. I no. 1(pp.42–62). Chicago: University of Chicago Press.

Oberdan Thomas. (2017). Moritz Schlick [DB/OL]. The Stanford Encyclopaedia of Philosophy (Winter 2017 Edition), Edward N. Zalta (ed.).URL=<https://plato.stanford.edu/archives/win2017/entries/schlick/>.

Planck, Max. (1933). Where Is Science Going? [M], J. Murphy (trans.). New York: Philosophical Library.

Planck, Max. (1960). A Survey of Philosophical Theory [M]. New York: Dover Publications.

Quine, W. V. (1951). The Two Dogmas of Empiricism [J]. The Philosophical Review, 60(1): 20–43.

Quine, W. V. (1960). Word and Object [M]. Cambridge, MA: MIT Press.

Quine, W. V. (1975). On Empirically Equivalent Systems of the World [J]. Erkenntnis, 9(3): 313-328.

Quine, W. V. (1981). Theories and Things[M]. Cambridge , MA: Harvard University Press.

Quine, W. V. (1990). Reasons for the Indeterminacy of Translation [J]. The Journal of Philosophy, 67(6): 178–183.

Quine, W. V. (1990a). Three Indeterminacies[M]// R. B. Barrett and R.F. Gibson. Perspectives on Quine (pp.1-16). Oxford: Basil Blackwell.

Quine, W. V. (1999). Where Do We Agree? [M]// L. E. Hahn (ed.). The Philosophy of Donald Davidson, Library of Living Philosophers, Volume XXVII (pp.73-79). Chicago: Open Court.

Russell, Bertrand. (1997). The Problem of Philosophy [M], reprint. Oxford: Oxford University Press.

Schlick, Moritz. (1979). Philosophical Papers (Volume I) [M], H. L. Mulder and B. F. van de Velde-Schlick (eds.), P. Health et.al. (trans). Dordrecht: D. Reidel.

Schlick, Moritz. (1979a). Philosophical Papers (Volume II) [M], H. L. Mulder and B. F. van de Velde-Schlick (eds.), P. Health et.al. (trans.). Dordrecht: D. Reidel.

Schlick, Moritz. (1979b). Experience, Cognition and Metaphysics[M]// Schlick. Philosophical Papers, Vol. II (pp.99–111). Dordrecht: D. Reidel.

Schlick, Moritz. (1979c). Facts and Propositions[M]// Schlick. Philosophical Papers, Vol. II (pp.400–404). Dordrecht: D. Reidel.

Schlick, Moritz. (1979d). Form and Content: An Introduction to Philosophical Thinking[M]// Schlick. Philosophical Papers, Vol. II (pp.285–369). Dordrecht: D. Reidel.

Schlick, Moritz. (1979e). On "Affirmations" [M]// Schlick. Philosophical Papers, Vol. II (pp. 407–413). Dordrecht: D. Reidel.

Schlick, Moritz. (1979f). On the Foundation of Knowledge[M]//Schlick. Philosophical Papers, Vol. II (pp. 370–387). Dordrecht: D. Reidel.

Schlick, Moritz. (1979g). The Turning Point in Philosophy[M]//Schlick. Philosophical Papers, Vol. II (pp.154–160). Dordrecht: D. Reidel.

Schlick, Moritz. (1985). General Theory of Knowledge [M], A. Blumberg (trans.). LaSalle: Open Court.

Schlick, Moritz. (1987). The Problems of Philosophy in Their Interconnection [M], Brian

McGuinness (ed.), P. Health (trans.). Dordrecht: Reidel.

Textor, Mark. (2018). Schlick on the Source of the "Great Errors in Philosophy" [J]. Journal of the American Philosophy Association, 4(1): 105-125.

Uebel, Thomas. (2020). Schlick and Wittgenstein: The Theory of Affirmations Revisited [J]. Journal of the History of Philosophy, 58(1): 141-166.

Waismann, Friedrich. (1979). Forward[M]// Schlick. Philosophical Papers, Vol. II (pp. xiii-xxxiii). Dordrecht: D. Reidel.

Wittgenstein, Ludwig. (1969). On certainty [M], D. Paul and G.E.M. Anscombe (eds.). Oxford: Basil Blackwell.

洪谦，1990. 逻辑经验主义论文集 [M]. 香港：香港三联书店 .

洪谦，1999. 论逻辑经验主义 [M]. 北京：商务印书馆 .

An Analysis of the Relation between Language and Theory as a Response to the Comments Given by Tscha Hung and Others on Affirmations

Chow Pak Kiu
School of Philosophy, Shaanxi Normal University

Abstract: Schlick introduces the method of epistemological analysis, according to which, knowledge is the enterprise of exercising our formal and empirical concepts. Our studies of formal and empirical sciences have nothing to do with our a priori or intuitive capabilities. Such an epistemological stand is confirmed by the logical and linguistic analysis developed by Frege, Russell and Wittgenstein. The key to epistemological reliability for formal studies is internal consistence shown by the proven formal systems of mathematics or geometries, while the one for empirical studies is verifiability. Knowledge should be epistemologically virtuous, namely, being consistent and verified. Some members of the Vienna Circle, such as Neurath, also take the epistemological virtues to mean truth. For Schlick, truthfulness does not derived from epistemological virtues. It is rather the matter of being faithful to the facts of the matter. In other words, a verified proposition should indicate what is true of the things it addresses. Schlick points out that affirmations, such as "here, red" , are of that special kind of verified propositions. Given that their truthfulness is fixed in virtue of their meanings, what they mean could only be the truths about the addressed things. But no empirical truth is true in virtue of meaning. Schlick is prepared to accept such oddity while others reject the affirmation theory right away.

There is a point for Schlick to persistently defend affirmations as they would grant empirical knowledge with certainty once they are properly accepted. Given that empirical knowledge is presented with a system of hypothetical propositions, each of these propositions is deprived from having direct relations with the external things that it addresses. This would pose a threat to the certainty of empirical knowledge unless some of these propositions are taken out from the system of knowledge to serve as affirmations that could establish direct relations with the things intended. What Schlick could have done more is to explain what kinds of things are intended by the affirmations. For all we know, what these things are cannot be personal experiences which are not shareable among us and therefore provide no common basis for epistemic certainty. I argue that we may engage ourselves in radical interpretation that enables us to develop a common understanding of what the affirmation says. By then, we should be able to hold the affirmation to say what it means, namely, the truth about the empirical world. As we borrow the terms from the affirmation to express knowledge, we would be able to see how the concept-words necessarily for developing knowledge take shape before they become theoretically laden. It shows that language is related to theory but not completely dictated by it. The negative comments given by Tscha Hung and others on affirmations leave open the way to a better understanding of the relation between language and theory.

Keywords: verification; confirmation; meaning; epistemological analysis; indeterminacy of translation; interpretation; Schlick; Tscha Hung

[心灵哲学]

布洛克对两种意识概念的区分是概念工程吗？

——对查尔默斯的一个批评

◎陈 聪

浙江大学哲学学院

摘 要： 查尔默斯主张“概念工程”是评价、改良和设计概念的哲学方法论，并且将布洛克区分“取用意识”和“现象意识”的哲学工作视为概念工程的典范。本文论证布洛克对于意识概念的划界工作并不是概念工程，它不符合查尔默斯所主张的概念工程的两种主要范式，并回应对该论证的潜在反驳。本文最后说明布洛克不会面临概念工程的理论困境，进一步为布洛克的哲学工作与概念工程的方法论独立性辩护。

关键词： 概念工程；哲学方法论；取用意识；现象意识

一、引言

概念工程（conceptual engineering）在今天已成为当代分析哲学方法论的显学。出于对概念分析、诉诸直觉的案例方法（思想实验方法）的不满，以及回应来自新兴的田野哲学、实验哲学的理论冲击，哲学家们希望以一种更接近于工程师而非理论家的角色从事哲学事业，以工程作业的方法进行哲学工作。他们的工程学对象不是一般而言的器械等物质性对象，而是具有语义内容的“概念”。许多概念工程师都主张哲学的首要工作并不是“苏格拉底式”的概念分析，即追问形如“什么是 X”的问题，并试图以一种描述的方式刻画出能够满足概念 X 的定义或充分 / 必要条件，而是关心如下问题：“概念的旨趣为何？ 它们能够（或应该能够）促使我们完成什么认知或实践任务？ 它们是不是达成我们（合法）目的的有效工具？如不是，什么概念能够更好地服务这些目的？”[①] 这种“改良进路”认为，哲学的概念性工作关心的是我们如何评价和改良概念的语义内容，以符合特定的规范性要求 / 目的。

① Haslanger，2000：33；中文翻译转引自黄远帆，2021：54。

大卫·查尔默斯（Chalmers，2020）则认为上述“概念工程”的定义过于保守。他主张，一个称职的工程师不仅善于评价和改良概念，同时也肩负着设计全新概念的创意工作和推广概念的社会工作。[①] 查尔默斯还援引心灵哲学中的某些成果作为佐证，将内德·布洛克（Block，1995、2002）对于意识概念的分界视为一项代表概念工程的实际范例。

本文将表明，布洛克对于意识概念的划界并不是查尔默斯主张的概念工程，甚至不是任何一种保守式的概念工程，充其量只是一种传统的概念分析（conceptual analysis）。首先，本文将阐明布洛克划界工作的缘由和实质内容，论证布洛克对于意识概念的区分并不符合查尔默斯所主张的概念工程的两种主要范式，反倒更符合传统概念分析的范式；其次，回应潜在的查尔默斯同情者对于该论证的反驳策略；最后，论证布洛克的理论工作不会面临概念工程本身存在的几个理论困境，进一步阐明布洛克的哲学工作与概念工程的独立性。

在正文正式开展之前，我们先澄清一些工作假设，以避免一些不必要的误解。首先，本文预设“概念工程”这个概念是融贯的、无矛盾的，并且概念工程的施行在实践上是可能的，虽然它的实现或许很困难。[②] 不然的话，本文所论证的主要观点会很琐碎，毕竟如果概念工程是不可能的，那么任何实际的概念工作在原则上都不是概念工程，布洛克的意识划界自然也不是概念工程。其次，本文中涉及的“概念”一词可以指任何一种使我们谈论某些论题的、具有语义内容的表征或表达装置，为了避免陷入不必要的争论，本文对概念之本质的问题保持中立态度。[③] 最后，本文不预设布洛克对意识概念区分的结果是真的或者是成功的，毕竟这也是一个极具争议的论题[④]，本文仅仅主张布洛克工作的方法论实质上不是概念工程，布洛克理论的正确与否与本文试图阐明的观点无涉。

---

① 按查尔默斯的话来说，他的扩张定义实际上是对于“概念工程”这个概念本身的概念工程。

② 卡普兰（Cappelen，2018）曾表达过这样的观点，概念工程在实践上的可能性类似于普通民众或伦理学家期望在道德和法律实践上的普遍改善，你无法振臂一呼改革现状，真正的普遍变革很大程度上只能眼巴巴望着国家作为暴力机器来强制做道德和法律规划，个体则是无能为力的；如果我们对于道德是无能为力的，更遑论在一个社会声音极其微弱的学术共同体里闭门造车的哲学家如何完成相应的概念工程。

③ 事实上，由于查尔默斯没有在他的论文中详细阐明“概念”这一概念，布洛克也明确表示在进行概念区分时他不想承诺一些有关概念的理论，例如概念的簇理论（the cluster theory of concepts），因此本文对概念本质保留看法。

④ 在布洛克提出其理论的初年（1995 年），许多哲学家就以同行评议（peer commentary）的方式攻击过这一区分，如丹尼尔·丹尼特（Daniel Dennett）、吉尔伯特·哈曼（Gilbert Harman）、威廉·莱肯（William Lycan）等，《脑与行为科学》杂志还设立专刊专门讨论这一主题。现如今的相关争论更多集中于经验证据是否能够支撑这一区分，例如来自“现象溢出”（phenomenal overflow）的心理学证据能否证明存在现象意识但无取用意识的实际状况。

二、意识概念的划界与两种概念工程范式

在意识研究领域，对于意识概念的界定向来是处于争论中的话题。按照布洛克从 20 世纪 90 年代起呼吁的观点，意识可以被区分为现象意识（phenomenal consciousness）和取用意识（access consciousness）。[①] 按照这一区分，“现象意识”概念刻画了我们意识活动的体验特征，即心灵在感知外部事物或自身状态时拥有的主观体验。例如，在皮肤受到烫伤时，我们会有一种“像是什么”（what it is like...）的感觉，这种难以言喻的感觉特征通常被心灵哲学家称为感受质（qualia）。“取用意识”指的则是主体能够自由取用其表征内容的意识状态，具体而言是能够将其表征内容用作报告、推理以及控制行为的心智状态。例如，当主体拥有信念、欲望等命题态度时，他能提取、运用这些状态的表征内容，从而完成推理活动或外在行动。如果主体会使用语言，他还能把表征内容报道出来。布洛克认为，现象意识和取用意识的概念是独立、分离的。

本文并不想反驳或辩护布洛克对于意识概念区分的具体观点，而是考察如下方法论问题：“当布洛克在区分意识概念时，他在做什么？”按照查尔默斯的看法，布洛克是一个称职的概念工程师，他在设计、评价或改良我们的意识概念。查尔默斯认为，一个概念工程师的标准工程作业流程有两种范式：一是“修正的范式”（mode of fix / heteronymous mode），即辨认、评价和修正原有概念的语义缺陷，为概念打上补丁和排除故障（debug）；二是“创造的范式”（mode of creation / de novo mode），即服务于特定的规范性要求 / 目的，设计出新的概念（以及之后进一步的施用和评价概念）。查尔默斯并没有言明布洛克的工程作业属于哪种范式，只是认为布洛克“使用带有前缀的术语——如‘取用意识’——来表达全新的概念……但（与原有概念）又有一定程度的连续性”（Chalmers，2020：9）。我们可以这样善意地理解查尔默斯：他认为布洛克的概念工程是这两种范式的混合。但接下来我们将论证布洛克对于意识概念的区分既不属于“创造的范式”，也不属于“修正的范式”，因而也不可能是两种范式的混合。[②]

为什么布洛克的概念区分不属于“创造的范式”？首先，布洛克自己便大方地承认他所

---

① 也称 P 意识和 A 意识。

② 很容易理解，如果一个元素 a 既不属于集合 A 也不属于 B，那么 a 不可能属于“A 或 B”或“A 且 B”。

划分的“取用意识”和“现象意识”的概念早已有之[①]，并不是他创造设计出来的全新概念。例如，托马斯·内格尔（Nagel，1974）早已论述过作为主观体验的现象意识，并以此意识概念来攻击时兴的物理主义；心理学家兼认知科学家迈克尔·波斯纳（Posner，1978）在其实验心理学研究中将意识视为注意力的子类，认为所谓意识状态就是其注意的意识内容能够被推理和报告过程取用。布洛克认为，“取用意识”和“现象意识”的概念是我们实际拥有并使用的概念，当认知科学家和心理学家试图以实质性的、第三人称的方式处理意识时，会更青睐“取用意识”的概念，而常人和某些扶手椅上的哲学家则更习惯使用第一人称的视角以“现象意识”的概念理解意识。此外，布洛克主张可能还存在着许多其他意义上的意识概念，例如作为“自我独白”（internal soliloquy）或是“叙事重心”（center of narrative gravity）的意识概念。因此从术语的学术谱系上讲，布洛克对于意识概念的双重区分并不是在设计新的概念。其次，布洛克主张“取用意识”和“现象意识”这两种意识概念在语义上是可分离的，因此他的划界工作只是在澄清和描述意识概念本身就存在的语义分歧，而不是创造一个具有完全不同的语义内容的意识概念。具体而言，布洛克对于两种意识概念的分离论证诉诸“概念可能性”（conceptual possibility），即构造存在一个主体“有取用意识而无现象意识”以及“有现象意识而无取用意识”的可能性案例，以此说明“取用意识”和“现象意识”至少在概念上和形而上学意义上是可分离的。[②]例如，我们可以设想一位超级盲视患者（super-blindsighter），他的视野内会有一小块盲区，他无法拥有关于盲区内事物的现象体验，却能够极高概率地、可靠地推测和报告其中有什么，这就是“有取用意识而无现象意识”的可能性案例；我们还可以设想一位超级植物人（super-vegetative patient），他因大脑受损而无法进行推理、语言报告和行动控制，但依然存在着现象意识，这就是“无取用意识而有现象意识”的可能性案例。这类案例表明，“取用意识”和“现象意识”这两种意识概念本身就有着语义上的巨大分歧，而不是因为某些特定的规范性要求 / 目的而被创造并区隔出来，“取用意识”和“现象意识”这两个词的区分和命名只是在描述性地刻画这两个概念之间“本应如此”的语义差别。[③]因此，谱系学和语义学的论证表明，布洛克的意义概念区分不属于概念工程的“创造的

① 当然这两种意识概念可能是历史上的某些心理学家、认知科学家或哲学家有意或无意地实施概念工程的结果，不过本文的论述只限定于布洛克本人的概念工作。

② 布洛克早年认为取用意识和现象意识之间有着极其亲密的心理联结，从而取用意识和现象意识在现实中不可能分离。但是最近的更多心理学实验似乎在否定这一点，例如“现象溢出”的证据似乎证明了两者之分离在现实中实际存在。

③ 当然这种“本应如此”可能只是布洛克自以为的“本应如此”，他对语义差异的说法可能事实上是错的，但这并不妨碍他的确是在描述性地刻画他自以为本应如此的语义差别（引言中的第三条工作假设已经表达了这个观点）。

范式”。

既然布洛克并没有设计全新的概念，他有没有可能是保守派的概念工程师，做着评价和修正旧有意识概念之语义缺陷的工作，也就是说，布洛克的概念区分是不是属于“修正的范式”？答案是否定的。如同前文所述，“取用意识”和“现象意识”这两个意识概念之间具有“本应如此”的语义差别，“意识”这个概念在概念谱系学的历程中一路走来就已经包含了这两种概念。进一步说，由于布洛克持有一种更加自由主义的术语规划学（liberal terminological policy），他认为“意识”这个概念甚至可以包含着更多子概念，例如上述作为“自我独白”或是“叙事重心”的意识等。布洛克直言：“意识的概念是一个混种的概念（mongrel concept）：‘意识’这个词包含了一些不同的概念并指称一些不同的现象……（错误在于）非常不同的概念被当作一个单一的概念。我想我们都有这样的倾向并在关于‘意识’的许多案例中犯了这个错误。”（Block，1995：227）在布洛克看来，旧有的、混种的意识概念无须作评价和修正，它在我们的概念体系中扮演某些角色天经地义，之所以要特意区分出这两个意识概念，其理论动机是为了澄清某些学术同行在这两个意识概念的使用上产生的实际的混淆和可能存在的混淆。他认为，某些哲学家、心理学家和认知科学家或有意或无意地混淆意识的两种用法，以期达成他们的论证目标。例如，约翰·塞尔（Searle，1990）对于“联结原则”（Connection Principle）的论证就存在着使用上的混淆[①]：

1. 意向状态都具有侧面形态（aspectual shape）[②]；
2. 具有侧面形态的东西都具有（潜在）意识；
3. 因此，意向状态都具有（潜在）意识。

布洛克认为，塞尔的论证并不是一个有效论证：在这个论证中，要么是前提 2 和结论中的“意识”概念并不相同，因此塞尔犯了歧义（equivocation）谬误；要么是前提 2 和结论中对于“意识”的用法含混，没有明确到底指代的是哪一种意识概念，因此塞尔犯了含糊（amphiboly）谬误。再比如，在关于“盲视”和“面孔失认症”[③]现象的研究文献中，布洛克

---

① 塞尔的这篇文章是布洛克提出“取用意识”和“现象意识”概念区分的导火索，正是同年布洛克对于塞尔的评论文章（Block，1990）给出了意识概念划界的雏形。

② 侧面形态是指某些事物之状态的特性：只能同时从某些方面（例如，水的解渴特性）而不是其他方面（例如，作为 H_2O 的特性）表征某物（例如，水）。

③ 面孔失认症表现为患者对熟悉面孔的识别能力降低或丧失，虽然患者也许能够描述面孔的某些现象特征。

直言:“我读到的几乎所有哲学家和心理学家关于这个主题的文章都涉及一些（概念上的）混乱。”（Block，1995：236）在前一种现象中，部分患者没有相关的主观体验却拥有超出纯粹或然性的相关辨识能力；而在后一种现象中，部分患者没有超出纯粹或然性的相关辨识能力却有相关的主观体验。许多研究者因为对于“取用意识”和“现象意识”之间的概念差别没有敏感性，从而混淆了患者是否具有相关的“取用意识”或“现象意识”（例如误以为盲视患者因为表现出辨识力而拥有现象意识等），并由此引申出错误的意识理论。我们可以发现，布洛克指出的这些混淆并不是来自意识概念的语义缺陷，而是人为的概念误用导致的错误。布洛克的概念区分并不是评价和修正旧有意识概念的语义缺陷，而是揭示人们在实际的个人用法上的混淆。可以说布洛克的概念区分只是使得“本应如此”的概念差异清晰化，用不同的语言形式把这种差异标示出来而已。

由此我们可以总结：第一，布洛克并不认为我们的意识概念拥有语义缺陷，而是特定的人对概念使用有差错，这种差错至多是人的认知缺陷，应当用类似于心理或认知治疗的手段来修正这种认知缺陷和成见，而不是使用概念工程来修正；第二，从谱系学和语义学的论证可以得出，布洛克并没有创造新的意识概念，他区分出两种概念只是为了更清晰地描述和刻画“意识”这个概念本身的“应有之义”。因此，布洛克对于意识概念的区分既不属于“创造的范式”，又不属于“修正的范式”，也不可能是两种范式的混合。布洛克的理论工作无法用查尔默斯提出的两种标准工程作业流程来解释，因而不是查尔默斯意义上的概念工程。

接下来的问题是，如果布洛克的理论身份并不是概念工程师，那么该如何理解布洛克理论工作的方法论实质呢？或者说:“当布洛克在区分意识概念时，他在做什么？”实际上通过上文的阐明，我们很容易就能得出对于这个问题的恰当回应。布洛克的划界工作其实就是部分解答“什么是意识”的苏格拉底式问题，给予意识概念一个充分条件[①]：如果心灵状态 X 具有现象特征或是取用特征，那么 X 是一个意识状态。也就是说，为了描述和刻画意识概念本身所具有的某些语义理路，也为了澄清人们在概念用法上的混淆，布洛克部分地分解了意识概念，并得出一些“分析项”（analysans）作为意识的子概念。因此，我们可以将布洛克的概念区分工作看作一个尚未完结的概念分析[②]，即部分地分解“待分析项”（analysandum），从而

---

① 上文已经强调，布洛克认为意识概念不仅包含着“取用意识”和“现象意识”，还包含了更多子概念。从目前的文献来看，布洛克并没有提供意识概念的充分必要条件，或者说他对意识概念的充分必要条件持有开放态度。

② 当然，完全的概念分析也许在布洛克看来是不可能的，不过这不妨碍我们将他的概念区分工作看作不完全的、尚待完成的概念分析。

刻画出能够满足概念 X 的充分条件。

查尔默斯本人并不反对概念分析，他认为当哲学家回答"'是'之问题"（the "is" question）时——即形如"X 是什么"的问题——他们可以正当地运用概念分析的方法，这种方法试图描述和刻画概念 X 本身的语义，是一种描述性的概念工作；而当哲学家回答"'应该'问题"（the "should" question）时——即形如"X 应该是什么"的问题——他们就应当使用概念工程的方法，这种方法要求哲学家去设计、评价、改良甚至推广概念，以服务于特定的规范目的 / 要求，是一种规范性的概念工作。显然，布洛克的概念工作属于前者而非查尔默斯声称的后者。

三、来自查尔默斯同情者的潜在反驳及回应

本部分将考察查尔默斯潜在的同情者会如何反驳本文对他的批评，以及逐个回应这些可能的反驳。

（1）查尔默斯的同情者可以如此反驳：概念工程的工作不仅是评价、改善概念以及设计新概念，还包括推广概念的社会工作。而布洛克对于意识概念的划界显然是在推广他区分的两种概念，因此布洛克的理论工作属于概念工程作业流程中的"推广的范式"（mode of implementation），符合查尔默斯对于概念工程的设想。

回应：的确，由于布洛克的相关学术发表等在学术体制内的成果，"取用意识"和"现象意识"的划分在意识研究领域获得了一定程度的接受，布洛克在推广概念上做出了显著的贡献。但首先需要注意，查尔默斯所说的推广概念其实是概念工程的最后阶段，他认为要使得推广概念成为概念工程作业流程的一部分，其前提在于概念工程师已经评价、改良或者设计了新概念，否则无所谓推广概念。而我们之前已经论证了布洛克的工作并没有完成这一前提——他既没有遵循"创造的范式"也没有遵循"修正的范式"，因此他的工作不属于"推广的范式"。其次，几乎所有哲学家的理论活动都或多或少涉及推广概念，因此按照该反驳的理解，所有哲学家实际上都在做概念工程的工作，这显然是反直觉的，并且会损害概念工程学的理论独立性和严肃性。

（2）另一种可能的反驳是：布洛克的概念区分可以被归类为卡尔纳普式的"精释"（Carnapian explication）——"使得在日常生活中或在科学和逻辑发展的早期阶段中使用的模糊或不太确切的概念更加准确，或者说用一个新构建的、更准确的概念来取代它本来的角色任务"（Carnap，1947/1956：8-9）。而"精释"显然是概念工程的典型范例，因此布洛克的理

论工作是概念工程。

回应：首先，“精释”是否为概念工程还是一个争议话题。卡尔纳普本人宣称“精释”作为一项哲学事业，是“逻辑分析和逻辑构造的最重要任务之一”（Carnap，1950：3）。而一般认为逻辑分析和逻辑构造与描述性的概念分析有天然的亲和性，似乎和规范性无涉，因此它与概念工程有一定理论距离。其次，根据前文讨论，布洛克的概念区分“对人不对事”，他并没有建构一个新概念或修正概念的缺陷，而是试图发掘出概念的语义原貌，以此揭示人们在个人用法上的混淆。因此，即使布洛克的语义挖掘能够使概念在日常或理论表达中更加准确，也不意味着布洛克的理论工作就是概念工程，毕竟对于概念用法的“使之清晰”并不是概念工程的特权，概念分析在哲学研究中也一直扮演着澄清概念的角色。

（3）查尔默斯的同情者还可能这样反驳：布洛克的概念区分是对于概念的“语言形式”（linguistic form）的评价和重新设计。布洛克在意识概念的语形上添加了几个前缀（“取用”和“现象”），而由于在形式方面对概念进行评价、修正和重新设计可以算做概念工程，因此布洛克的理论工作是一种概念工程。

回应：首先，如果布洛克的工作仅仅是对于概念的语形做出评价和重新设计，那么它在哲学上的理论价值是琐碎的。因为按照这种解释，布洛克似乎只扮演了一个应用语言学家而非哲学家的角色。这种解释显然对于布洛克的哲学工作不够尊重，也缺乏善意[①]。其次，着眼于语言形式的评价和重新设计很难被看作概念工程。概念工程作为一项严肃的哲学事业，更多地聚焦于哲学概念的意义而非形式方面，因此它不可能只是一个对于语言形式的操作和规划。

（4）另一个可能的反驳是：布洛克的理论工作有明显的规范性后果。“取用意识”和“现象意识”之间的概念区分达成了一个规范性目的 / 要求，即揭示并澄清人们在概念用法上的混淆，使得人们对“应该如何使用意识概念”这个规范性问题能够给出一个清楚明白的回答。布洛克的概念分界修正了意识概念的用法，并且服务于特定的规范目的 / 要求，因此布洛克的理论工作是概念工程。

回应：首先，这个反驳混淆了概念本身拥有的缺陷和人们在概念的特殊用法上的缺陷，前者是语义缺陷，而后者是人的认知缺陷或行为缺陷，二者显然并不等价。按照查尔默斯的看法，概念工程是对概念本身的评价、修正和重新设计，并不是在概念的个体用法上做文章。即使“意义即用法”的论断是正确的，也很难相信用法论者会主张一个概念的语义内容能够

① 本文并没有贬低语言形式工程学的意思，它作为一项语言规划是有理论和实践价值的，例如我国自1956年以来不断修订的汉字简化方案及其施行对于国内普及语文教育的作用。只是在本文的语境下，这种工程学并没有相应的哲学价值。

直接等同于一个个体对于概念的用法。[①]其次，描述性的概念分析也可以有明显的规范性后果，这点并不稀奇，也并不应视为概念工程的特权。例如，“婚姻”“性别”的概念工程（如“婚姻”概念应该涵盖“同性婚姻”，“性别”概念应当不仅限于传统的二分结构）能够扩张这些概念的语义内容，并且作为社会运动（如 LGBT+ 运动）的一部分达成社会正义的规范性目的 / 要求，而对于“婚姻”“性别”的概念分析其实也一样，原则上也能够让我们更好地回答某些苏格拉底式的定义问题，理解自己所处的社会位置，促进自我身份认同等。因此，我们不能因为一个概念工作具有规范性后果就认定它是概念工程。

（5）最后，查尔默斯的同情者可能会如此反驳：布洛克的理论工作“应该”被视为一种规范性的概念工程。毕竟，如果布洛克仅仅是描述性地刻画概念本身就具有的语义分野，其工作的理论原创性和重要性会大打折扣，整个定义区分的工作也似乎是很琐碎的。

回应：通过前文的论述，我们论证了“取用意识”和“现象意识”的概念分野的确在布洛克开展他的理论工作前就已经存在，布洛克的主要工作是揭示这一语义分歧，进一步地阐明这两个意识概念的可分离性，并且澄清人们用法上的误解。因此，我们可以承认布洛克的理论工作并没有很强的原创性，但这并不意味着这一工作琐碎乃至于不够重要。显然，澄清概念的分野能够让我们识别出糟糕的哲学论证和错误的意识理论，从而远离一些不必要的哲学迷思和幻相，并为改进论证和理论奠定基础。这与某些逻辑实证主义者和寂静主义者的哲学工作和哲学气质不谋而合。如果前者被普遍认为在哲学史和严肃的哲学研究中具有重要性，那么我们也无法否认布洛克的工作也具有相当程度的理论重要性。

总之，以上的种种反驳并不能为查尔默斯的观点提供有效的辩护，也无法撼动本文的主要论点：布洛克对于意识概念划界的方法论实质上并不是概念工程。

四、进一步的辩护

概念工程作为当代英美分析哲学方法论的显学，有人赞美之，也不免有人攻讦之。卡普兰（Cappelen，2018）认为，针对概念工程的攻讦主要集中于两点：第一，概念工程的可行性无法与语义外在论（semantic externalism）相兼容；第二，概念工程会打断理论探究的连续性，从而产生转换论题（red herring）等谬误。本部分将论证布洛克的理论工作不会面临概念工程

① 况且“用法论”和绝对的、难以撼动的正确性也相去甚远。例如，用法论与语义外在论、语义最小论等语义理论都不兼容，而我们没有更强力的理由和证据来支持前者，因此我们并不能充分证成用法论；另外，一般认为，查尔默斯自己支持的二维语义学也没有承认“用法论”。

存在的这两个理论困境，进一步为布洛克的工作与概念工程的独立性辩护。

国内学者黄远帆以卡普兰的区分为蓝本，总结了概念工程所面临的两大挑战："'掌控难题'——（如果语义外在论为真）哲学家能否控制概念意义的变化？'连续性难题'——如何避免修正（或设计）概念导致转换主题？"（黄远帆，2021：53）我们遵循这种表述方式，来考察布洛克是否也面临着"掌控难题"和"连续性难题"。

"掌控难题"为概念工程师提出了这样一个挑战：鉴于"概念工程"致力于评价、改良或重新设计概念，概念工程师能否主观控制概念意义的变迁？博格斯和普朗克特认为对于这个问题的解答很大程度上取决于语义学立场："教科书式的外在主义者认为，我们的社会和自然环境锚定了对于个人思想和言谈的解释。相比之下，内在主义者则赋予我们更大程度的概念自主权。这种分歧的一个突出后果是，从内在主义者的角度看，实现概念的改变相对容易。我们可以修改、消除或替换我们的概念……然而，从外在主义者的角度来看，概念革命需要一辈子的时间。"（Burgess and Plunkett, 2013：1096）

根据语义内在论，概念的语义内容由主体的内部状态所决定；而根据更为主流的语义外在论，主体的外部环境部分决定了概念的内涵和外延，包括概念之外的社会 / 自然背景，语言共同体中的专家，语词引入以来的使用历史，等等。如果语义外在论为真，那么概念工程师将面临一个棘手的问题：由于我们无法完全地理解或稳定地控制外部环境的复杂变化，概念的语义变化不受我们掌控。因此，概念工程师无法主观控制概念意义的变迁，即概念工程师的工作——"评价、改良或重新设计概念"——不具有实践上的可行性。卡普兰主张，从语义外在论出发，由于认知的局限性，我们无法洞悉所有影响语义变化的相关因素，并且影响语义变化的外在要素原则上不受我们控制，因而我们也无法理解概念的语义变化机制并且实际上对概念的语义变化无能为力。换言之，如果语义外在论成立，概念工程则是不可能的。

布洛克的理论工作并不会像概念工程一样面临着"掌控难题"的挑战。如前文所述，布洛克的理论目标并不在于改变语义，而是顺着现实使用的沟壑，发掘出概念的语义原貌，因此我们是否理解语义变化的机制或能否实施语义变化对于其理论工作而言并不重要。

也许有人会反驳：由于外在论者认为外部环境部分决定了概念的内涵和外延，从而概念的语义内容是我们原则上无法完全掌握的，因此我们无法发掘出概念的语义原貌，语义外在论与布洛克的概念分析工作并不兼容。这个反驳明显混淆了语义外在论与语义怀疑论 / 不可知论。事实上，主流的外在论者都同意概念的语义内容对于主体而言是可及的（accessible）。

典型的外在论者如普特南（Putnam，1975）和伯奇（Burge，1979）都主张社会共同体中存在着“语言分工”（the linguistic division of labor）：某些专家拥有着其他人难以掌握的语义知识，而我们对概念的理解依赖于专家的知识，或者说我们对于专家的意见有一种“语义服从”（semantic deference）的态度，例如，作为外行，我们会听从化学家对于“水”的理解或医生对于“关节炎”的理解。而布洛克就是（或者说他试图成为）意识研究领域的语义专家。虽然他和任何人一样都无法主观控制意识概念的意义变迁，但是他对意识相关概念的语义敏感性远超常人，能够捕捉到常人甚至是同行都无法察觉的语义分歧，并且做出细致的概念分析。因此，布洛克的概念分析工作和语义外在论之间并无矛盾之处，他并不会像概念工程一样面临着“掌控难题”的挑战。

概念工程的另一困境是“连续性难题”。具体而言，当概念工程师改良或重新设计了一个概念后，他面临这样一个问题：如何确保改良的 / 重新设计的概念和原来的概念以及研究论题是连贯的，且没有偏离主题。许多概念工程师的工作都会受到这种诘难，例如哈斯兰格（Haslanger，2000）对“女性”概念的修正工作。哈斯兰格认为，我们不应该将“女性”定义为具有一定外貌 / 身体特征并扮演雌性生殖角色的人，而应当将“女性”这一概念修正为“由于以上特征而在社会中受到系统压迫、处于社会从属地位的人”。虽然这种概念工程能够服务于女性主义社会运动，但在学理层面上会遭遇连续性难题：第一，哈斯兰格对于女性概念的修正会导致研究论题的中断，例如“为什么女性的平均工酬低于男性”的问题在哈斯兰格的语境下就被替换成了“为什么被压迫的社会阶级平均工酬低于男性”，两个问题的关切点有所重叠，但后者所涉及的内涵和外延显然更广；第二，哈斯兰格的概念工程还会导致整个研究领域的中断，例如概念修正前的“女性研究”和修正后的“女性研究”显然并不是同一个研究领域，甚至两者可能是不可通约的。

布洛克的理论工作显然不会面临哈斯兰格所遭遇的问题。根据前文的讨论，布洛克并没有改良或重新设计意识概念，而是做语义的分解和还原，因此他不用担心相关的研究论题有中断的风险。[①] 当然，布洛克的概念分析工作可能是失败的，或许他在区分概念的时候误解了哲学家、心理学家和认知科学家对于“意识”概念的实际用法。但在这种情况下，我们不会说研究论题没有延续下去，而是说布洛克误解了论题而已。毕竟在这种情况下，布洛克并没

① 在查尔默斯看来，布洛克利用前缀如“取用”和“现象”来对意识进行分支定义能够更好地面对概念工程的连贯性难题，因而这类概念工程更少受到来自“连续性难题”的指责。然而在本文看来，查尔默斯倒置了因果，布洛克的意识划界并非一种面对反驳而更有防御力的概念工程，它本身就不是概念工程。因此它不会受到概念工程经常面对的反驳。

有改变“意识”概念而只是错误地使用了“意识”概念。

综上所述，概念工程面临的挑战大多都是历时性的（diachronic）问题，例如如何控制语义流动、如何保持论题连贯等；而布洛克的概念分析工作只关注共时（synchronic）方面的问题，例如在实际的词汇意义上（lexical meaning）[①] 如何区分“意识”概念。后者并不会面临前者存在的理论困境，因此，布洛克的工作实质上与所谓概念工程是独立的、分离的。

五、结语

查尔默斯主张概念工程是评价、改良和重新设计概念的哲学方法论，并且将布洛克区分“取用意识”和“现象意识”的哲学工作视为概念工程的典范。本文论证了布洛克对于意识概念的划界工作并不是概念工程——它既不符合查尔默斯所主张的概念工程的两种主要范式，也不会面临概念工程存在的理论挑战。此外，本文还回应了来自查尔默斯同情者的潜在反驳。

本文并不反对查尔默斯对于概念工程的扩张解释，相对于概念工程的改良进路，它也许有其理论自洽性或合理性。本文旨在说明，“太阳底下无新事”，并不是所有涉及概念区分的哲学工作都能被草率地归类为一种时髦的概念工程，概念工程无法揭示布洛克等人哲学工作的方法论实质，对哲学工作的方法论解释也更值得我们去仔细审视。

参考文献：

Block, Ned. (1990). Consciousness and Accessibility [J]. Behavioral and Brain Sciences, 13(4): 596-598.

Block, Ned. (1995). On a Confusion about a Function of Consciousness [J]. Brain and Behavioral Sciences, 18(2): 227-247.

Block, Ned. (2002). Some Concepts of Consciousness[M]// D. Chalmers (ed.). Philosophy of Mind: Classical and Contemporary Readings(pp.206-218). Oxford: Oxford University Press.

Burge, Tyler. (1979). Individualism and the Mental[J]. Midwest Studies in Philosophy, 4(1): 73-121.

Burgess, Alexis and Plunkett, David. (2013). Conceptual Ethics I [J]. Philosophy Compass, 8(12): 1091-1101.

---

① 即使不是在词汇意义上，也是在被当前哲学、心理学、认知科学研究普遍接受并使用的意义上。

Cappelen, Herman. (2018). Fixing Language: An Essay on Conceptual Engineering [M]. Oxford: Oxford University Press.

Carnap, Rudolf. (1947). Meaning and Necessity: A Study in Semantics and Modal Logic [M]. Chicago: University of Chicago Press.

Carnap, Rudolf. (1950). Logical Foundations of Probability[M]. Chicago: University of Chicago Press.

Chalmers, David. (2020). What is Conceptual Engineering and What Should it be? [J]. Inquiry:1-18.

Haslanger, Sally. (2000). Gender and Race: (What) are They? (What) Do We Want Them to be? [J]. Noûs, 34(1): 31-55.

Nagel, Thomas. (1974). What is it Like to be a Bat? [J]. Philosophical Review, 83: 435-450.

Posner, Michael. (1978). Chronometric Explorations of Mind[M]. New Jersey: Lawrence Erlbaum.

Putnam, Hillary. (1975). The Meaning of "Meaning" [J]. Minnesota Studies in the Philosophy of Science, 7: 131-193.

Searle, John. (1990). Consciousness, Explanatory Inversion and Cognitive Science [J]. Behavioral and Brain Sciences, 13(4): 585-596.

黄远帆，2021.“概念工程”的义旨与困境 [J]. 科学技术哲学研究 , 2: 53-58.

Is Block's Distinction between two Concepts of Consciousness Conceptual Engineering? —— A Criticism of Chalmers

CHEN Cong
School of Philosophy, Zhejiang University

Abstract: David Chalmers claims that conceptual engineering is philosophical methodology of evaluating, fixing, and designing concepts. He regards Ned Block's work as a model of conceptual engineering, which distinguish 'access consciousness' from 'phenomenal consciousness'. This paper argues that Block's work on the concept of consciousness is not conceptual engineering, which does not conform to two main paradigms of conceptual engineering advocated by Chalmers, and responds to potential objections to my argument. It concludes by showing that Block does not face some theoretical challenge of conceptual engineering, further defending the methodological independence of Block's work from conceptual engineering.

Keywords: conceptual engineering; philosophical methodology; access consciousness; phenomenal consciousness

习惯中的意向性——论反身性习惯的身体维度

◎ 叶菲楠

华东师范大学哲学系

摘　要：习惯有意向性吗？通过区分哲学史上消极和积极的习惯观，可以看到以基尔皮南为代表的新实用主义的“反身性习惯”代表了积极的习惯观，强调了习惯和反思的统一，承认习惯有意向性。然而，基尔皮南借皮尔士的概念式的习惯来论证反身性习惯，只看到了塞奇所说的推论意向性这一面向。梅洛－庞蒂的身体意向性可以作为另一面向对基尔皮南和皮尔士的习惯进行补充，以现象学的视角强调主体对世界具身的把握，从而满足了推论意向性和身体意向性两个维度。承认非概念内容的意向性，能够得到更完备的意向性概念，勾勒出知行合一、身心一体的习惯图景。

关键词：习惯；意向性；反身性；身体；基尔皮南；梅洛－庞蒂

一、引言

近年来，在新实用主义、行动哲学、认知科学研究的潮流中，习惯逐渐引起学者们的关注。反身性习惯（reflexive habituality）是近年来芬兰新实用主义哲学家埃尔基·基尔皮南（Erkki Kilpinen）提出的概念，笔者认为其代表了一种积极的习惯观。反身性习惯的概念将人类活动统一为连贯的持续过程，强调行动对理智的控制。这种自然主义、非二元论的行动观，使习惯成为实用主义哲学的基础概念。这也印证了经验科学的判断：只有具备习惯的人才会有像我们这样的大脑，人是习惯的生物（Noë，2009）。

然而，基尔皮南论证反身性习惯的理由是皮尔士的概念式的习惯观，即知识就是习惯，习惯是一切概念的最终逻辑解释项。这一思路虽然也可以得出“习惯有意向性”的结论，但是笔者认为此意向性的内涵缺乏身体维度。为了补充反身性习惯的意向性维度，有必要参考塞奇（Sachs，C. B.）区分的两种层次的意向性：推论意向性（discursive intentionality）和身体意向性（somatic intentionality）。前者涉及语义和概念内容，主要来自路易斯（C. I. Lewis）、塞拉斯（Sellars）、麦克道尔（McDowell）等人提倡的概念内容的意向性；后者涉及具身的感受，来自梅洛-庞蒂（Merleau-Ponty）的身体/运动意向性（motor intentionality），是一种非概念内容的意向性。在笔者看来，基尔皮南只关注了推论意向性方面而忽略了身体意向性方面。笔者赞同梅洛-庞蒂的现象学视角——身体是习惯的基础，所以习惯的意向性应包含身体的维度。

本文将以如下次序进行论述：首先，区分消极和积极的习惯观，指出反身性习惯是一种积极的习惯观；其次，阐明基尔皮南如何借皮尔士的概念式的习惯观来论述习惯有意向性，但只是强调了推论或语义的意向性方面；最后，梅洛-庞蒂的身体意向性能够解释习惯的原因在于习惯与身体、感觉、运动的关系，解答所谓自我意识的反驳。

二、积极的习惯观：反身性习惯

反身性习惯表明习惯是一种自我分析、为主体的反思和控制而开放的持续过程（ongoing process）（Kilpinen，2009）。反身性是指，心灵能够认识自己，将自己当作思考对象，即自我反思。[①] 与之相反的，是心灵认识外部世界，将外部对象当作认识对象。自我分析意味着主体能在习惯进行的过程中察觉它，在习惯结束后回顾它，并始终保持一定程度的意识和自我控制。在反身性习惯的视角下，习惯不仅是在数量上重复单个的行动，它还包含主体有意识的反思。反思和进行中的行动，二者重合交叠。正因如此，在行动时，我们能非连续地意识到习惯，而不是全然不知（Kilpinen, 2013）。

为了看清反身性习惯的意义，需要在哲学史上区分两种意义的习惯。笔者将这两种习惯分别归纳为消极和积极的习惯观，前者代表无理性的机械式行为，后者代表有理性的习惯。[②] 下面分别予以说明。

在基尔皮南等新实用主义者看来，消极的习惯观来自被行为主义承袭的休谟式的标准定

---

① “反身性”概念有争议，因为它给予心灵独特的地位。藏传佛教格鲁派认为，反身性意识预设了一个自己知道自己、独立存在的心灵。

Duckworth, Douglas, “Gelukpa [dge lugs pa]” , *The Stanford Encyclopedia of Philosophy* (Spring 2022 Edition), Edward N. Zalta (ed.).URL = <https://plato.stanford.edu/archives/spr2022/entries/gelukpa/>.

② 事实上，查尔斯·卡米克（Charles Camic）是第一个提出理性行为和习惯之间的二分的人，但这在古典社会学中可能是站不住脚的。对于社会学的经典学者，如涂尔干、韦伯和其他学者来说，“习惯”并不仅仅指非理性行为。习惯与理性（或反思）行为的划分，是后来的发明，归功于古典社会学帕森斯式的解释。这里不区分理性和反思，只将其当作有意识成分的概念，与机械重复相对。

义，即机械的重复式行为。休谟将习惯与“习俗”（custom）一词互换使用（Hume，1985：134）。他解释道：“我们把每一件事情都称为习惯，它是从过去的重复中产生的，没有任何新的推理或结论”，因为“习惯在我们有时间思考之前就开始起作用了”（Hume，1985：152-153）。这可被称为习惯的标准理解（Turner，1994）。在这种定义下，习惯没有任何心理、理性、逻辑等因素，由无数重复的单个行动构成，因此是机械的范畴。据基尔皮南所言，“这种模式基于笛卡尔的身心二元论，将习惯和理性分离”。[①] 行为主义的条件反射更是直接把习惯称作“一种由条件作用（conditioning）引起的行为上的稳定变化，由此一种反应或行动与某种刺激联系起来，保证它将发展为习惯性行为”（Watson，1919）。在这个脉络中，习惯是无意识、自动的，由对一件事的重复而来。对于消极的习惯概念，实用主义承认其意义。詹姆士提出“意识的简约原则”（the principle of parsimony in consciousness）（James，1950：2.497），认为把日常生活的小事交给自动的行为，能更高效而节约地使用认知资源，将意识从不需要它们的地方解放出来。

反之，积极的习惯观指有理性的，特别是包含反思的习惯，以皮尔士等古典实用主义者和布尔迪厄等社会学家的思想为代表。习惯是理性的，笔者认为有三点理由：（1）行动是习惯的个例。（2）知识与习惯有关。（3）习惯包含意向性。习惯和行动的关系，决定了习惯中有没有意向性，而习惯中的意向性是主体获取知识的充分条件。

首先，行动是习惯的个例，是因为相较于作为持续过程的整体的习惯而言，行动是单个、片段、彼此之间毫无关联的。行动从更大的整体（larger wholes）——习惯中获得其特性。之所以说习惯是更大的整体，是因为习惯不是破碎的行动的瞬间，而是一个过程。作为过程的习惯先于单个、瞬间的行动。它不是动作的接续，而是有顺序和结构的连续体。比起单个行动的结合和动作的接续，更重要的是顺序（Dewey，1984：221）。过程体现出时间性，表现在习惯是纵向的，它有历史，表现出过去的影响和价值（Dewey，1984：32-33）。一个人几十年如一日地读书，将读书这一行动融入了几十年的时间尺度中，也赋予单个行动以价值。因此，习惯是行动的先决条件，没有习惯，就没有行动。

其次，知识与习惯有关，这体现在习惯和思想、理论的融合。皮尔士（Peirce，1931—1958）曾提出口号：“知识就是习惯。”米德（Mead，2001：166-169）也认为理论是从习惯来的，“理论只不过是一个人调整工作习惯以适应新情况的一种意识”。杜威更是认为，人是利

① Kilpinen, 2015. 不过笔者认为，休谟的习惯也包含人的自然本能，是人心在经过多次重复后的倾向，也带有心理因素，不能说完全机械。但这一点不是文章的重点，故不作讨论。

用习惯来认识事物的：当面对同样的事情时，婴儿知道的很少，而有经验的成年人知道的很多，不是因为后者有前者没有的头脑，而是因为成年人已经形成了婴儿还没有养成的习惯。科学家和哲学家就像木匠、医生和政治家一样，是用习惯而不是用意识来认识事物的。意识是结果，而不是来源（Dewey，2002：182-183）。以上都可以看出，人是先有了习惯，才产生思想或理论。

最后，习惯包含意向性，或者说习惯是有意识、能自我分析的。皮尔士对此解释道："自发的习惯也需要人为控制"（Peirce，1992—1998），"刻意形成的、自我分析的习惯——自我分析是通过对培养它的练习的分析而形成的——是活生生的定义，真正的、最终的逻辑解释"（Peirce，1992—1998）。进而言之，在习惯的形成、实施甚至改变中，都有意识的参与，而不是像行为主义的条件反射说的那样，人只能被动地机械重复一件事。布尔迪厄在更广泛的意义上，把社会主导阶层的群体习惯或生活方式（说话和行为的方式）称为"习惯系统"或"惯习"（habit system or habitus）（Bourdieu，1977）。这最开始是社会特定群体成员的无意识行为模式，印在每个人的日常生活中。但久而久之，它便会影响人的心理过程，如认知、感知和行动。

至此，我们区分了消极和积极的习惯观，前者是无理性的重复行为，带着机械论和行为主义的印记；后者是有理性的、特别是包含反思的习惯，以基尔皮南的"反身性习惯"为代表。之所以区分这两种习惯观，是为了突出实用主义在对抗传统行为主义中的独特作用。把习惯当作多次重复导致的自然倾向而不再有任何意识的因素的观点，是华生（Watson）和斯金纳（Skinner）为代表的行为主义所提倡的。古典实用主义者们强调人与自然、环境的连续性，要求一种包含反思的习惯，这就奠定了一种新的知识和行动的关系。

三、皮尔士的习惯观：推论意向性的面向

前面笔者简单介绍了反身性习惯。在本部分中，笔者将要说明反身性和意向性是什么关系，为什么要引入意向性来解释反身性。最终将揭示：意向性是反身性的必要条件，反身性习惯必然包含意向性，这就是本文从意向性入手的原因。基尔皮南虽然援引皮尔士的思想来解释反身性习惯，但二人关注的角度不同。皮尔士将习惯定义为最终逻辑解释项，侧重从逻辑和语义的角度说明习惯与概念的联结。基尔皮南撇开了皮尔士的逻辑和语义的成分，从行动中的反思来论述习惯中的意识因素。笔者选取塞奇对意向性类型的区分，尤其是基于对概念内容和非概念内容的意向性的区分，指出基尔皮南以及皮尔士的习惯中的意向性只符合塞奇

所说的推论意向性，而不符合身体意向性，所以是片面的。下面将展开详述。

如果反身性习惯是可能的，即包含意识的习惯是可能的，那么习惯中必然有意向性，因为意向性是意识的属性。反身性习惯要求习惯自己成为自己的思考对象，把自己当作意向对象或者指向自身。于是，反身性是一种自我反思。所以，具有反身性便一定具有意向性，反之则不一定。有意向性，也有可能没有反身性。例如，我看见一条小河，意向性便是指向小河，包含小河（对象）的，但没有指向我自己以及我看到小河的行为（反身性）。因此我们可以得出结论：反身性是意向性的充分条件，意向性是反身性的必要条件。①

说明反身性和意向性的关系后，就可以看基尔皮南和皮尔士是如何论证习惯有意向性的，以及这是什么类型的意向性。基尔皮南的反身性习惯很大程度依赖于皮尔士提出的“知识即习惯”（Peirce，1931—1958），然而他们两人的思想有较大差异。皮尔士持概念的习惯观，侧重从逻辑和语义的角度说明习惯与概念的联结；基尔皮南则持行动的习惯观，侧重从行动中的反思来论述习惯中的意识因素。

首先，之所以说皮尔士持概念的习惯观，是因为他将概念的意义归结于行动的效果，而后把习惯说成行动的基本原则，同时又是概念的最终逻辑解释项。习惯不仅是概念，也是行动的最终原则。笔者认为他所说的习惯包含了认知和行动两个层次。1878 年，在《如何使我们的观念清晰明白》一文中，皮尔士提出“实用主义准则”（pragmatic maxim），论述了行动先于认知的地位。他写道：“设想一下，我们概念的对象会有什么样的效果，这些效果具有实际的意义。那么，我们关于这些效果的概念就是我们关于这个对象的概念的全部。”（Peirce，1931—1958）概念的意义取决于它的实际效果，效果是由行动导致的，所以是行动决定了概念。由此，行动是认识的充分条件。行动的内涵还包含“可设想的行动”，同时，这种行动的可能性或模式以行动的基本法则为基础。这种普遍基本法则就是皮尔士所谓的“习惯”（Peirce，1931—1958）。皮尔士进而将习惯定义为最终逻辑解释项：“最终逻辑解释项……就是一种习惯的变化。”他又说，“对一个概念而言，最终逻辑解释项的意义包含在行为习惯之中”（Peirce，1931—1958），“在考察了心理现象的所有变体之后，我所能找到的唯一具有解释概念所必需的普遍性并满足定义的其他条件的是习惯”（Peirce，1992—1998）。可以看到，皮尔士主要是将习惯置于逻辑学和符号学的背景下，强调习惯的逻辑和语义方面。笔者认为，皮尔士这里说的习惯包含了认知和行动两个层面。具体而言，在认知层面上，皮尔士把心灵的习

① 反身性需要具备两个条件：意向性和指向自身。本文只讨论意向性这一条件，是因为“指向自身”涉及自我知识，需要另著文详述。

惯（habit of mind）当作推理的最终原则，是把心理和逻辑联结起来。人的心灵能够为逻辑设定原则，这强调了主体的先天、内部的认识能力。甚至，他把习惯几乎等于自然法则，心灵获得了习惯并“凝结”①。在行动层面上，习惯是行动的普遍法则。也就是说，我们行动的内在规范是由习惯建立的。怎么行走、吃饭、游泳，都是基于长期的习惯形成的行动或技能。总之，无论是在认知还是行动上，习惯都是基本原则。

基尔皮南对皮尔士的引述撇开了皮尔士的逻辑和语义的成分，专注于将习惯改造为包含反思的行动。他提出了一句著名的模仿康德的口号：“习惯无意向则盲，意向无习惯则空”。（Kilpinen，2015：157-173）其意在描述无意向性的习惯之不可能。皮尔士曾在与他的朋友威廉·詹姆斯（William James）的通信中说：“对习惯的意识是对习惯的实质、应用的特殊情况以及两者的结合的意识。”（Peirce，1931—1958）基尔皮南（Kilpinen，2009a）认为这个观点集中表达了皮尔士的“知识即习惯”。按照这句话，当主体 S 在进行一项习惯 H 时，能够意识到当下做了 H（应用的特殊情况），也能够意识到这是一个习惯，即 S 曾经做过很多次 H，而且 H 还会在未来发生（习惯的实质）。这种意识并不是前反思或潜意识的，而是清晰地浮现在 S 心中，S 能够“看到”这种意识。

基尔皮南认为，习惯中的反思是从内部进行实质的反思和自我分析。他赞同宣恩（Schon）的看法，后者认为知识在行动之中，知道发生在行动之中。“就像棒球投手一样，我们可能会反思自己的‘获胜习惯’；或者像爵士音乐家一样，我们依靠对自己创作的音乐的感觉；或者像设计师一样，关注我们无意中创造的艺术品。在这些过程中，反思往往关注行动的结果、行动本身以及行动中隐含的直觉认知。”（Schon，1983：56）对棒球活动、音乐、艺术品的反思，虽然都是从外部对自己的行动进行整体的反思，不是碎片化、部分的反思（Turner，1994），但是它没有从内部反思，而是从外部把行动作为一个既定事实（fait accompli）或客观后果来看待。所以这些例子仍不足以说明习惯具有反身性（Kilpinen，2009a）。从内部反思，意味着对习惯的实质的反思。基尔皮南认为这与皮尔士的想法“习惯具有自我分析（self-analyzing）的特性”一致。习惯能自我分析，也就是主体从内部反思自己。

前面介绍了皮尔士和基尔皮南对习惯中的意向性的论述。皮尔士在认知和行动两方面主张了习惯的基本地位。他虽没有直接点出习惯的意向性，但根据基尔皮南的阐释，他的意向

① Burch, Robert, “Charles Sanders Peirce”, *The Stanford Encyclopedia of Philosophy* (Fall 2021 Edition), Edward N. Zalta (ed.).URL = <https://plato.stanford.edu/archives/fall2021/entries/peirce/>.

性是位于语义和逻辑维度的。基尔皮南则通过主张行动中的反思来论证习惯中的意向性。接下来笔者准备指出，基尔皮南以及皮尔士的习惯中的意向性只符合塞奇所说的推论意向性，而不符合身体意向性。并且，基尔皮南的反思也是侧重命题内容，忽略身体维度，这是他的反身性习惯论证中一个重大的缺陷。

在对意向性的分类上，笔者认为塞奇是比较有代表性的。他在分析哲学、实用主义、现象学的大交叉背景下，用认知语义学来解释意向性，把意向性当作沟通实用主义和现象学的桥梁。他于 2014 年出版的《意向性和所予的神话：实用主义和现象学之间》（*Intentionality and the Myths of the Given: Between Pragmatism and Phenomenology*）这本书，在吸取前人思想成果的基础上，将意向性分为两种类型：推论意向性和身体意向性（Sachs，2015：2）。前者主要来自塞拉斯，指概念内容、命题中的意向性，存在于语义环境中，来自语言社会。例如，假设 S 是一个中国人，当 S 看见“蓝色”的印刷中文字体，就立刻想到现实中的蓝色。如果 S 看到俄语的“蓝色”，就不会想到现实中的蓝色，因为 S 不懂俄语。这就是存在于语言社会的命题中的意向性。后者主要来自梅洛 - 庞蒂，指主体具身的感受中的意向性，存在于有具身性的生物体上。它是没有概念内容的意向性。例如，一只小猫看到地板上的毛线团，就自然地想要过去拨弄它，小猫的脑中并没有关于毛线团的概念、类别，这种没有概念内容的意向性就是身体意向性。

笔者认为，基尔皮南以及皮尔士的习惯中的意向性只符合塞奇所说的推论意向性，而不符合身体意向性。原因如下：上文论及，皮尔士建立了逻辑和习惯的关联，把习惯说成最终逻辑解释项，认为心灵的习惯是推理的指导原则。同时，皮尔士也认为“我们能够推论地（discursively）意识到自己的习惯”[①]。而塞奇的推论意向性主要基于塞拉斯、麦克道尔等人的语义理论，后二者都有一个理论预设：只有概念内容才有意向性。可以看到皮尔士是在概念内容和命题层面上谈论习惯的，基尔皮南也多次强调皮尔士的“知识即习惯”不是默会知识，而是可以明言表达的。[②] 对基尔皮南来说，他对皮尔士的改造，加入了主体内部的反思这一因素。他强调主体在行动中从内部对习惯进行整体的反思，并自我分析，时刻调整自身并自我控制。但他始终没有提到习惯的身体性，而仅仅说到反思。基尔皮南的反思几乎等同于自我意识、自我分析、理性，他并没有区分这些概念。这主要是为了突出反身性习惯的反思性与

---

① Kilpinen, 2009a. discursively 也可译作离散、分散、漫无目的地，离散的意思接近梅洛 - 庞蒂的身体意向性，但皮尔士主要仍是聚焦在习惯的逻辑意义上，故译作推论地。

② 笔者认为习惯的知识仍是一种默会知识，属于默会知识中的能力之知。但这不是文章论述的重点，所以不展开篇幅。

机械重复行为的区别，也就是积极和消极的习惯观的区别。笔者认为，这里的反思仍是侧重命题内容的，因为基尔皮南把皮尔士的推论的习惯当作自我反思的一个实例。所以，基尔皮南的习惯的意向性仍是处于推论意向性的层面，并没有涉及身体意向性层面，因为他并未意识到习惯的身体维度。

虽然反身性习惯的概念树立了积极的习惯观，但是笔者认为其义理不应当只局限于命题逻辑或概念内容中，而应当包含非概念内容的身体性维度。梅洛－庞蒂的身体意向性能够弥补这一缺憾，为解释反身性习惯以及习惯中的意向性带来崭新的视角。

四、梅洛–庞蒂的身体意向性：解释习惯的意向性及其反驳

至此，我们已经阐述了反身性习惯的内涵和意义，并看到意向性是反身性的必要条件。皮尔士主要从逻辑的角度说明习惯与概念的联结，基尔皮南则从行动中的反思来论述习惯中的意识因素。但他们的论述都忽略了塞奇的意向性的身体维度。前文提及，塞奇的意向性的身体维度主要来自梅洛－庞蒂。那么，身体意向性为什么能够解释习惯中的意向性？笔者将阐明，梅洛－庞蒂在反对经验主义和理智主义的基础上，提出了他关于“身体图式”的感觉理论，将胡塞尔的操作意向性转化为身体意向性。由于习惯的基础是身体，身体的感觉和运动相互依赖并结合在习惯中，所以习惯的意向性应该包括身体意向性。

要阐释身体意向性，关键在于非概念的意向性（nonconceptual intentionality）。是否存在非概念的意向性？塞奇认为，路易斯、塞拉斯、麦克道尔都潜在地预设了：只有概念内容才有意向性。但在梅洛－庞蒂看来，非概念的意向性显然是存在的。他认为，非概念性的意向性只能通过现象学描述来实现，而且现象学描述对其的把握是必要和充分的（Sachs，2014：101）。笔者赞同梅洛－庞蒂的看法。如果意向性只存在于概念内容中，那么诸如疼痛、焦虑、对音乐的意识等，便都是没有意向性的。我们在感到某种情绪或听到一段优美的旋律时，能产生意向性，但没有概念内容。我不会在听到音乐后立刻将其描述为“优美的音乐”，只是感受到而已。当我的脚趾撞到门，我会瞬间感到剧烈的疼痛，我的疼痛在身体中指向脚趾，但疼痛本身并没有任何具体概念内容。在非概念意向性存在的前提下，身体意向性为解释反身性习惯提供了可能。

梅洛－庞蒂指出，胡塞尔正确区分了两种类型的意向性：判断意向性和操作意向性。判断意向性指我们自主做决定时的意向性，操作意向性指“建立了世界和我们的生活的、自然的和先于断言的统一性”的意向性，即一种现象学式的前反思的意向性（Merleau-Ponty，2012：

lxxxi）。梅洛－庞蒂正是将胡塞尔的操作意向性转化为了身体意向性或运动意向性。他之所以抛弃胡塞尔的判断意向性，是因为判断的意向性背后是理智主义的预设。理智主义只把判断的意向性，即有概念内容的意向性当作意向性的全部内涵，认为感觉和认知是连续的，感觉是认知的一种形式，但这是片面的。梅洛－庞蒂认为，感觉不能被还原为认知，但感觉和运动是相互依赖的。感觉—运动与认知也需要加以区分。除了理智主义，梅洛－庞蒂还反对经验主义，因为经验主义将意向性当作感觉之间的因果关系。如果意向性只是外在的因果关系，那就无关于主体的具身体会。梅洛－庞蒂将经验主义和理智主义称为“客观思想”（objective thought）的理论。客观思想意味着，世界由被决定的客观事物和属性构成，它们都处在对彼此的外在的关系中（Romdenh-Romluc，2010：19）。它们二者最主要的缺陷是：忽略了我们在情境中的对世界具身的把握。所以，他产生了转向现象学的冲动。

那么，要如何引入我们对世界的具身把握呢？梅洛－庞蒂在现象学的意义上，发展出他的强调身体图式的感觉理论，身体意向性就建立在身体图式上。身体图式来自格式塔心理学，强调所有感觉都有图像—背景（figure-ground）的结构。主体对一个特定图像X的感觉，取决于X与它的背景的区分。因此，感觉到一个对象，必然伴随着感觉到很多对象，“对象形成了一个系统，任何一个对象不能在隐藏其他对象的情况下出现”（Merleau-Ponty，2012：70）。也就是说，我们看到一个物体，它必然出现在一个背景之中，借此背景，它才能被凸显出来。那么，感觉的图像—背景结构的依据是什么呢？梅洛－庞蒂认为，是因为我们采取了正确的身体姿势（bodily posture），消除了感觉的不确定性。在看桌上的一只杯子时，如果离得太远，则看不见；如果贴得太近，则只能看见杯子的纹理，而不见整只杯子。格式塔强调了身体是一个动态的整体，也即身体图式，使我们能利用感官和运动的结合，以整个身体来认识事物。由此，身体意向性即体现在作为整体的身体同时感知到对象和背景，“当我浏览文本时，没有知觉唤醒表象，而是在当下涌出一个整体，我被赋予一种典型的或熟悉的面貌（physiognomy）。当我把我的手放在我的机器前，一个运动空间在我的手下面展开，我将看到我所阅读的内容”（Merleau-Ponty，2012：145-146）。与此相对的，是梅洛－庞蒂反对的推论意向性，“好像是对写在纸上的字母的感知唤醒了对同一个字母的表征，反过来又唤起了在键盘上触碰它所需的动作表征。但这是一种神话”（Merleau-Ponty，2012：145-146）。推论意向性主张的感觉—认知—运动的顺序，其实质是理智主义的观点：感觉和认知是连续的。而这是梅洛－庞蒂强烈反对的。

为何能够用身体意向性解释习惯？首先，习惯依赖于身体。梅洛－庞蒂认为，习惯的基础是身体，身体是主体在空间中展开一切活动的前提，“身体是我们在这个世界中的锚地”

（Merleau-Ponty，2012：145–146）。身体是原初的习惯，是其他习惯的决定条件以及其他习惯能被理解的基础。拥有习惯就是具身性的一种特殊形式，既可以体现在有机体与环境的交互中（比如一个人是早睡还是夜猫子），也可以体现在身体各部位的交互中（比如一个人爱摸胡子还是玩头发）（Sachs，2015）。可以看到，习惯包括了人的自然本能在行动中的体现，具有更广阔的外延。他同时也认为，习惯不是一种知识的形式，或无条件的反射，而是植根于身体的对世界的把握，"习惯的力量与我们对自己身体的控制力并没有什么区别"（Merleau-Ponty，2012：40）。只有通过身体的努力才能获得习惯，而不能靠任何理智主义的客观的定义和解释。

其次，习惯既是感觉又是运动，感觉和运动相互依赖。"每一个习惯都同时是感觉的（perceptual）和运动的（motor）。因为习惯存在于明确的感觉和实际的运动之间，它同时划定了我们的视野和行动的领域。"（Merleau-Ponty，2012：153）感觉和运动相互依赖体现在习惯的规范性（habitual normativity）。"我与认识对象的距离不是一种或大或小的尺度，而是一种建立在规范上的摇摆的紧张。"（Merleau-Ponty，2012：316）这就是说，主体必须有一定的规范才能实现成功的感知或行动。主体 S 要想看清黑板上的字，就必须与黑板保持在适宜的距离。太远会导致看不清，太近会看不见全貌。主体在看任何事物时，都会有意识地将该事物置于视野中央，这就是一种习惯的规范性。具体是指，我们与事物接触的习惯受制于隐含的正确规范。因为我们在世界中与人或物的接触伴随着不同程度的成功和失败。对事物的感觉要与身体的运动能力相契合，身体要符合感觉的规范。因此，身体的运动对感觉成功是必须的，感觉的规范也使身体的运动成为可能。主体 S 需要走到花前方，才能闻到花香，这体现了感觉依赖于身体运动。只有 S 感受到自己的手接触到键盘，才会开始打字，这体现了身体运动依赖于感觉的规范。进而，梅洛－庞蒂认为，正确感觉的规范内在于有机体与环境的关系中，而不是语言中。我们不能在语言中学会这些习惯的规范性，而是在与环境的逐渐适应和摸索中找到了最适宜的感觉和运动的规范。我们与世界中的人或物的接触是身体上和习惯性的，而不是由社会道德建构的。

身体意向性能够弥补基尔皮南的反身性习惯单一的意向性维度。但有人可能会提出反对：梅洛－庞蒂的身体意向性针对的是非概念内容的意向性，并没有产生自我意识，而基尔皮南的反身性习惯要求自我分析和自我反思，包含了自我意识。二者是不是无法兼容？笔者认为，二者可以兼容，原因在于梅洛－庞蒂的意向性和意识是结合在一起的。梅洛－庞蒂提出身体的意识是一种"非统觉的意识"，"最初的意识不是'我想'，而是'我能'"（Merleau-Ponty，2012：139）。也就是说，身体的意识是一个人自己主动的觉知，但没有将自身对象化或主题化，没有产生自我意识或统觉的意识，所以他的确不认为有自我意识，但是他又认为非统觉的意识本身就是一种意向性。由此，身体意向性总是伴随着身体的意识。笔者认为，自我意识是否存在是由二者所属意向性的类型决定的。反身性习惯主要立足于皮尔士的概念式的习惯观和基尔皮南的行动式的习惯观，二者都属于塞奇所说的推论意向性即概念内容的意向性，梅洛－庞蒂的身体意向性则属于非概念内容的意向性。究其根源，梅洛－庞蒂是站在反笛卡尔式二元论的立场上，反对身体和心灵、物质和意识的二分，所以才不单独使用“意识”一词。其实他的意向性已经包含意识，所以也可以应用于基尔皮南的反身性习惯的概念中。

综上所述，梅洛－庞蒂的身体意向性建立在身体图式的理论上，体现在作为整体的身体能同时感知到对象和背景。一方面，习惯依赖于身体；另一方面，习惯既是感觉又是运动，感觉和运动相互依赖体现在习惯的规范性。并且，正确感觉的规范内在于有机体与环境的关系中，而不是语言中，这也点出推论意向性的不完备性。对身体意向性没有自我意识的质疑是失败的，因为在梅洛－庞蒂那里，身体意向性总是伴随自我意识。所以，他的身体意向性能够作为身体的维度来补充反身性习惯。

五、小结

在区分了消极和积极的习惯观后，我们看到实用主义提倡一种积极的习惯观，即包含反思或理性的习惯，它包含三层义理：行动是习惯的个例，知识依赖于习惯，习惯包含意向性。新实用主义者基尔皮南提出的“反身性习惯”富有创见，以一种更合理的知行合一的角度看待习惯。反身性习惯不仅获得了认知科学的支持（Noë，2009：97-98），而且在实用主义和社会学中都能找到其理论渊源。然而，他还是没有摆脱概念内容的意向性的框架，忽视了非概念内容的意向性，即习惯的身体维度。这一点可以从塞奇所做的推论意向性和身体意向性的区分中得到启发。梅洛－庞蒂的身体意向性意味着，因为习惯依赖于身体，并且习惯既是感觉又是运动，所以习惯的规范性体现了感觉和运动的相互依赖。由此，我们勾画出更完备的反身性习惯的概念，它同时具备推论和身体两个层面，提供了一种更完备的积极的习惯概念。然而，关于习惯的身体意向性的更深含义，以及反思和直觉在习惯过程中扮演的角色，还需要心灵哲学和认知科学领域学者的进一步探究。

参考文献：

Bourdieu, Pierre. (1977). Outline of a Theory of Practice[M]. Cambridge: Cambridge University

Press.

Burch, Robert. (2021). Charles Sanders Peirce [DB/OL]. The Stanford Encyclopedia of Philosophy (Fall 2021 Edition), Edward N. Zalta (ed.).URL = <https://plato.stanford.edu/archives/fall2021/entries/peirce/>.

Dewey, John. (1983). Human Nature and Conduct[M]// Jo Ann Boydston(ed.). The Middle Works of John Dewey, 1899—1924, Vol.14:1922(pp.1-226). Carbondale: Southern Illinois University Press.

Dewey, John. (2002[1922]). Human Nature and Conduct[M]. Amherst, N.Y.: Prometheus Books.

Dewey, John. (1984). Body and Mind[M]//Jo Ann Boydston(ed.). The Later Works of John Dewey, 1925—1953, Vol.3:1927—1928, Essays(pp.25–40). Carbondale: Southern Illinois University Press.

Duckworth, Douglas. (2022). Gelukpa [dge lugs pa][DB/OL]. The Stanford Encyclopedia of Philosophy (Spring 2022 Edition), Edward N. Zalta (ed.).URL = <https://plato.stanford.edu/archives/spr2022/entries/gelukpa/>.

Hume, David. (1985[1739—40]). A Treatise of Human Nature [M]. Harmondsworth: Penguin.

James, William. (1950 [1890]). The Principles of Psychology, Vol. 1–2 [M]. New York: Dover.

Kilpinen, Erkki. (2009). Pragmatism as a Philosophy of Action[M]//Sami Philström and Henrik Rydenfelt(eds.). Pragmatist Perspectives(pp.163–179). Helsinki: Societas Philosophica Fennica.

Kilpinen, Erkki. (2009a). The Habitual Conception of Action and Social Theory [J]. Semiotica, 173: 99–128.

Kilpinen, Erkki. (2013). Pragmatic Theory of Action[M]// Hugh LaFollette (ed.). International Encyclopedia of Ethics (pp. 4020–4026). Blackwell Publishing Ltd.

Kilpinen, Erkki. (2015). Habit, Action, and Knowledge, from the Pragmatist PerspectiveM]// U. Zackariasson (ed.). Action, Belief and Inquiry: Pragmatist Perspectives on Science, Society and Religion (pp. 157–173). Nordic Studies in Pragmatism, Vol. 3. Nordic Pragmatism Network.

Mead, Herbert. (2001[1908—09]). Industrial Education, the Working Man, and the School[M]// Mary Jo Deegan (ed.). George H. Mead: Essays in Social Psychology (pp.161–174). New Brunswick and London: Transaction.

Merleau-Ponty. (2012). Phenomenology of Perception[M], D. Landes(trans). New York: Routledge.

Noë, Alva. (2009). Out of Our Heads: Why You Are Not Your Brain, and Other Lessons from the Biology of Consciousness[M]. New York: Hill & Wang.

Peirce, C. S. (1931—1958). The Collected Paper of Charles Sanders Peirce, Vol. 1-6 [M], C. Hartshorne and P. Weiss (eds.); Vol. 7-8[M], A.W. Burks (ed.). Cambridge, MA: Harvard University Press.

Peirce, C. S. (1992—1998). The Essential Peirce: Selected Philosophical Writings, 2vols[M], N. Houser, C.J.W. Kloesel and the Peirce Edition Project (eds.). Bloomington and Indianapolis: Indiana University Press.

Romdenh-Romluc, Komarine. (2010). Merleau-Ponty and Phenomenology of Perception[M], London: Routledge.

Sachs, C.B. (2014). Intentionality and the Myths of the Given: Between Pragmatism and Phenomenology[M]. London: Pickering & Chatto.

Schon, Donald. (1991[1983]). The Reflective Practitioner: How Professionals Think in Action[M]. Aldershot: Avebury.

Turner, Stephen P. (1994). The Social Theory of Practices: Tradition, Tacit Knowledge, and Presuppositions[M]. Cambridge: Polity Press.

Watson, J. B. (1919). Psychology from the Standpoint of a Behaviorist[M]. Philadelphia: J. B. Lippincott.

Intentionality in Habit: On the Embodiment Dimension of Reflexive Habituality

YE Feinan

Department of Philosophy, East China Normal University

Abstract: Is there intentionality in habit? By distinguishing between passive and active view of habit in history of philosophy we see the concept of reflexive habituality of Kilpinen who represents neo-pragmatism stands for the active view of habit in which the unity of habit and reflection and the existence of intentionality in habit were emphasized. However, I would demonstrate that the intentionality in habit in Kilpinen sense only satisfy what Sachs called the discursive intentionality in that Kilpinen argues for reflexive habituality by views of Pierce who mainly centered on semantic sense of habit. To solve that, the somatic intentionality would be introduced as a dimension of phenomenology to accentuate the embodied grip of the world. By acknowledging the intentionality of non-conceptual content, a more complete concept of intentionality can be obtained, and a habitual picture of the unity of knowledge and action can be drawn.

Keywords: habit; intentionality; reflexive; somatic; Kilpinen; Merleau-Ponty

[实验哲学]

“规范性输入”与实验哲学的成效性

◎ 刘玲
暨南大学哲学所

摘　要：实验哲学不仅关注概念归属的实际情形，也关注归属的实际目的。诺布等人关于现象意识归属以及双特征概念研究的共同出发点即是探寻人们归属的目的。实验哲学的这种研究思路与哈斯兰格的“改善性分析”和卡尔纳普的“精释”存在着共通性，显示出其“规范性输入”的特征。然而，能真正凸显实验哲学研究意义的，并不是现今已被提及的“解释准备”，而是“成效性”。目的探寻的研究思路有助于说明实验哲学自身的成效性，能为其哲学性的辩护提供新的视角。

关键词：实验哲学；归属目的；改善性分析；精释；成效性

实验哲学不仅关注人们事实上如何归属概念，也探究人们在现实生活中归属的实际作用或目的。本文试图通过突出实验哲学探寻归属目的这一研究思路的重要意义，强调实验哲学的“规范性输入”特征，阐述实验哲学的成效性，凸显实验哲学自身的哲学性。本文从两个具体研究即现象意识归属和双特征概念的研究出发，表明实验哲学的一种重要研究方式是以人们归属的目的为研究出发点。这种阐发显示出实验哲学与哈斯兰格（S. Haslanger）“改善性分析”（ameliorative analysis）的相通性。实验哲学与卡尔纳普（R. Carnap）的“精释”（explication）理论也有共通性，但借由“精释”中的成效性问题更能突出实验哲学研究的哲学意义。

一、现象意识归属的实验研究

诺布（J.Knobe）和普瑞兹（J.Prinz）曾在 2008 年关于现象意识归属的文章中指出，如果从道德判断的角度出发，就能理解为什么一个实体的归属现象意识很重要：越是肯定这个实体是有现象意识的，就越会确定给予该实体以道德关注是重要的（Knobe and Prinz，2008 ：80）。诺布和普瑞兹对此还进行了拓展性实验研究，对人们如何理解“为什么进行现象意识归属”

做了进一步考察，探究归属“在他们生活中的实际作用”(Knobe and Prinz，2008：80)。在实验中，被试要给出自己关于人们为什么会对归属各种心灵状态感兴趣的解释。一些被试遇到的问题是，“为什么人们会对归属记忆的能力感兴趣”；另一些被试遇到的问题则是，“为什么人们会对归属意识的能力有兴趣”。诺布和普瑞兹假设，被试可能会自然地倾向于以解释和预测来说明记忆的归属，以形成道德判断来自发地解释意识的归属(Knobe and Prinz，2008：81)。他们将实验分为“在记忆的条件下”和“在意识的条件下”两种情形。“在记忆条件下”，被试遇到的问题是：

想象一个人的工作是和鱼打交道的。他发现自己想要知道一个关于鱼的特别问题。具体来说，他想要知道鱼是否有“关于湖的哪部分有最多食物”的记忆能力。

你为什么会认为他想要知道这个？这个问题为什么对他来说是重要的？

“在意识条件下”，被试遇到的问题是：

想象一个人的工作是和鱼打交道的。他发现自己特别想知道关于鱼的特别问题。具体来说，他想知道鱼是否真的能够感受到任何东西。

你为什么会认为他想要知道这个？为什么这个问题对他来说是重要的？

实验结果显示，人们在记忆条件下的反应很好地与传统理论保持一致，绝大多数的回答认为这个人对记忆能力归属感兴趣是因为如此归属能使他更好地预测、解释或控制行为，比如能更好地分配食物或知道以后去哪里喂养(100%的反应提到预测、解释或控制，但只有9%的人提到道德判断)。而关于意识条件下的反应情况则非常不同。在该情形下，被试并没有提到预测、解释或控制，相反，压倒性的倾向是以道德判断的兴趣来解释这样的归属。比如，如果知道那样做会引起鱼疼痛，这会让人觉得是不道德的(0%的反应提到预测、解释或控制，但是100%的解释提到了道德判断)。以上实验的假设和设计均是从考察人们为什么如此归属为出发点。诺布和普瑞兹的这个扩展研究想要知道的是，归属给鱼一种现象意识，比如疼痛的时候，这种归属活动在人们的实际生活中扮演什么样的作用。对现实实际情况的关注是实验哲学的一个特点。研究人们的归属在实际生活中的情形就必须要回到实际的社会生活中去。以这样的视角来考察现象意识的归属，在诺布和普瑞兹看来，并不仅仅只是为了解释和预测，更重要的还有约束或规制(Knobe and Prinz，2008：82)。

二、双特征概念的实验研究

上述内容显示了实验哲学从探寻归属的目的来考察归属行为本身所具有的规范性因素。与此视角相似的是，现今实验哲学的探究还深入到某些概念内部，认为有些概念本身就有规范性的维度。这方面的研究集中在关于“双特征概念”（dual character concepts）的讨论上，这些考察同样侧重人们的实际归属目的，仍然是以诺布等人的研究为原始版本，然后扩散至多个概念。

诺布等人在 2013 年专门针对一类概念——双特征概念进行了实验研究（Knobe，Prasada and Newman，2013）。这些研究考察了这样的假设，即某些特定的概念可以提供两种不同的划分：一个基于具体的特征，另一个基于更为抽象的价值。比如，比较下面两类陈述：

（1a）在某种意义上可以说她是科学家（巴士司机）。

（1b）但是，当你思考什么是一个科学家（巴士司机）时，你又觉得她不是一个科学家（巴士司机）。

（2a）在某种意义上可以说她不是一个科学家（巴士司机）。

（2b）但是，当你思考什么是一个科学家（巴士司机）时，你会觉得她是一个科学家。

实验显示，很多人接受关于科学家的四个陈述，但是反对 b 类中关于巴士司机的陈述，因为人们对是否是科学家的划分存在一个规范性考量，而这种维度与是不是巴士司机的划分不同，后者并没有这样的规范性维度。双特征概念的独特性就表现在这种概念包含了两种划分其成员的方式。比如，为了解释什么是科学家，一个人可能会首先列举一系列具体的特征，如开展实验、分析数据、提出理论以及撰写论文等。但是当被给予这样的回答时，你会发现似乎这些特征又过于简单了，会认为所有这些特征还有一个共同点，即它们都以某种方式实现着相同的抽象价值：追求经验知识。也就是说，对什么是科学家的回答应该不只是列举某些具体特征，还要考量所要实现的抽象价值。基于这种理解，诺布他们利用两种类型的规范评价来说明双特征概念的特点：一种是考察特定的具体特征，然后看一个对象是否具有这些特征；另一种是将具体属性作为实现抽象价值的方式，然后看特定的对象是否具现了这些抽象的价值。诺布他们认为第二种并不适用于所有的概念，但是适用于双特征概念。

具体来说，诺布他们通过加入限定词“好的”和“真正的”来划分两种评估形式。参与者针对不同的40个陈述来判断对他们来说这些陈述听上去是奇怪的还是自然的。陈述有两种基本形式：“那是一个好的X”以及“那是一个真正的X”。结果显示，参与者面对包含“好的”限定词的陈述时，双特征概念（好的科学家）和一般概念（好的收银员）都有很高的得分，但是当面对“真正的”限定词的陈述时，参与者对双特征概念比如“真正的科学家”（而不是“真正的收银员”）给予更高的分数。诺布等人认为这个结果支持了“双特征概念与其他概念有重要不同”的假设：双特征概念与其他概念一样都有具体的特征，但双特征概念同时被看作需要实现某种抽象价值（Knobe，Prasada and Newman，2013：253）。人们在表征这些概念时，不仅是以具体特征的方式来描述，而且还体现了这些具体特征所要实现的抽象价值。巴士司机也有某种特定的具体特征（会驾驶、转移乘客等），但通常人们并不会认为这些具体特征还在实现某种抽象价值。总之，诺布等人试图通过实验研究显示双特征概念有三个显著性质：（1）双特征概念提供了划分类别成员的两种不同方法。（2）为两种类别成员的划分方式提供了评估和划分的基础。（3）其中一个分类的方式涉及抽象的价值（Knobe，Prasada and Newman，2013：253）。

亚里士多德可能是最早提及某些概念有双重特性的人。他曾探讨“是朋友”是什么意思。亚里士多德提出，当我们认为一个人是朋友的时候，我们会认为他们是有益的或者是愉快的陪伴，但是“只有那些为朋友着想，希望朋友具有美德的人才是真正的朋友”（Aristotle，1976：263）。这段话表明了“朋友”在其应用中似乎也有两个相互独立的标准，而且其中提到的“真正的”这个限定也突出了它的规范性维度。诺布等人的经验研究也旨在显示例如真正的艺术家、真正的科学家这样的双特征概念的规范性因素。“评价一个人是一个真正的艺术家、真正的科学家、真正的朋友或真正的同事，使得我们去判断这个人在规范性上是否是值得称赞的，因为我们对这些社会角色有特别的规范性理解。这些概念使得我们对处在社会角色中的人们有某种规范性的期望。”（Reuter，Löschke and Betzler，2020：1011）

当然，厚概念（thick concepts）比如“勇敢的”“凶手”“庸俗的作品”等也是一种本身被认为涉及了规范性方面的概念。厚概念是关于世界的一些客观性质的积极或消极的评价。但厚概念似乎并不能分清其中的描述维度和评价方面，因为厚概念本身就是以特别的方式来评价所指称的对象。比如“同事”这个概念就不属于厚概念（Reuter，Löschke and Betzler，2020：1004）。一个人不会因为我们不喜欢他而不是我们的同事。而双特征概念比如艺术家、科学家、母亲等既涉及描述性方面也涉及到规范性方面。如前所述，诺布他们认为双特征概念的特别性在于它们可以为类别成员的划分提供两个相互独立的维度：描述的维度和规范的维度。人们会认为一个艺术家需要具有实现某个规范性方面的特征，比如创造较高美学价值的作品，而厚概念的规范性维度则不是划分的依据，它只是对描述维度的评估。

针对双特征概念，也有一些其他学者进行了研究。例如莱斯利（S.Leslie）主要着眼于与社会角色相关的一些概念，提出了角色的典型功能和理想的社会功能的区分。比如哲学家的典型功能是讲授形而上学，争论形而上学的理论，得出新的形而上学的描述。但是根据莱斯利的观点，社会角色的规范性维度才代表了他们的理想功能，比如一个真正的哲学家是关注更大的问题的（Leslie，2015）。根据莱斯利的提议，皮那尔（Del Pinal ）和罗伊特（Reuter）论证并提供了关于社会角色概念的经验性研究，认为社会角色代表了实现与该角色相关的理想功能的承诺（Del Pinal and Reuter，2017）。如果一个艺术家创作出有美学价值的作品，那么他就实现了艺术家概念的规范性维度。而且，他们还进一步认为这种规范信息对预测角色的行为很重要。如果知道一个年轻人致力于产生高美学价值的作品，人们大概就会预测他致力于成为一个艺术家。这些研究都是试图显示某个概念本身就有规范性的维度，人们在使用和归属这些概念时有其相应的、对现实行为的期望和规制。

三、改善性分析

实验哲学的一个重要研究内容就是考察大众如何理解某些特别的概念，这是普瑞兹最初在分析实验哲学的研究特点时就提到的一点。如果转换视角，从考察概念理解对哲学讨论的意义，到探寻人们归属概念的目的，就能更加直接地将实验哲学与规范性因素关联起来。对实验哲学的一种常见质疑意见是，哲学更多是对规范性问题的探究，而实验哲学更多是对经验性问题的考察，更多是从实验材料出发。但实验哲学关于人们如何、为什么归属以及对双特征概念的考察，说明实验哲学的工作本身涉及规范性问题的探讨。不过，规范性问题的涉及固然更容易凸显实验哲学的哲学性——从研究人们归属的实际情形是什么样的，到推及研究“人们为什么归属”的目的，体现了实验哲学对规范性因素的看重，但更重要的是，这些具体的研究提供了一种非常有意义的讨论问题的方式。

关于实验哲学的这种研究方式的意义，我们可以从当代女性主义哲学家哈斯兰格“改善性分析”的相关论述中获得共鸣。哈斯兰格应用改善性方法来分析她所关注的种族和性别问题，“改善性分析”这个概念在其 2012 年的书中得到重点讨论。她通过比较概念分析与描述路径这两种方法来说明改善性分析：

> 比如，考虑“什么是知识”这个问题。根据概念路径，一个人会问：什么是知识的概念？然后，我们诉诸先天的方法比如内省来寻求答案。人们将关于这些情形和原则的直觉考虑进来，进而希望最终达到一种反思平衡。而根据描述性路径，一个人关注什么是知识的词汇所针对的客观类型。通过对现象的仔细考虑，通常是依赖于经验或类似经验的方法来试图发展一种潜在的更精确的概念；
>
> 改善性计划则相反，从开始就是问：关于这个概念的问题是为了什么？比如，为什么我们要有关于知识的概念或关于信念的概念？什么样的概念可以最好地发挥作用？在一定的情形下，一个理论概念被用来规定一个新的语词，它的内容完全由它在理论中的作用来决定。如果我们认为日常词汇服务于认知和实际的目的，即能很好地服务于理论化，那么寻求一种改善性的路径就可能合理地将它们自己看作是对我们的概念提供了一个解释，通过提升我们的概念资源来服务于被严格检查的目标。（Haslanger, 2012：367-368）

根据哈斯兰格的解释，改善性分析方法的第一步，是对所要达到的目标进行批判性考察，而不是去对诸如种族、性别的常识概念进行系统化（概念分析路径），或者是去调查所讨论现象的更深层次的形而上学的和经验的性质（描述性路径）。哈斯兰格提到，“更具体地来说，这个计划的目标是考虑性别和种族概念可能会在一个批判性的，特别是女性主义和反种族主义的社会理论建构中所起的说明作用”（Haslanger, 2012：226）。

如前所述，这种探寻方式实际上也是实验哲学研究所看重的：考察人们在现实中为什么会使用那样的概念，为什么会形成那样的直觉。诺布等人关于现象意识归属、双特征概念讨论的出发点就是试图弄清楚人们这样归属或使用概念的目的是什么，然后进行假设并通过实验进行最终的检测和支持。从关注所讨论问题的目的以及最终服务于一个认知或实际的目标等考量，可以看出实验哲学的研究模式与改善性分析的相似之处。实验哲学也是通过考察一些经验性现实，追问这些经验性发现的原因，从而对某些概念本身有新的理解，继而通过所提升的新的理解来应对某个具体问题。

哈斯兰格提到，“改善性分析阐释了‘我们’的合法目的……服务于目标概念。规范性输入是需要的”（Haslanger, 2012：376）。实验哲学关于问题探寻的目的追问，体现出其本身也具有“规范性的输入”（normative input）的维度。即便是在关于因果推理的一项实验研究中，也同样强调了人们事实上如何推理与规范性方面的关联（Woodward, 2019）。这种因果推理的规范性理论，与仅仅是描述性的理论（即描述事实上如何推理和看待因果方面）不同，能突出好的或正确的因果推理是什么样的。伍德沃德（J. Woodward）提到这种规范性的来源主要体现在确证的方式：不同关联的因果推理有某种特定的目标，根据这个推理应该具有的各种特征来显示这些方面可以积极地导向这些目标，各种因果概念和策略也都以如何实现目标来进行评价。伍德沃德以“不变性”在因果认知中的作用来进行说明。关于不变性的理解有描述性也有规范性的部分。描述性的部分是我们倾向于以不变性来思考和推导因果关系，即在其他因素相同的情形下，因果关系更不易发生变化；规范性部分则是既然不变性关系更易满足因果推理的目标，那么以这种方式进行推理就是正确的或合适的。而不变性的规范性诉求又表明，关系越是不变的，我们就越可以运用它产出更多能应用于不同情形的一般化概括。而且，如果一种因果认知与达到一般化的目标一致，我们也会期望，作为一个好的解释，它能体现不变性因素，也能提供在经验中寻找因果认知的指引。伍德沃德指出，解释成功与适应性强的（well-adapted）因果认知之间的关联显示，因果理论还有另外的限制，我们不仅仅想知道已有的概念，而且还想知道这些概念为什么会起作用或者为什么会使得我们能成功推理。当这个限制出现的时候，应该考虑我们目前关于推理的方式如何可能会提升，从而可以更好地适应我们的目标（Woodward, 2019：207）。

四、实验哲学的成效性

谈到概念的提升，自然还会联系到卡尔纳普的“精释”（explication）。[①] 它描述的也是一个过程，即来自日常生活或严格背景（比如早期科学背景）中模糊的、非正式的概念，变为一个更精确的、形式化概念的过程（Carnap，1947：7-8）。实验哲学也是从大众的日常概念出发，比如从日常的“同事”“意图”“因果”等概念出发发现其中的规范性因素，探索新的规定性方面。目前已有学者从卡尔纳普的“精释”视角来为实验哲学进行辩护。谢普德（J. Shepherd）和贾斯特斯（J. Justus）结合卡尔纳普的“精释”观点来辩护肯定的（positive）实验哲学（Shepherd and Justu，2015）。他们的辩护集中在卡尔纳普关于建立哲学理论三步骤中的第一步，即“解释准备”（explication preparation）[另外两个步骤是“精释”和“成效性”（fruitful）]。在卡尔纳普的论述中，解释项的构建是在被解释项非正式的分类之后。谢普德和贾斯特斯指出，如果要想这个分类不是基于某种主观直觉，那么经验考察就非常重要，实验哲学的工作自然也就是必要的，因为实验哲学就是认为直觉是需要实验考察的。“坚持用科学

---

① 当下也有用“概念工程”（concept engineering）来讨论实验哲学的工作的做法，但实际上概念工程是否可以描述实验哲学的工作也是需要分析的，这里因为主题关系暂不作专门讨论。

方法来分析概念的经验来源，实验哲学补充了卡尔纳普的资料驱动的方法。实验哲学在解释准备中就可以扮演很重要的角色。例如被解释项的澄清可以通过实验哲学家的各种经验研究来获得。”（Shepherd and Justus，2015：390）

谢普德和贾斯特斯的辩护为实验哲学的意义提供了一种概括。实验哲学的确通过一些现实的研究显示了某些概念或议题的理解本身是有问题的。这对概念分析方法也是重要的。但是这种辩护总体来说仍然是从关联性角度来解释的——经验研究对哲学研究是有利的。这种辩护模式有其局限性，因为它将实验哲学研究意义的决定权置于外在的其他因素，而人们对这种关联性是否存在以及多大程度上成立的质疑意见并不少。林德尔（M.Lindaur）针对谢普德和贾斯特斯以上的分析也表达了类似的看法："更为重要的是，他们的观点只是将实验哲学看成是哲学研究的女仆——确保准备好哲学理论建构的前提，而不是参与到其中。而对实验哲学挑战的一个重要方面就是为什么它是哲学的，对此问题的回答不仅仅只是帮助阻止或纠正我们在发展哲学理论早期可能会犯的错误。即不是为了做哲学而进行准备，而是应该认为实验哲学本身就是哲学的事业。”（Lindauer，2020：2145）

然而，要辩护“实验哲学本身就是哲学的事业”，卡尔纳普解释的第三个阶段即“成效性”或许更为重要。成效性同时也是精释成功的重要要求（卡尔纳普提到精释充分的四个标准：与被解释项相同、精确性、成效性、简单性）。但是卡尔纳普对成效性的说明非常少。一个相关的讨论是："精释项如果要成为一个有成效的概念……对形成许多普遍的陈述（在非逻辑概念的情形下是经验定律，在逻辑概念的情形下是逻辑理论）有用。”（Carnap，1950：7）可见，卡尔纳普是将成效性与形成的越来越多的一般化的陈述（如经验定律或逻辑理论等）关联起来，即通过精释阶段实现将日常模糊的概念提升为更为精确的科学概念，更好地与其他概念发生关联，进而构造更多一般化的陈述。通过概念提升来实现某种目的（比如科学定律的建立），这大致就是成效性的一种理解方式。

实际上，哈斯兰格也提到了卡尔纳普关于精释的理论。她在其书中的一个脚注中提及了蒯因的理论：

> 蒯因区分了不同定义的形式，第三种就是他所称的“精释”（从卡尔纳普那得来）。在关于精释的定义中，“哲学家进行的一个活动，并且科学家也有参与……这个目的不仅仅只是将被精释项变为一个同义词，而实际上是通过重新提炼或补充其意义来提高精释项”。改善性比精释更能体现蒯因描述为特别的哲学的工作。但是以我的观点，它应该被理解为，一个分析是否是对已有意义的提升，依赖于所探寻的目的。（Haslanger，2012：367）

这里哈斯兰格仍然是从所讨论问题的目的来看待成效性。与卡尔纳普将成效性与产生大量的一般化陈述的理解关联起来不同，哈斯兰格是希望概念的提升能够帮助我们解决实际的问题，更好地服务于道德或政治目标，进而帮助我们进步。尽管卡尔纳普的成效性是从理论层面、形式化角度来理解，但是成效性也可以放到更大的实践背景中去理解，即追求好的科学理论。

这样，我们也可以从探究归属目的的研究模式方面看待实验哲学的成效性。对实验哲学来说，其目的最终也是指向现实中的人及其现实生活。实验哲学的宣言就提及哲学始终是关涉人的。而规范性维度提出了对人们行为的一种期望和要求，这种期望本身就是对他人归属概念的重要意义和目的所在。现象意识归属实验中显示出的规制性维度实际上还引导、教育以及督促人们遵循规范。这种规制一方面可以使我们在解释和预测他人行为时更为方便和迅速，甚至或许还可以不用通过归属心灵状态，仅仅只是根据规范就能预测和解释；另一方面，这种提升也可以达至现实的目的，比如加强合作、促进社会交往和沟通等。双特征概念的研究也显示了以往我们不太关注的一些日常概念有其自身的规范维度，人们期望其他人满足特定角色的规范性要求，这些方面对扮演特定社会角色的个人以及社会团体实现其规范性要求都很重要。比如贝尔（A. Bear）和诺布 2017 年针对大众对概念“正常”（normal）的理解进行了分析（Bear and Knobe，2017）。该概念可以在描述的意义上进行说明（比如数据平均），也可以是指根据规范标准被判断为是正常的。实验显示参与者在评估某个事情是否正常的时候，既有描述层面也有规范层面的考虑；“正常”可以是数据上的评价和理性化的交互和权衡。该问题研究的重要启发意义在于，强调了正常的表征是如何被习得的，突出了道德与其他约定俗成的信息会影响人们学习什么是正常的。人们通过学习什么是理想型的而习得什么是“正常”的，这种对理想型的认同、习得和内化也影响着概念的使用。

可见，与谢普德和贾斯特斯看重第一个解释阶段相比，成效性更能显示实验哲学的研究意义。重新探寻一些日常概念的本质，发现或重新规定某些概念所具有的规范性维度，甚至是发现某些非双特征概念（比如意图等概念）的富有成效的可能性，使得人们可以通过对这些概念的理解及使用达到更为广阔的、具有改善性的目的。从研究现象概念的归属，到直接对一些规范性因素比如双特征概念的考察[①]，实验哲学讨论的是为什么人们会进行那样的归属或使用那样的概念。一旦对类似“人们为什么进行现象意识的归属”等问题进行认真思考，

---

① 当然，双特征概念的研究也还有需要继续探讨的地方，比如描述维度与规范维度的划分、理想功能和抽象价值的界定等等。这里只是突出由此问题研究凸显出的实验哲学的研究问题的方式。

针对现实情形的经验性研究工作的意义就凸显出来了。对人们使用这些概念或形成判断等的目的或意义的探寻本身就体现了实验哲学宣言中对人类现实的观照，以及哲学事业本身对人的关注。实验哲学对这些目的的研究不仅有利于促进其成效性的实现，而且也有利于自身哲学性的辩护，其不应当仅仅只被理解为是一个“清理工”。

参考文献：

Aristotle. (1976[350 B.C.E.]). Ethics[M], Thomson,J.(trans). London: Penguin Books.

Bear, A., Knobe, J. (2017). Normality: Part Descriptive, Part Prescriptive[J]. Cognition, 167: 25–37.

Carnap, R. (1947). Meaning and Necessity[M]. Chicago: University of Chicago Press.

Carnap, R. (1950). Logical Foundations of Probability[M]. Chicago: University of Chicago Press.

Del Pinal, G., Reuter, K. (2017). Dual Character Concepts in Social Cognition: Commitments and the Normative Dimension of Conceptual Representation[J]. Cognitive Science, 41(S3): 477–501.

Haslanger, S. (2012). Resisting Reality: Social Construction and Social Critique [M]. Oxford: Oxford University Press.

Knobe, J., Prinz J. (2008). Intuitions About Consciousness: Experimental Studies [J]. Phenomenology and the Cognitive Science, 7: 67–83.

Knobe, J., Prasada, S. and Newman, G. (2013). Dual Character Concepts and the Normative Dimension of Conceptual Representation [J]. Cognition, 127(2): 242–257.

Leslie, S. (2015). “Hillary Clinton is the Only Man in the Obama Administration” : Dual Character Concepts, Generics, and Gender [J]. Analytic Philosophy, 56(2): 111–141.

Lindauer, M. (2020). Experimental Philosophy and the Fruitfulness of Normative Concepts [J]. Philosophy Studies, 177(8): 2129–2152.

Reuter, K., Löschke, J. and Betzler, M. (2020). What is a Colleague? The Descriptive and Normative Dimension of a Dual Character Concept [J]. Philosophical Psychology, 33(7): 997–1017.

Shepherd, J., Justus, J. (2015). X-phi and Carnapian Explication [J]. Erkenntnis, 80 (2): 381–402.

Woodward, J. (2019). Causal Judgment: What Can Philosophy Learn from Experiment? What Can it Contribute to Experiment? [M]// Wilkenfeld, D. and Samuels, R.(eds). Advances in Experimental Philosophy of Science. London: Bloomsbury.

"Normative Input" and Fruitfulness of Experimental Philosophy

LIU Ling
Institute of Philosophy, Jinan University

Abstract: Experimental philosophy concerns not only with the actual situations of people's conceptual attribution, but also with the purposes of attribution. The common starting point of the researches on phenomenal consciousness's attribution and dual character concepts is exploring the purposes of the attribution. This strategy in experimental philosophy has in common with Haslanger's "ameliorative analysis" and Carnap's "explication", and can show characteristics of "normative input". However, what really highlights the significance of experimental philosophy is not the "explanatory preparation" but the "fruitfulness". The idea of exploring attribution's purposes helps experimental philosophy illustrate its fruitfulness and can also provide new perspectives on its philosophical defense.

Keywords: experimental philosophy; the purposes of attribution; ameliorative analysis; explication; fruitfulness

[知识论]

德性与证成：索萨的反怀疑论思想研究

◎ 李香莲

北京师范大学哲学学院

摘　要：怀疑论问题是知识论研究中最为困难的议题之一，也是一切哲学研究必须面对的重要问题之一。当代怀疑论主张，我们没有任何知识，我们不能够完全相信任何信念是真的。面对怀疑论的挑战，知识论者提出各种反怀疑论论证，但都被认为是不成功的。德性知识论的首倡者欧内斯特·索萨持坚定地站在反怀疑论立场，并提出两种独具特色的反怀疑论方案，即基于安全性条件的安全性路径与基于德性条件的德性路径。本文以索萨的德性知识论为主题，以当代知识论中的怀疑论论证为背景，批判考察索萨的两种反怀疑论方案。此外，本文创新性地构建了一种综合的梦境想象模型，以修补索萨式梦境想象模型的理论缺陷；论证了一种德性的实用证成，即以德性为知识证成的基础，以安全性条件与德性条件的融合为关键，为反怀疑论提供一种更为可行的德性路径。

关键词：怀疑论；反怀疑论论证；德性知识论；欧内斯特·索萨；安全性路径；德性路径；梦境想象模型；实用证成

在当代，我们并不缺乏反怀疑论方案，而是缺乏好的方案。那么，我们如何才能尽可能好地回应怀疑论问题？如果我们能够尽可能好地构建一个知识理论，不断地完善对知识的证成[①]，是否可以回应这个追问？索萨（E. Sosa）的德性知识论被认为是一个极具解释力的知识理论，它是否可以回应这个追问？本文从四个部分对索萨的反怀疑论思想进行了批判性研究。第一部分厘清索萨反驳怀疑论的缘起，即时代背景与基本前提。第二部分批判考察索萨的反

① "证成"的英文为"justification"。大陆学者通常译为"确证"（见陈嘉明《知识与确证》）或"辩护"（见波洛克《当代知识论》，或见徐向东《怀疑论、知识论与辩护》）；台湾学者则译为"证成"（见米建国《两种德性知识论：知识的本质、价值与怀疑论》）。本文采取"证成"的译法，因为：第一，"确证"字面是指"已经确凿地证实了的"，这具有误导性，使人误以为 justified belief 一定是真的。但根据主流的观点，justified belief 不一定是真的。第二，"辩护"容易与"defend"混淆，而且"辩护"通常是指通过言语行为进行论辩，而持有一个 justified belief 并不要求认知者进行言语辩护。

怀疑论方案，即安全性路径。第三部分处理德性路径中存在的有关知识的实用侵入之争议。第四部分讨论实用侵入及其反怀疑论作用。在结语部分中得出结论，即索萨的安全性路径不能完成反怀疑论任务，德性路径可以有效应对怀疑论问题。

一、索萨反驳怀疑论的缘起

索萨反驳怀疑论具有两大时代背景与四个基本前提。其中，时代背景包括：怀疑论问题的当代回应及其弊端，以及证成理论的当代修补与困境。基本前提包括：第一，提出一种哲学怀疑论的极端论证；第二，区分两种知识；第三，重估笛卡尔式怀疑论；第四，重估证成理论。

（一）两大时代背景

20世纪60年代以来的西方哲学，在知识论研究领域出现了一些新发展、新动向。一方面，怀疑论问题受到普遍重视并得到了处理。不过，那些被寄予厚望的反怀疑论方案都存在弊病。另一方面，1963年盖提尔（E. Gettier）发表了《证成的真信念是知识吗？》一文，挑战了知识的传统分析，指出存在被证成的真信念不是知识的反例。为了应对盖提尔反例，各种证成理论应运而生。然而，不论是内在的证成理论还是外在的证成理论都存在难以克服的理论困境。正是在以上哲学时代背景下，索萨开启了反驳怀疑论的哲学事业。

一方面，当代主流反怀疑论论证的弊病是索萨反驳怀疑论的直接动机。

在当代，怀疑论者声称，我们的常识中存在一种怀疑论悖论（Skepticism Paradox，以下简写 SP）。索萨也曾指出，“总之，一些怀疑论者在常识的核心发现一个悖论”（Sosa，2007：40）。大体上，怀疑论悖论的一般形式如下：

SP1：S 不知道非 SH

SP2：如果 S 知道 O，那么 S 知道非 SH

SP3：S 知道 O

现在，令“SH”为“我是缸中之脑”，令“O”为“我有手”，代入上述形式，可以得到一个极具直觉吸引力的怀疑论悖论：

SP1′：我不知道我不是缸中之脑

SP2′：如果我知道我有手，那么我知道我不是缸中之脑

SP3′：我知道我有手

分别来看，SP1′、SP2′、SP3′ 都是高度符合直觉的。当我们承认这三者同时为真并将它们组合到一起，就会出现逻辑上的不一致，即怀疑论悖论，这会导致一种认知僵局或认知瘫痪。为了打破这种认知僵局，怀疑论者主张，我们不知道怀疑论预设为假，并且我们不知道常识命题，这被称作怀疑论论证。怀疑论论证主要有两种类型：第一种包括三个论证，即“闭合论证”或“无知论证”、“错误可能性论证”或“可错性论证”（又称“谬误论证”）、“有限经验论证”；第二种包括五个论证，除了前三个论证外，还添加了“标准的论证”以及“非充分性论证”或“不确定性论证”。但无论哪种类型，学界普遍认为，闭合论证或无知论证是怀疑论最主要的论证形式，因为闭合论证可以简洁有力地将怀疑论悖论的直觉吸引力展现出来。其论证过程如下：

AC1：S 不知道非 SH

AC2：如果 S 知道 O，那么 S 知道非 SH

AC3：S 不知道 O

根据对怀疑论悖论以及怀疑论闭合论证的简要分析，按照时间顺序，可供选择的反怀疑论论证有如下选择：要么肯定常识命题，认为我们可以知道各种日常知识，这是来自摩尔主义者的常识方案；要么否认闭合论证的核心闭合原则，认为我们可以在不知道怀疑论预设（前提）为假的情况下知道常识命题，这是来自德雷茨基（F. Dretske）、诺齐克（R. Nozick）等人的论证；抑或是通过对“S 知道 P”进行语境分析，圆融地认为“我们一会儿知道一个常识命题，一会儿又不知道这个常识命题”，这是来自语境主义者的方案。然而，令人遗憾的是，这些被寄予厚望的反怀疑论论证，都被证明存在各种各样的问题。比如，摩尔（G. E. Moore）以有待证明的结论作为论证的前提，对“两只手的存在”的证明并不合法。摩尔只是表达了坚定的反怀疑论立场，并没有提供实质性的论证;认知闭合原则是一个极具知觉吸引力的原则，放弃它以达到对怀疑论的驳斥，好比“伤敌一千，自损八百”，代价太大，成本太高；语境主义存在一个根本性的困境，即用语境高低标准来划分怀疑主义语境与日常语境，不仅是对怀疑论的妥协，而且修正了知识的标准。

另一方面，当代证成理论的困境是索萨反驳怀疑论的根本动机。

1963 年盖提尔发表了《证成的真信念是知识吗？》一文，对知识的传统分析发起了挑战，指出存在被证成的真信念不是知识的反例。在盖提尔指出反例的促使下，当代知识论者对证成理论进行了修补，但依旧存在困难。这些证成理论要么囿于证成的内在因素，要么倚重证成的外在因素，无法统筹证成的内外因素，无法回应认知循环问题。

总的来说，对盖提尔问题的反例，当代知识论者形成了两种回应：一是拒绝盖提尔反例挑战，二是积极应战。所谓拒绝盖提尔反例的挑战，就是指出盖提尔反例是无效的。如拒绝理由的可错性的观点，认为盖提尔反例之所以是无效的，是因为反例中的第一个前提"琼斯有一辆福特轿车"这一得到证成的信念实际上是一个错误的假命题。由于本文关注的是知识论者对盖提尔反例的积极应战，故对消解盖提尔反例的回应不做过多阐述。

接受盖提尔反例挑战的策略，又可以分为两个不同路径。第一种，在承认传统的知识三元分析的基础上，为知识寻找第四个条件。也就是说，在知识原有的三个条件的基础上，增加一个条件。诺齐克的知识追踪论就是这种主张，提出将"敏感性条件"作为知识的第四个条件。根据知识的敏感性条件，信念要构成知识，必须满足敏感性条件。敏感性条件主张，"如果信念 P 为假，那么主体 S 就不会相信 P"。在前文的分析中，诺齐克等人的反怀疑论方案付出了巨大的代价，即拒斥颇具直觉吸引力的闭合原则。

第二种，否认传统的知识三元分析的正确性，企图用其他条件取而代之。戈德曼（A. Goldman）的可靠论就是这种主张。根据戈德曼的主张，通过回顾一些成问题的信念形成过程，我们可以获得证成产生的原因。证成问题的信念形成过程是指，其输出的信念被归为无证成的信念的过程，如混乱的推理、主观臆断、靠情感依恋、纯粹的预感或猜测，以及轻率的概括。这些有毛病的过程有一个共同特征，即不可靠，换言之，它们在大多数情况下很可能出错。相比之下，标准知觉过程、记忆、好的推理和内省等信念的形成过程是可靠的，由它们产生的信念通常为真，可以凭借直觉产生证成。因此，戈德曼建议到，"一个信念的证成地位是产生它的那个过程或那些过程之可靠性的一种功能，其中（作为首次概括）可靠就是产生真信念而非假信念的过程倾向"（Pappas，1979：9-10）。

根据戈德曼的主张，知觉、记忆、推理以及内省具有可靠性，它们会产生真信念。然而，索萨不以为然，认为戈德曼的弱证成和元证成概念无法解决新恶魔问题和元不一致问题。索萨分析道：

> 在受害者与我们自己之间的比较在认知上有更多的意义，还有更多的东西没有为弱证成和元证成概念所考虑到。……为了处理新恶魔问题和元不一致问题，我们需要一

个比弱证成和元证成更强的概念，一个内在地或主观地更强的证成概念。（Sosa，2000：137-138）

其中，新恶魔问题是一种思想实验：例如，在一个孪生星球上有一个与我们共享相同心灵生活的人S。不过，他很可能处于这样一个世界，即由于笛卡尔恶魔的存在，他的很多信念是错误的。即使如此，也不能够认为他的信念没有得到证成。新恶魔问题表明，在外在不可靠的情况下，我们的信念依然是可证成的。元不一致问题是另外一种思想实验：某个认知主体S的信念是通过可靠的洞察力获得的。假设S并没有证据支撑或反驳他的信念，那么，似乎不能够认为他的信念是证成的，即使这些信念的形成过程是可靠的。元不一致问题表明，即使一个信念的获得过程是可靠的，它依然是不可证成的。新恶魔问题与元不一致问题直击戈德曼可靠论的要害，即证成与可靠性并不像他所设想的那样具有必然联系。确切地说，过程的可靠性并不能保证一个信念是证成的，一个证成的信念也可能是不可靠地获得的。

（二）四个基本前提

1. 前提一，提出一种哲学怀疑论的极端论证。

自盖提尔问题之后，传统的证成理论被揭示出存在严重的困境。内在主义证成理论的错误在于，认为知识的证成源于信念与信念之间的推论性论证；以一般可靠论为典型的外在主义的困境在于，虽然将“过程可靠”等外在因素纳入知识的证成之中，却循环论证了过程的可靠性。索萨指出，怀疑论的产生正是根源于这些证成理论的失败。据此，他提出了一种哲学怀疑论的极端论证：

（1）任何知识理论要么是内在主义的，要么是外在主义的；
（2）一个完全通用的内在主义理论是不可能的；
（3）一个完全通用的外在主义理论是不可能的；
（4）得出哲学怀疑论。（Sosa and Stroud，1994：263）

在这里，哲学怀疑论宣称：

对于我们的知识，没有办法达到完全的哲学理解。一个完全通用的知识理论是不可能的。（Sosa and Stroud，1994：263）

也就是说，如果知识是可能的，那么就需要我们能够提供一个好的理论去解释它。一个成功的哲学理论将表明我们知道以及如何知道我们所知道的那些事情，进而能够提供一个关于人类知识的一般解释。那么，这要求知识论者仔细研究人类如何使用天赋的能力来了解他们所知道的事情。

2. 前提二，区分两种知识。

根据德性知识论，知识是一种适切的信念。一个信念是适切的，当且仅当该信念是正确的，且该信念可以展示信念主体的胜任力，以及该信念的真是由展示胜任力而来的。索萨将这种适切的信念称为动物性知识，同时认为存在一种反思性知识。反思性知识是对适切信念的适切关注，即对动物性知识进行反思。对动物性知识与反思性知识的区分，是索萨德性知识论中最为重要的内容之一。他以塞克斯都“暗中摸金”的故事诠释这种区分：

> 一些人正在一个装满财宝的黑屋中寻找黄金……这些人中没有人会相信他偶然发现了黄金，即使他确实偶然发现了黄金。同样的道理，一群哲学家来到这个世界上，就好像来到一座大房子里，去寻找真理。但是，一个掌握了真理的人怀疑他是否成功地掌握了真理，这却是合理的。（Sosa，2007：129）

最近，索萨将动物性知识与反思性知识的区分与孔子的哲学思想相联系：

> 当你拥有第一阶（动物性）知识时，要知道（认识到）你真的知道；并且，当你不具有这种知识时，要知道（认识到）你并不知道；“这”就是（反思性）知识（这里指的是第一阶知识，并且通过适当的、可识别的第二阶认可上升到更好的、更高的反思性知识）。（Sosa，2015：330）

根据索萨的解释，动物性知识是一种基础知识，反思性知识则是在此基础上获得的高级知识，二者都是人类杰出的认知成就。但是，怀疑论者却否认我们能够拥有这些知识。否定动物性知识的是所谓的动物性知识的怀疑论，索萨称之为“有关动物性知识的怀疑论”。与之对应，本文将否定反思性知识的怀疑论称为“有关反思性知识的怀疑论”。这样的区分融入了浓郁的德性知识论色彩，令人耳目一新，即在怀疑论类型的诊断上，区分动物性知识的怀疑论与反思性知识的怀疑论。

3. 前提三，重估笛卡尔式怀疑论。

当代知识论者处理的怀疑论问题主要是笛卡尔式怀疑论，这是一种有关外部世界知识的怀疑论：

> 近现代知识论的主要发展线，据说是源于笛卡尔知识论作品中的知觉、归纳推理以及有关外部世界的问题。这一发展线关注由感觉经验所提供的基础证据，以及描述归纳推理如何使得我们超越怀疑论而对我们的世界有充分的认识。（Sosa，2017：vii）

索萨谈论到，这种对近现代知识论主要情节的描述，是对笛卡尔知识论的一种曲解与误读。他认为，真正的笛卡尔问题应当回归到皮浪主义知识论，并且比聚焦于外部世界、他心、记忆、归纳等问题要更加一般地聚焦于怀疑论问题。通过一种皮浪主义解读，说明笛卡尔知识的核心在于反思性知识，所要反驳的是有关反思性知识的怀疑论。这是索萨对笛卡尔式怀疑论的重新解读。

如果将笛卡尔式怀疑论看作一种皮浪主义怀疑论，那么需要回应一个责难，即皮浪主义作为一种生活方式在心理学上是如何成为可能的。毕竟，没有什么比驳斥我们不能像皮浪主义怀疑论者那样生活更具毁灭性的了。例如，在休谟看来，皮浪主义作为一种生活方式只会让“一切言论、一切行动最终都会停止”（休谟，1957：141）。为了恰当地考量这个责难，我们必须首先理解这种生活方式是什么。换言之，什么是皮浪主义怀疑论？索萨的回答是，皮浪主义怀疑论由论式、均衡、悬搁、平静、幸福五个部分所组成。首先，论式是指论证形式，特别是埃奈西德谟十论式和阿古利巴的“怀疑的五个根据”。这些论式都是怀疑论者用于平衡正反两方面的理由的资源，其目标是，假定任何主体S和时间T，实现对任何命题P的均衡。结果，主体将不合理地确证地相信P，也不合理地确证地不相信P。其次，均衡将导致判断和信念的悬搁，导致在P问题上有意识的悬搁。再次，悬搁反过来导致平静。这是一种从纷乱中摆脱出来的自由，走向一种喜乐平静。最后，平静等于幸福，或是幸福的一个关键组成部分或来源。幸福，真正的快乐或福祉（索萨，2019：216）。此外，索萨借由巴恩斯（J.Barnes）的观点，认为存在两种不同的皮浪主义，即粗野的皮浪主义与文雅的皮浪主义。其中，粗野的皮浪主义不能作为一种生活方式，因为它直接悬搁任何问题，但文雅的皮浪主义可以被看作一种生活方式，因为它相信大部分日常事务（索萨，2019：216-217）。因而，通过区分不同的皮浪主义，可以破除怀疑论不可以被看作一种实践怀疑论的偏见，消除休谟对皮浪主义“是人类本性所不允许的一种生活方式”的责难（索萨，2019：216-217）。

如果索萨关于笛卡尔式怀疑论的皮浪主义解读是恰当的，那么反思性知识就位于笛卡尔知识论的中心位置：

> 当怀疑论者怀疑的不是我们的动物性知识，而是我们的反思性知识时，他站在了最强的立场上。我们可以看到这一思想在塞克斯都那里已经占据了重要的地位，并在笛卡尔那里扮演了重要的角色。（Sosa，2009：144）

对笛卡尔式怀疑论的重估，规定了索萨反怀疑论的高阶任务，即反驳有关反思性知识的怀疑论，捍卫反思性知识。如果说，对动物性知识的辩护是索萨对德性知识论基本尊严的维护，那么对反思性知识的辩护，则是索萨德性知识论野心的彰显。在他看来，我们必须抵御最令人生畏的传统怀疑论者，他们不仅怀疑动物性知识的可能性，而且质疑反思性知识的可能性。能否反驳反思性知识的怀疑论，是衡量索萨反怀疑论方案成功与否的一个重要标准。

4. 前提四，重估证成理论。

索萨根据认知随附性原则，主张证成来源在于认知主体内在的德性而非外在的理由或依据，并进一步把德性看作一种能力即胜任力。这种以胜任力为核心的证成理论，构成了索萨反驳怀疑论的能力基础。

传统的知识分析主张知识是有证成的真信念，盖提尔反例却指出，一个人拥有一个有证成的真信念，但信念的真似乎与证成没有必然关系。作为对盖提尔反例的回应，基础主义和融贯论却招致了很多批判。例如，基础主义的基础无法为整个经验知识提供基础以及无法解决回溯问题，而融贯论脱离了经验世界，将经验因素从证成中剔除了出去。不同于这些“老生常谈”的批评，索萨对基础主义与融贯论的批评是，这两种证成理论预设了一种有关证成的论证性解释。根据这种解释，证成是信念与信念之间的论证关系。更明确地说，一个信念之所以是得到证成的，是因为它正确而严肃地使用了支持性的理由。索萨指出，这种证成观是一种循环定义，“正确地”使用理由即是证成地使用理由。

为了摆脱困境，索萨考察了知识论中的一个一般预设：

> 让我们假设，关于第二个条件 A1（b）：首先，它涉及了一种规范性的或者评价性的属性；其次，知识的相关证成是一种认知的（或理论的）证成。（Sosa，1980：3）

该预设是一个关于知识证成属性问题的预设。根据这种预设，知识证成与一种规范属性或评价属性相关，并且主要指一种认知证成。通俗地说，证成的规范属性或评价性属性主要指一个信念是有证成的还是非证成的。那么，如何知道一个信念是不是证成的？一般而言，区分的依据是一些描述性的非认知性的事实，诸如引起一个信念的原因，这个信念是否为真，以及某人拥有什么样的经验，相信其他什么事情等诸如此类的事实。也就是说，如果一个信念是有证成的，而另一个信念是没有证成的，那么，在这两个信念之间必定存在某种非认知性的或非评价性差异以解释这种评价性差异。这就是知识的认知随附原则：

> 必然地，如果两个信念具有相同的非认知性特征，那么它们就具有同样的认知性特征。（如果两个信念在非认知特征方面完全相同，那么它们要么都是有证成的，要么都是没有证成的，要么都是有同样程度的证成的。）（菲尔德曼，2019：49）

根据随附性理论，伦理学中的行为评价性特征随附于稳定的德性特征之上。例如，为希特勒夫人接生的医生所执行的接生行为比其他可供选择的行为更有价值，原因在于他的行为是某种稳定德性的结果。同样，索萨认为，认知证成应当随附于与信念主体相关的因素，这就将囿于信念与信念之间关系的内在主义证成转变为与认知主体相关的外在主义证成因素。也就是说，如果一个信念在认知上是证成的，那么它可能是由于非评价性的属性，可能在感知的、内省的、记忆或推理方面有一定来源，或者是这些属性的组合。

二、索萨对怀疑论的外在主义回答：安全性路径及其困境

索萨在早期采取了一种基于知识的安全性条件的反怀疑论策略。安全性路径的合理性是，在坚持闭合原则的基础上捍卫知觉知识，但作为一种外在主义路径，其特设的梦境想象模型依旧无法回应梦境怀疑论问题。面对索萨式梦境想象模型的困境，本文构建出一种综合的梦境想象模型加以修补。这一模型的合理性在于，作为一种认知能力的“想象”为想象模型提供合理的能力基础，“假装相信”所依赖的信念潜在性为想象模型提供恰当的形而上学基础。

（一）何为安全性路径

当代知识论者企图增加一个知识条件，如德雷茨基、诺齐克等人的敏感性条件，以应对盖提尔反例的挑战。但是，敏感性条件不仅没有应对挑战，反而为怀疑论做嫁衣。根据知识

的敏感性条件，信念要构成知识，必须满足敏感性条件。索萨指出，如果敏感性条件成立的话，怀疑论者就处于上风。因为，只有那些诸如“我是缸中之脑”等被极端欺骗的信念才能满足敏感性条件。而那些诸如“我有手”等常识信念，无法通过敏感性测试，因而不能构成知识。正是在这一背景下，安全性条件应运而生。简言之，如果一个信念要构成知识，那么该信念必须是安全的：

> 一个信念的安全性所要求的是，它不会因为是虚假的或不真实的而轻易失败。有关 P 的信念是安全的，前提是，只有在很可能是 P 的时候才持有这一信念。（Sosa，2007：26）

也就是说，满足安全性条件的信念，即是一个主体不容易错误地相信的信念，“的确，一个信念必须是真的才能成为知识，但信念要成为知识还需要一个条件，即它不会轻易地为假”（赫瑟林顿，2020：289）。

索萨进一步借助相关替代项（relevant alternatives）知识论，发挥安全性在反驳极端怀疑论中的作用。根据德雷茨基的观点，相关替代知识论可表述为：

> S 知道 P，当且仅当：
> （1）P 是真的
> （2）S 相信 P
> （3）S 能够排除 P 的所有相关替代项（Dretske，1970：1022）

其中，“S 知道 P”并不要求 S 排除 P 的所有替代项，而只是要求 S 排除 P 的所有相关替代项。但索萨追问“什么样的替代项才是相关的”（Sosa，2004：36）？他的回答是：“只有在不是太遥远的时候，只有在可能确实会发生的时候，一种可能性才是相关的。”（Sosa，2007：3）换言之，判断的依据乃是这些场景真实发生的可能性有多大。根据这种观点，极端怀疑论假设“SH”就不是常识“O”的相关选择项，因为“像恶魔或者缸中之脑这样的可能性，几乎不可能发生”（Sosa，2007：3），因而是常识的“非相关替代项”，我们无须排除它们并声称“我知道我没有被极端欺骗”。相反，“我不是缸中之脑”是一个可以满足安全性条件的信念，因为主体不容易错误地相信“我不是缸中之脑”。所以，我们可以声称“我知道我不是缸中之脑”，极端怀疑论便败下阵来。这种独具特色的安全性条件与摩尔主义（Mooreanism）的组合被称为新摩尔主义（Neo-Mooreanism，以下简写 NM），被公认为是当前最具发展前景的反怀疑论策略，其一般形式如下：

NM1：S 知道 O，仅当 O 是安全的（我知道我有手，仅当“我有手”是安全的）

NM2：如果 S 知道 O，那么 S 知道非 SH（如果我知道我有手，那么我知道我不是缸中之脑）

NM3：S 知道非 SH（我知道我不是缸中之脑）

至此，基于安全性条件，索萨发展出一种击败摩尔对手的反驳极端怀疑论的论证，得出“我知道我没有被极端欺骗”的主张，从而捍卫了摩尔的常识立场。因为，安全性条件为摩尔常识命题提供了合理的知识论支撑，即“S 知道 P，仅当 P 是安全的”。

（二）安全性路径的困境

然而，在梦境怀疑论中，基于安全性路径的反怀疑论论证为“我知道我有手”所提供的必要条件——“仅当‘我有手’是安全的”并不成立。因为，我们很有可能只是梦到“我有手”，继而很容易错误地相信“我有手”，实际上并不是真的知道“我有手”。那么，索萨无法根据前提“NM1：我知道我有手，仅当‘我有手’是安全的”与前提“NM2：如果我知道我有手，那么我知道我不在做梦”，得出结论“NM3：我知道我不在做梦”的反怀疑论结论。

为此，索萨提出了一种梦境想象模型以回应梦境怀疑论问题。正统的梦境观主张，梦中具有误导性的、虚幻的现象经验，并基于此形成错误的信念。索萨却认为，“梦境似乎更像是想象，或者故事，或者甚至是白日梦、各种虚构或者准虚构（quasi-fictions）”（Sosa，2007：7）。

梦境想象模型的认知影响呼之欲出。首先，如果在梦境中我们只是运用想象力想象着各种现象经验（其真实程度堪比观看电影那般生动），假装相信梦境中所发生的一切，那么梦境中不就没有产生任何信念吗？其次，如果在梦境中没有输出任何信念，那么何来真实信念与错误信念之分？最后，如果没有真实信念与错误信念之区别，那么何来在现实中由梦境而来的错误信念一说？简言之，当我们做梦时，无论梦经验真实存在与否，我们都没有产生真实的梦信念，而只是想象着并且假装相信这些信念。所以，梦境不会产生错误的信念，也不会使得现实生活中的信念变得不安全。

索萨的意图十分明确，即说明“我有手是安全的”在梦境怀疑论反例中也是成立的。索萨的方案也很简单，即为“我有手是安全的”提供一个必要条件——“仅当‘梦中无信念’”

时。如果“梦中无信念”的预设是成立的，那么索萨就能够得出以下的反梦境怀疑论论证：

NM1'：S 知道 O，仅当 O 是安全的（我知道我有手，仅当我有手是安全的，仅当“梦中无信念”）

NM2'：如果 S 知道 O，那么 S 知道非 SH（如果我知道我有手，那么我知道我不在做梦）

NM3'：S 知道非 SH（我知道我不在做梦）

根据索萨的观点，无论何时询问我们是否在做梦，我们都会不假思索地、合理地承诺我们不在做梦。然而，这难道不是一种武断或循环论证吗？只要不跳出梦境想象模型的框架，这种武断不可避免。对梦境构成的本体论诠释，以及对梦境状态与清醒状态的区分，不是知识论凭一己之力可以完成的，而是需要认知心理学、神经科学、脑科学等交叉学科的外援。缺乏这些学科的支撑，索萨的梦境想象模型便是无源之水、无本之木，无法说明我们可以反思从而知道我们不在做梦。

（三）修补梦境想象模型①

梦境想象模型是索萨对安全性路径所做的理论修补，它通过取消梦境信念，从源头上切断梦境信念与现实信念之间的因果关系，从而说明常识信念的安全性不受梦境的威胁。从表面上看，这似乎消解了梦境怀疑论与信念的安全性之间的矛盾，但实质上则是将矛盾转嫁到了梦境怀疑论与梦境信念的本体论构成之上。这是一个更加困难的问题。

那么，当我们说“S 梦到 P”时，到底是在说什么？无论是正统的梦境幻觉模型，还是新近的三种想象模型，都没有揭示出梦或做梦的本质。梦境幻觉模型主张，某人梦到 P 意味着某人相信 P，这是对“S 梦到 P”的错误刻画；已有的三种想象模型虽然坚持“S 梦到 P”蕴含“S 想象 P”，却无法合理地得出这一结论。本文认为，在理论上，通过合取“想象”的梦经验观与“假装相信”的梦信念观，可以得到一种“综合梦境想象模型”，由此合理地解释“S 梦到 P”蕴含“S 想象 P”。

这一模型的合理性在于，作为一种认知能力的“想象”为想象模型提供合理的能力基础，

---

① 本部分内容发表于“S 梦到 P”蕴含“S 想象 P”——一种综合想象模型的解释，《现代哲学》，2022 年第 3 期，第 12-18 页。

“假装相信”所依赖的信念潜在性为想象模型提供恰当的形而上学基础。

表1 综合梦境想象模型

	梦经验	梦信念	梦境模型
1	感知	信念	幻觉模型
2	感知	假装相信	弱想象模型
3	想象	信念	混合想象模型
4	想象	想象	极端想象模型
5	想象	假装相信	综合想象模型

第一，作为认知能力的想象为想象模型提供了能力基础。

根据麦金（McGinn）和乔纳森·市川（Jonathan Ichikawa），梦经验是一种心理想象，而非现象经验。他们将想象理解为一种官能（faculty）或能力（capacity），当说想象时是在说一种作为认知能力的想象，想象因而是一种想象力。麦金试图说明想象作为一种官能如何可能："我的总体目标是，证明想象是一种贯穿于各种心理现象中的官能；我们需要想象力去形成心灵想象，去做梦，去相信，去表现各种可能性，去表意。"（McGinn，2004：5）而在市川看来，理解想象力对于理解哲学方法论的重要部分非常重要，尤其是那些涉及思想实验的部分，对想象力的充分理解应该在认识论的工具箱中占有一席之地——掌握人类想象力的功能可以帮助我们更好地理解人类知识。

梦心理学家大卫·弗尔克斯（David Foulkes）对儿童的研究表明，与成年人相比，5岁以下的儿童做梦的频率要低很多，活动也少很多，那些做梦次数最少的孩子在想象力测试中表现最差。因此，他得出结论：

> 从我所有的数据来看，我认为做梦最能反映一种特定认知能力的发展，通过视觉空间想象的某些测试进行索引，得出这样的结论，即这种想象必定是关于做梦的一个至关重要的能力。（Foulkes，1999：90）

根据弗尔克斯的解释，做梦的频率越高，说明人的某种认知能力越强；并且，这种认知能力似乎与人的想象力成正比关系，做梦越频繁，人的想象力越好。可见，想象力似乎是影响做梦的一个关键能力。那么，根据这种梦心理科学的研究，将做梦看作一种想象似乎是科学的选择。因为，如果做梦是一种想象，就可以合理地解释做梦能力差异的问题。

第二，信念的潜在性为想象模型提供了形而上学基础。

索萨明确指出，人的大部分信念都是潜在的。

> 在任何特定的时间，某人几乎所有的信念都是潜在的。当一个信念形成时，它可能会显现出来，或者它也许偶尔从存储上升到意识。……当熟睡或做梦时，一个人当然保留着无数的信念和意图。（Sosa，2007：4）

根据索萨的论述，我们的信念总是潜在的，我们不会因为一个人没有意识到一件事，就认为他没有相应的信念。例如，即使在梦中，一个人也可以相信“北京是中国的首都”。据此，我们才会说即使一个人梦见被狮子追赶，也不算相信自己被狮子追赶。那些没有显现的信念，如“第二天去图书馆”或“明早的天气将会很好”等信念，都被存储了起来。并且，这些被存储的信念并不会因为熟睡或做梦而丢失。也就是说，当我们做梦时，我们依旧保留着现实中的信念。那么，我们马上就会遇一个难题：按照正统的梦境观，梦中存在真实的信念，根据信念的潜在性说明，梦中存储了现实信念，那么做梦者如何同时拥有梦信念和现实信念呢？正如索萨所疑惑的，一个人如何能够同时相信自己梦到被狮子追与相信自己不在做梦，“很难想象，某人如何能够既相信他正被一头狮子追赶，而不是躺在床上，同时也相信鞋子离他躺着的地方有一定距离和方向”（Sosa，2007：5）。

如何能够消解这一矛盾？按照索萨的理解，如果取消梦信念，那么在梦中只有那些被存储下来的真实信念，因而不会产生矛盾。并且，通过将梦信念看作想象的信念，索萨取消了梦信念。那么，信念的潜在性说明是否一定要得出想象模型？梦境想象模型是否是对信念的潜在性的最佳解释？这是密切相关的两个问题，实质上是在追问信念的潜在性能否作为想象模型的形而上学基础。可能的回应是：第一，通过诉诸信念的潜在性，可以很好地解释现实信念如何被存储在梦境中；第二，通过将梦信念看作想象的信念，可以合理地化解现实信念与梦信念之间的冲突；第三，想象的信念甚至可以与存储的信念相兼容。因而，本文认为，在提出一个更好的观点之前，即找出一个比想象更合理的观点用来解释梦之前，“做梦是想象而非产生幻觉”是一种有见地的主张。而已有的麦金式混合想象模型、索萨式弱想象模型、市川式极端想象模型，虽然坚持“S 梦到 P”蕴含“S 想象 P”的主张，但都由于各自的理论缺陷而无法合理地得出这一结论。本文构建了一种“综合梦境想象模型”，该模型为想象模型提供了恰当的能力基础与形而上学基础，从而提供了一种关于“S 梦到 P”蕴含“S 想象 P”的合理解释。这种对梦或做梦本质的解释，是对索萨式梦境想象模型的修补。

三、索萨对怀疑论的德性回答：默认假设理论及其争议

对梦境想象模型的放弃，促使索萨开辟另外一条更具前景的反怀疑论道路："我希望探索出一种不同的辩护路线，一种与内容或基础外在主义相容却又对此不予以承认的德性知识论（路线）。"（Sosa，2007：27-28）

（一）何为德性路径

德性路径的实质就在于如何非循环地解释我们的认知胜任力是可靠的。索萨通过对认知循环的德性解释，说明存在一种德性循环可以使得动物性知识上升到反思性知识。默认假设理论被专门用来论证认知胜任力的可靠性问题。在此意义上，反怀疑论的德性路径也可以被称为默认假设理论。

关于认知循环，索萨做出了细致的区分。在属概念上，索萨区分出三种认知循环：恶性循环、良性循环与德性循环。并且，在每一属概念之下，他做出了细致划分：两种恶性的认知循环（本质循环与理论循环）、两种良性的认知循环（来源循环与覆盖循环）以及两种德性循环（同阶信念循环与不同阶信念循环）。

通过对认知循环的精细区分与说明，可以看出认知循环并不具有破坏作用，相反具有合理性，"因为没有循环，我们就没有办法证成自己的全部实践或理论立场"。（Sosa，1994：263）索萨进一步指出，除非采取一种认知循环，否则找不到任何其他一种方式能够使得我们知道信念的基本来源（诸如知觉、内省、直觉、记忆和推理）是可靠的（Sosa，1994：263）。梦境只危及我们日常信念的安全性，并不危及信念的适切性，因此，梦境怀疑论无法否定动物性知识的存在。只要确保动物性知识的存在，那么就能够以它为基础知识进入到一种德性循环中。并且，通过一种融贯的信念网的支撑，动物性知识可以上升到反思性知识的层次。不过，德性循环的运行取决于对胜任力可靠性的有效说明。因为，根据德性知识论，只有在胜任力的恰当运行下，我们才能够获得动物性知识，并在此基础上进入动物性知识和反思性知识之间的德性循环。所以，有关胜任力的可靠性说明才是索萨德性路径的核心和关键。

（二）默认假设理论及其争议

默认假设理论是一种有关背景条件的理论。背景条件是胜任力恰当运行的必要条件。默认假设理论主张，不论是否知道我们并非身处怀疑论预设的场景（如"我在做梦"或"我是

缸中之脑”）之中，我们都可以假定“我知道非 SH”，并且不存在任何疏忽或冒险。根据索萨的主张，这种默认假设既不会损害行为者域内的表现及其质量，也不会影响其成功所赢得的信誉。究其根源，适切性不依赖于某人企图的安全性，特别是胜任力三要素的安全性。以射击为例，很可能存在风搅局的危险，情境变得很不安全，但这并不相关。不相关是指，这些背景条件的存在与否对表现者的表现质量不会产生任何影响。相关的是，实际上没有风干预时，射中靶子的准确性体现了射击者的熟练性，因此射击是适切的。所以，情境的安全性对表现的适切性来说无关紧要。同样，技能以及状态的安全性也无关紧要。重要的是，适切性所需的相关技能、状态以及情境的相关背景条件的实际在场。

至此，索萨满怀信心地说默认假设提供了一种反怀疑论的全新方案，对摩尔和笛卡尔“施以援手”：

> 德性知识论包含默认假设之后，我们能够对哲学怀疑论进行一种全新的处理，从而对摩尔和笛卡尔施以援手。我们的常识基于一个恰当的假设，即不会有反常的搅局者介入。这一隐含的假设有助于指导我们日常的认知之旅。这一切都发生在我们普通的认知领域，不论是专业知识还是日常常识。（索萨，2020：1）

基于这个假定，索萨可以通过默认“我知道我不是在做梦”或“我知道我不是缸中之脑”，获得“我知道我有手”等常识。然而，索萨却话锋一转，指出默认假设理论存在一个不好的认知影响即拒斥闭合原则（Sosa, 2021：136）。以下一段引文清晰地论述了他的推论过程：

> 我们不可能通过基于 P 的纯粹先天假设的推理而知道 P，即使这个假设为真，即使它为真并被成功地假设为真，我们也不可能知道 P。你不能够通过任何的演绎获得知识，这种演绎本质上依赖于一个其本身真假并不为人所知的纯粹假设，当这个假设与要得出的结论在内容上相同时，你也不能够获得知识。（Sosa，2021：136）

索萨的意思是：既然 O 的知识是在假定了非 SH 的条件下才得以成立的，那么我们就不能够反过来利用 O 的知识来获得非 SH 的知识，因为非 SH 的知识是获得 O 的知识基础或前提。简言之，我们不能够实现从 O 到非 SH 的推论。那么，闭合原则似乎就失效了。索萨得出结论，默认假设理论意味着对闭合原则的否定，“我们对待怀疑论者的方式要求拒斥认知闭合与传递，至少在这种闭合被充分概括陈述之际进行拒斥”。（Sosa，2021：134）这被认为是索萨的知识论的一个理论代价，增强了索萨知识论及其对怀疑论的反驳的争议性（高洁，2020）。索萨在下面这段话里似乎为自己做了些许辩护：

> 不可否认的是，我因而能够推衍出我们将不会被黑客帝国化，并且以后也不会被黑客帝国化。但是，假如我不知道它是正确的，那么这个推衍能够让我知道结论吗？甚至当一个搅局者几乎肯定会介入时，我如何能够知道将不会有黑客帝国搅局者介入？基于它是正确的这一纯粹假设，我如何就能够知道这样一个命题是正确的？（Sosa，2021：133-134）

在这段引文里，索萨强调在反思语境下，我们不能用“O 蕴含非 SH”这一原则为“我知道非 SH”辩护。表面上看，这是对“O 蕴含非 SH”蕴含关系的否定，但索萨做出这一断言的前提是我们对于“O”的知识的反思。因此，面对反闭合原则的争议，索萨似乎可以这样解释：对闭合原则的拒斥，只发生在反思语境中，而在反思语境中，闭合原则或许是不适用的。那么，在反思语境中，即当索萨追问我们是否知道自己并非身处怀疑论情景之中时，并不存在对“如果我不知道非 SH，那么我不知道 O”蕴含关系的否定，即无所谓对闭合原则的拒斥了。有关默认假设理论所引起的反闭合原则争议可以被消解掉。（但该理论依旧存在一个可以引起真正争议的问题。）根据索萨的主张，在实践领域，例如在夜间游戏中，即使灯光实际上毫无预警地随时都可能熄灭，但作为一名运动员，忽视这些因素并不是一种疏忽（Sosa，2021：124）。也就是说，即使运动员无视灯光系统会熄灭的警告，也不会影响他的运动表现以及人们对他的评价。但是，运动表现或实践领域具有一个重要特征，即能否忽略一些因素，取决于主体行为的重要性及其后果的严重性。确切地说，面对关于灯光系统可能熄灭的警告，运动员可以无视它而继续比赛，但是马上要上手术台的外科医生就不能够对此视而不见、充耳不闻，相反他必须要做好预案以应对紧急状况。那么，按照索萨的设想，将认知领域与实践领域进行类比，当我们进行认知判断时，也可以忽略一些背景条件可能不在场的警告，而免受任何疏忽或鲁莽的指责。但更为重要的是，我们并不能够忽视所有关于背景条件的质疑，而是需要将认知主体的行为在实际中的重要性和后果的严重性作为衡量标准。据此，基于对认知领域与实践领域的类比，索萨就将一种实用因素引入知识证成之中。关于实用侵入（pragmatic encroachment）的争议才是默认假设理论所引起的真正争议所在。

四、实用侵入及其反怀疑论作用

在这一部分，首先考察当代知识论中的实用侵入所引起的反认知证成问题。其次，从竞争与融合的角度出发，在考察索萨的安全性与德性条件之间的内在关系的基础上，试图为知识的实用证成与实用侵入提供一种德性辩护。最后，以语境主义反怀疑论方案为靶子，分析实用侵入的反怀疑论作用。

（一）实用侵入的反认知证成争议

正统的观点认为，知识的证成只能够是一种认知证成而非实用证成。换言之，是认知因素（信念、证据以及可靠性等）而非实用因素决定我们是否具有知识。然而，这种观点受到了实用侵入观点的质疑。实用侵入主张风险高低、利益大小等非认知因素也影响甚至决定是否获得知识。明确地说，由于知识要求证成，这意味着如果某人知道 P，那么这就确保了他会按照 P 所指示的方式行动。然而，这有悖于认知证成的观点，即非认知的实践因素影响甚至决定了我们是否知道某事。

实用入侵得到了一些例子的直觉性支持。其中最为著名的是来自范特尔（J.Fantl）和麦格拉斯（M. McGrath）的“火车案例”（Fantl and McGrath，2002：67）。在火车案例 1 中，由于火车是否会在福克斯波罗站停靠或者火车是否是一列特快车对“你”来说并不重要，所以当其他人告诉“你”这辆火车确实会在福克斯波罗站停留时，“你”会选择相信这个人所说的。换言之，“你”似乎能够做出这样的断言，即“火车会在福克斯波罗站停靠”，甚至断言“这是一辆特快列车”。然而，在火车案例 2 中，由于火车是否会在福克斯波罗站停靠对“你”来说极其重要，或许“你”要在福克斯波罗求职面试，这关系到“你”的职业生涯。所以，即使有人告诉“你”火车将停靠福克斯波罗站，“你”也不会轻易相信，而是会找列车员或其他知情人士进一步核实。这两个案例表明，关于火车是否会停靠在福克斯波罗站，在持有相同证据的情况下（被其他乘客告知），由于风险利害关系的不同，我们会做出不同的知识断言。

（二）实用侵入的德性解释

1. 安全性条件与德性条件的竞争

为了获得反思性知识，索萨将早期德性知识论中的安全性概念忍痛割舍，主张安全性与适切性互不蕴含，表现出一种逃离安全性条件的倾向。索萨可以逃离掉安全性条件吗？作为知识的两种认知条件，安全性与德性之间具有什么关系？

（1）竞争的表现：游离于安全性与德性之间

德性的条件（以适切性为典型）与安全性条件具有什么关系？它们是互相蕴含的吗？知识只要求其中的一个，而不要求另一个吗？对于这两个问题，索萨在不同时期的回答是不同的。总的来说，关于知识的德性条件：S 知道 P，当且仅当，S 的信念是出于理智德性（Sosa，1980、2000）。索萨几十年如一日地为之辩护。德性条件的新近表达是：S 知道 P，当且仅当，S 的信念是适切的；它的真是由德性而产生的（Sosa，2007、2015）。相比而言，索萨对安全性条件的辩护则缺乏一致性。在 1990 年代早期，他主张：S 知道 P，当且仅当，S 不会错误地相信 P，并认为安全性条件以德性条件为基础（Greco，2020：5147）。接下来，具体分析索萨是如何游走于安全性与德性之间的。

在《一种德性知识论》中，一方面，索萨主张安全性和适切性互不蕴含：存在信念是适切而不安全的情况。索萨指出，当主体处于较低的胜任力水平或不恰当的条件时，信念的安全性就会被剥夺。再次以弓箭手的射击为例，弓箭手也许注射了一种药物，以至于他的胜任力降低到肯定射不中靶子的地步，或者一阵风很容易使箭在射向目标的途中偏离方向。显然，在这两种情况下，射击是不安全的。但是，它们并不能够否定掉弓箭手精准射击所带来的信誉（credit），即适切性。也存在信念是安全却不适切的情况。例如，一个拥有鼓风机的守护天使可以制造出一阵特殊的风，弥补最初导致箭偏离轨道的那阵自然风所带来的不良后果，从而使得弓箭手正中靶心。在这种情况下，射击是安全的，却不是适切的，因为它的精确性并非出自熟练性。最终，索萨得出结论，认为“适切性与安全性互不蕴含，二者之间的关联或许仅此而已”。（Sosa，2007：29）

另一方面，索萨主张知识只要求适切性而不需要安全性。由于信者相关胜任力或运行它的恰当条件受到威胁，一个信念可以是不安全的。不过，这两种威胁都不会带走该信念的适切性，即该信念仍然是适切的。满足适切性的信念就足以构成知觉知识即动物性知识。那么，反思性知识论是否需要安全性？索萨明确指出，不仅动物性知识不需要安全性条件，而且更高级的反思性知识论也不需要安全性（Sosa，2007：136-137）。因为，在梦境怀疑论中，做梦的模态上的逼近可能性摧毁了安全性，但是适切性完好无损。

然而，在 2015 年的《判断与能动性》中，索萨又回到了关于安全性条件是动物性知识的必要条件的主张，并且再次主张适切性蕴含安全性。但如果我们仔细研读，就会发现在《判断与能动性》内部，索萨对安全性条件与德性条件之间关系的处理并不一致。因为，他有时又说知识需要的不是安全性而是适切性：

> 假设西蒙适切地击中她的目标，且在重要方面知道她的手段会产生她的目的。……尽管她的信念看起来那么“不安全”，因为她可能很容易就在模拟舱中，扣动扳机只会产生一次无效射击。当西蒙在空中适切地击中目标时，她似乎拥有关于她周遭以及她如何通过她的基础行动来影响它们的动物性知识。（索萨，2019：147-148）

格雷科（J. Greco）认为，索萨关于动物性知识与安全性条件的说明，看似表面上存在矛盾之处，实际上内部是和谐一致的。这种一致性背后的动机在于，索萨的德性知识论解释了知识应该要求适切的信念，以及适切性为何蕴含安全性（Greco，2020）。虽然索萨有时认为安全性条件是获得知识所必需的，有时又主张知识并不需要安全性条件，但是从始至终他主张知识需要德性条件，主张知识是出于理智德性的真信念，或知识是适切的信念。所以，索萨看似游走于安全性条件与德性条件之间，实际上坚定地选择了知识的德性条件。这背后存在着深刻的内在原因，即安全性条件与德性条件之争背后的实质问题。

（2）竞争的实质：反运气直觉与能力直觉之争

当代知识论中存在一个共识，即知识的“无运气论题”（no luck thesis），主张知识与运气是不相容的。根据我们的理解，知识的“无运气论题”包含了两层含义：一是，盖提尔问题应当被理解为一种运气问题；二是，解决盖提尔问题的方案应当为知识提供某种反运气条件。

借用“暗中摸金”的故事，索萨表达了他对知识中运气因素的厌恶：

> 让我们想象一下，一些人正在一个装满财宝的黑屋中寻找黄金……这些人中没有人会相信他偶然发现了黄金，即使他确实偶然发现了黄金。同样的道理，一群哲学家来到这个世界上，就好像来到一座大房子里，去寻找真理。但是，一个掌握了真理的人怀疑他是否成功地掌握了真理，这却是合理的。在这里，成功不仅仅是在黑暗中的运气；它是对理想目标的有见识的追求。（Sosa，2007：129）

尽管索萨也明白没有人会鄙视在黑暗中找到黄金的好运气，但更令人钦佩的是我们通过自己的努力获得黄金，通过自己的深思熟虑和计划来获得成功。在早期，索萨寄希望于知识的安全性条件能够排斥知识中的运气成分。安全性条件相比于敏感性条件具有很大优势，能够排斥掉绝大多数运气，尤其是极端怀疑论场景中所建构的运气。然而，安全性条件遭遇了梦境怀疑论的挑战。我们很有可能只是梦到“我有手”，继而很容易错误地相信“我有手”，实际上并不是真的知道“我有手”。简言之，我们无法排除由梦境所带来的运气因素。

继而，索萨回归到一种能力直觉，主张知识的获得来自认知能力，即知识是出于理智德性的真信念。在普理查德（D.Pritchard）看来，以索萨为代表的稳健德性知识论（robust virtue epistemology）就立足于这种能力直觉，主张认知成就不仅归功于而且就应该产生于认知能动性，更重要的是，“满足这一点就同时满足了反运气的直觉”（普理查德，2016）。普理查德的言外之意是，索萨的德性条件蕴含了安全性条件。本文认为，这是德性知识论在反怀疑论问题上的必然归宿，即德性条件必然要将安全性条件容纳进去，二者从竞争走向融合。并且，索萨走了一条实用主义的融合之路，将实用侵入引入到知识论当中。

2. 安全性条件与德性条件的融合

对实用侵入的德性解释，关键在于如何理解安全性条件与德性条件的融合。作为一位当代美国哲学家，索萨的哲学思想在一定程度上受到实用主义的影响。实用主义具体是如何侵入到知识论中的？以及这种入侵是否恰当，带来了怎样的认知后果？

（1）融合的表现：基于能力直觉的反运气德性知识论

运气是使得命题出错的一个重要因素，因为我们相信一个命题很可能只是运气使然。盖提尔反例中的双层运气，即一种好运气和一种坏运气，已经很好地向我们揭示了这一点。同样，索萨构建了一个双层运气的案例，即射箭案例：

> 一次射箭可以既准确又熟练，然而，却不是一次可以归功于弓箭手的射箭。在正常情况下，可能会一箭射中靶心。风可能会异常地大，并且大到刚好足以使箭完全错过靶心。然而，转变的风向终究可能会和缓地引导它射中靶心。那么，该射箭既准确又熟练，但不是因为熟练（不充分地）而准确。所以，它不是适切的，并且不归功于弓箭手。（Sosa，2007：22）

假设当弓箭手射击时，突然刮起了一场异常大的风，大到足以使箭偏离方向，以至于箭错过靶心。紧接着，又刮起了一场不同风向的大风，最终使得弓箭手射中靶心。可见，在这次射击中存在一种好的运气也存在一种坏的运气，这符合盖提尔反例所构造出来的“双运气结构”。它们共同促成弓箭手最终实现射击的安全性。可见，在这里实用主义已经侵入到索萨的德性知识论之中了。

德性知识论是一种基于能力直觉的反运气的知识论，利用德性或能力条件排除知识中的运气因素。这种基于能力直觉的反运气策略，关键的一步就是将知识看作一种程度问题。索萨通过从不同维度对知识进行区分，完成对知识是一种程度问题的刻画。具体来说，在知识的类型上，他区分动物性知识与反思性知识；在证成的概念上，他区分主要的证成与次要的证成；在知识的条件上，它区分安全性条件与德性的条件。并且，在两种不同知识条件上，也就是本文的研究对象上，索萨又进行细致的区分。关于安全性条件，他从一种完全的安全性谈到相对基础的安全性；关于适切性，他以简单的适切性刻画动物性知识，以被适切关注的适切性刻画更高层次的反思性知识；关于认知风险，他区分低认知风险与高认知风险。凡此种种，不一而足。其中，由于安全性概念与认知风险直接相关，二者同属于一个概念家族（Sosa，2007：2）。根据普理查德的解释，认知运气与认知风险是对同一个认知事件从不同角度进行的评价。认知运气采用了一种回顾性的方式，是对已然发生的事件的评价，通常与成功相关。认知风险则是对未发生的认知事件的一种前瞻性的预测性评价，与失败相关。所以，普理查德主张知识论要真正消除的认知运气应该是如何避免认知风险，"对认知运气的消除根源于对避免认知风险的渴望"（普理查德，2016：3）。运气在根本上意味着潜在的风险和失败，因而知识与认知运气不相容。

不过，索萨提出了相反的主张，认为有些认知风险并不需要消除，只需要通过默认假设就可以规避风险。在一定程度上，索萨在知识论中为某些运气保留了一席之地。这些无需排除的运气，是一种特殊的存在。如同存在一种德性循环一样，似乎存在一种"德性运气"（virtue luck），尽管索萨本人并没有这样的提法。具体来说，对于动物性知识这类相对较低的认知成就，面临的风险较低，因而与知识相兼容，即在不消除此类运气的情况下，主体仍然能获得这类知识。不过，存在问题的是，在高阶反思性知识的获得过程中所存在的高风险威胁主体获得知识，因而必须予以消除。索萨的回应是，与知识相容的认知风险程度在不同的情况下有所不同。换言之，决定知识与运气相容与否并不在于风险本身的高低，知识与高风险也可以兼容。普理查德不能接受这样的观点："尽管，我们可能会同意与知识相容的认知风险程度可能因情况不同而有所不同，但是要说知识可以与高认知风险相容就有点夸张了。"（普理查德，2016：4）索萨之所以说知识可以与高认知风险相容，源于他将人类知识看作一种表现：

> 人类表现能够是无拘无束的、自发的，或以其他方式逃避任何这种标准和界限。实际上，相关目标可能完全是主观的，总体上是主体自由选择的结果。所以，什么足够可靠或太冒险，对此并没有限制。（索萨，2019：127）

也就是说，如果认为知识具有一种表现规范性和目的规范性，并且表现是自由的，其目标是主观的，那这就为一种实用主义侵入到知识论中打开了方便之门。具体分析见下文。

（2）融合的结果：实用主义的恰当侵入

关于实践因素是否影响知识的证成，当代知识论形成纯净主义与实用侵入的对峙。坚持知识纯净主义的学者认为，知识的证成只与一些认知因素相关，实用因素并不影响证成过程；主张实用侵入的学者则认为，实用因素直接影响了知识的证成过程。根据巴兰坦（N.Ballantyne）的主张，如果坚持知识与运气不相容论的观点，那么必然会导致一种实用侵入（pragmatic encroachment）。这就构成了关于知识的运气分析与实用侵入之间的二难困境（Ballantyne，2011：485-504）。如若要将实用侵入正当化，必然承认知识与运气相容。当代知识论者对知识可错性的接纳，在一定程度上允许知识中存在运气因素。在索萨看来，“并非所有的失败风险都与表现质量有关”（Sosa，2019：474）。如果失败风险与一个表现的质量无关，那么索萨就能够得出“信念的不安全性并不意味着该表现的质量不好”的结论。实际上，这是对早期的“不安全并不意味着不适切”这种表达的延续与改进。也就是说，我们可以有意忽略一些风险而不存在任何疏忽或鲁莽，只要这些风险不足以对信念的适切性构成威胁。但是，一旦知道相关风险及其严重程度，就不允许这种默认假设（Sosa，2019：475）。

索萨对认知运气采取了较为宽容的态度，即知识既受益于也受制于认知运气。认知风险是相对成功而言的，一般来说，二者是正相关。成功的标准越严格，伴随的风险越高。因而，索萨对怀疑论者的初步回应是：

> 他们（指怀疑论者——笔者注）误解了我们日常判断与信念所需要的认知质量。他们的错误就像由于不信任运气而贬低一次出色的接球，因为外野手并不知道灯光可能很容易就熄灭。（Sosa，2021：126）

通过运动与认知表现之间的类比，以及更一般的认识和实践之间的类比，就可以对极端怀疑论者做出一种与众不同的回应。外野手凭借运气，即使在不知道灯光很可能会熄灭的情况下仍然做出了出色的接球，并得到信誉。这说明在实践领域，我们允许运气成分的存在。据此，索萨指出，为何不说在知识论领域也如此？在索萨看来，社会因素至少以两种方式影响知识论。一方面与一种重要类型的信念有关，另一方面与一种相应类型的认知胜任力有关。这涉及知识所拥有的一种价值，也涉及实用主义如何能够正当地入侵知识论（索萨，2019：168）。索萨德性知识论中的实用主义因素体现在，一是使得胜任力恰当运行的背景条件是默认假设成立的，二是胜任力失败与否的衡量标准是实用的。并且，在表现规范性或目的规范性之下，德性条件通过 AAA 结构吸纳安全性条件，一方面保留认知因素在知识证成中的作用，另一方面通过将知识看作一种表现将实用因素恰当地引入到知识论当中，解释实用因素在知识证成中的作用。

总之，实用因素直接影响到了知识的证成与断言，并在反怀疑论问题上发挥着重要作用。确切地说，以语境主义这一当今最为流行的反怀疑论方案为靶子，实用侵入能够克服该方案在理论和实践方面的不足。

（三）实用侵入的反怀疑论作用

一方面，"实践合理性"取代"语境敏感性"。在当代知识论中，"知道"是一种索引词，在不同的语境中具有不同的语义值。换言之，"知道"一词具有语境敏感性。语境主义正是通过诉诸"知道"一词的语境敏感性，区分日常语境和怀疑论语境，从而捍卫日常知识和闭合原则。但这种知识的变化主义受到了不变主义的质疑，后者指出"知道"作为一种索引词不论在何种语境下都表达相同的知识归属。与之相关的另一个问题是，语境主义者无法解决怀疑论语境和日常语境之间的转换问题。日常语境与怀疑论语境之间似乎具有一种"绝缘"关系：一方面，日常语境天然地不倾向于进入到怀疑论语境之中；另一方面，一旦进入到怀疑论语境，又天然地不倾向于下降到日常语境之中。因此，很难找到一种机制，用以恰当地解释认知者在认知上升的语境和认知下降的语境之间进行自由的、合理的转换。实用主义者的"实践合理性"似乎可以克服"语境敏感性"带来的这两个问题。

根据实用侵入独特的理论前提，即 RKP（理由—知识原则）：当某人的选择依赖 P 时，那么可以将命题 P 视作行动的一个理由，当且仅当你知道 P。RKP 刻画出知识与实践合理性之间的关系，如果某人知道 P，他就能够将命题作为行动的理由。换言之，当某人拥有相关的知识，他就具有足够好的认知地位，使得特定的行动成为合理的行动。根据这种解读，我们是否知道某个东西将取决于所处语境的实践因素或特征，而不是取决于"知道"的敏感性。实践因素之所以能够决定知识的归属，是因为知识和行动之间具有紧密关联。人们通常根据某人是否知道 P 来判断某人关于 P 的行动是否是合理的。如果信念 P 不能作为某人实践行动的前提，那么我们就说某人并不知道 P。总之，相较于语境主义，实用侵入的优势在于它不需要借助"知道"这一含混的语境敏感性，就可以说明我们在不同语境中是如何知道某个东西的。

另一方面，实用侵入是理解知识可错性的好方式。怀疑论的产生与知识的绝对不可错性直接相关。对反怀疑论的反驳必然要求我们放弃对知识不可错的要求，承认知识是可错的。语境主义以一种变化主义解读知识的可错性。在日常语境中，知识的标准较低，在怀疑论语境中，知识的标准较高。一般而言，知识标准的高低与知识的可错性程度成反比。在日常语境或较低知识标准下，不要求知识是不可错的；而在怀疑论语境或较高知识标准下，则要求知识是确定的、不可错的。由此，知识的标准在不同语境中是不同的，标准越高意味着知识越不被允许出错。但正统的观点认为，知识的标准趋向于保持稳定，不随语境或风险的变化而变化。可见，语境敏感性或变化主义与这种正统观点相冲突。相比之下，德性解释之下的实用侵入为理解知识的可错性提供了一种好方式。

根据实用侵入的德性解释，并非所有的实践因素都能够作为证成因素，只有那些与认知评价密切相关的实践因素才能够在认知行动中起作用，进而在知识证成中起作用。索萨将其区分为“认知地知道某事”与“行动地知道某事”。在认知上知道某事并不意味着付诸行动地知道某事，因为行动中通常包含风险。我们可能试图说，在一种高风险情景中，足够好地知道就是拥有一个足够可靠的适切信念。当风险上升时，某些不重要的东西的可靠性不需要是足够好的（索萨，2019：179）。也就是说，知识的标准随着风险的上升而提高，但那些不重要的东西（非认知相关的东西）不需要是足够好的。

此外，根据实用侵入的德性解释，在日常生活中，我们只需要在最低限度的自信水平上拥有某种共识，只要求一种最低水平的可靠性。但与此同时，当风险提高时，我们也确实要求一种高水平的可靠性。换言之，我们不仅需要马马虎虎的知识，而且还需要确定的知识，更需要可行动的知识。可见，在某种程度上可靠性问题是一种程度问题，与实用性相关。

总之，实用侵入的德性解释是理解知识可错性的好方式，“因为他（索萨——笔者注）小心翼翼地把实用论因素限定在整个认知评价的体系之中，把那些与认知评价无关的实践因素排除在外，从而保留了实用论因素对于认知行动的贡献，阐明了其认知价值”。（方红庆，2017：13）实用侵入的德性解释之所以能够发挥反怀疑论的作用，是因为索萨将包括怀疑论在内的西方哲学看作实用的：

> 中国哲学常常被认为是实用的，而西方哲学则被认为是理论的和思辨的（speculative），但这忽视了希腊哲学中哲学作为一种生活方式的重要性，不仅对斯多葛学派与伊壁鸠鲁学派来说是如此，对皮浪主义怀疑论者来说也是如此。（HUANG Yong，2022：240）

如果将怀疑论认为是实用的，那么用实用的方法处理它就不难理解了。一般认为，中国哲学是一门经世致用的学问，西方哲学是一门纯思辨的学问。但诚如索萨所言，希腊哲学（诸如斯多葛学派、伊壁鸠鲁学派，尤其是皮浪主义）体现了哲学作为一种生活方式的重要性，彰显了西方哲学的实用性。当怀疑论者追问我们如何知道自己知道时，他们并不是真的否认我们知道，而是要求我们对此能够做出解释或提供依据。以证据主义为核心的认知证成解释被证明是行不通的，我们应当重视一种实用证成在获得知识中的作用。索萨对实用侵入问题的讨论，表明实用主义可以正当地侵入到知识论之中。知识的证成不仅需要认知因素（包括证据主义与非证据主义各自提供的因素），而且也需要实用因素，即一种好的证成应当是认知证成与实用证成的融合。具体来说，认知因素以及认知证成依旧占主导地位，实用因素以及实用证成起辅助作用。在低风险情景下，认知因素是知识指向真的主要因素；但在高风险的情景下，实用因素则决定了我们能否相信或知道。

五、结语

怀疑论问题与知识的证成问题，是当代知识论中的两个核心议题。一个信念是有证成的，不是因为它有一个理由或依据，而是源于产生它的认知能力是可靠的。因而，对怀疑论的反驳应当认真思考“如何非循环地证成我们的认知能力是可靠的”这一问题。换言之，解决怀疑论问题的关键在于提供一种足够好的解决认知循环的证成理论。当代知识论的内在主义和外在主义证成理论都以一种循环论证的形式进行知识辩护，而认知循环是导致怀疑论产生的关键因素。因而，对知识的证成应当兼顾内外因素，以及认知的与实用的因素。索萨的知识论是沿着这种思路解决怀疑论问题的典范。

本文以“德性”与“证成”为关键词，贯穿“索萨的反怀疑论思想研究”这个主题的全过程。索萨的两种反怀疑论方案是关于知识的两种证成条件的讨论。安全性条件基于一种反运气直觉，主张知识的证成必须要排除掉知识中的运气成分，但安全性路径由于自身的理论困境并没有成功驳倒怀疑论；德性条件基于一种能力直觉，主张知识的获得源自认知能力的恰当运行。并且，这两种证成条件在竞争中以一种实用主义的方式融合，充分体现索萨德性知识论的美国哲学特色，为当代知识论中的实用侵入提供一种德性辩护，也为解决怀疑论问题提供了德性实用证成的新尝试。

参考文献：

Ballantyne, N. (2011). Anti-luck Epistemology, Pragmatic Encroachment, and True Belief [J]. Canadian Journal of Philosophy, 41 (4): 485–504.

Dretske, F. (1970). Epistemic Operators [J]. Journal of Philosophy, 67: 1007–1023.

Fantl, J., McGrath, M. (2002). Evidence, Pragmatics, and Justification [J]. The Philosophical Review, 111(2): 67–94.

Fumerton, R. (1995). Metaepistemology and Skepticism [M]. Lanham: Rowman & Littlefield.

Greco, J. (2020). Safety in Sosa [J]. Synthese, 197: 5147–5157.

HUANG, Yong(ed.). (2022). Ernest Sosa Encountering Chinese Philosophy: A Cross-Culture Approach to Virtue Epistemology [M]. Bloomsbury: Bloomsbury Publishing.

McGinn, C. (2004). Mindsight [M]. Cambridge, MA: Harvard University Press.

Pappas, G.S. (1979). Justification and Knowledge: New Studies in Epistemology [M]. Dordrecht, Netherlands: D. Reidel Pub. Co..

Sosa, E. (1980). The Raft and the Pyramid: Coherence versus Foundations in the Theory of Knowledge [J]. Midwest Studies in Philosophy, 5(1): 3–25.

Sosa, E., Stroud, B. (1994). Philosophical Scepticism [J]. Proceedings of the Aristotelean Sociaty, 68: 263–307.

Sosa, E. (2000). Reliabilism and Intellectual Virtue[M]// Guy Axtell (ed.). Knowledge, Belief, and Character: Readings in Virtue Epistemology(pp.33–40). Rowman & Littlefield Publishers.

Sosa, E. (2004). Relevant Alternatives, Contextualism Included [J]. Philosophical Studies, 119(1,2): 35–65.

Sosa, E. (2007). A Virtue Epistemology: Apt Belief and Reflective Knowledge, Vol. I [M]. Oxford: Oxford University Press.

Sosa, E. (2009). Replies to Commentators on a Virtue Epistemology [J]. Philosophical Studies, 144(01): 137–147.

Sosa, E. (2015). Confucius on Knowledge [J]. Dao: Journal of Comparative Philosophy, 4 (3): 325–330.

Sosa, E. (2017). Epistemology [M]. Princeton: Princeton University Press.

Sosa, E. (2019). Reflection and Security [J]. Episteme, 16(4): 474–489

Sosa, E. (2021). Epistemic Explanations: A Theory of Telic Normativity, and What it Explains

[M]. Oxford: Oxford University Press.

方红庆，2017. 当代知识论的价值转向 : 缘起、问题与前景 [J]. 甘肃社会科学 , 2: 13-17.

菲尔德曼，2019. 知识论 [M], 文学平、盈伶译 . 北京：中国人民大学出版社 .

高洁，2020. 默认假定，枢轴承诺与闭合原则 [J]. 自然辩证法通讯 , 42(5): 17-22.

赫瑟林顿，2020. 知识可能是运气的 [M]// 欧内斯特 · 索萨等编 . 知识论当代论争 , 王师、温媛媛译 . 上海：上海译文出版社 .

普理查德，2016. 知识、运气与德性（英文）[J]. 自然辩证法通讯，38(5): 1-9.

索萨，2019. 判断与能动性 [M]，方红庆译 . 北京：中国人民大学出版社 .

索萨等编，2020. 知识论当代论争 [M], 王师、温媛媛译 . 上海：上海译文出版社 .

索萨，2020. 知识与默认（英文）[J]. 自然辩证法通讯 , 42(5): 1-9.

休谟，1957. 人类理解研究 [M]，关文运译 . 北京：商务印书馆 .

Virtue and Justification: a Study on Sosa's Anti-Skepticism Thought

LI Xianglian

School of Philosophy, Beijing Normal University

Abstract: Skepticism is one of the most difficult issues in epistemology, and one of the important problems that all philosophical research must face. Contemporary skepticism claims that we do not have any knowledge, that we can't be completely convinced that any belief is true. Faced with the challenge of skepticism, epistemologists put forward various anti-skepticism arguments, but all of them were failed. However, Ernest Sosa, the pioneer of virtue epistemology, holds a firm position of anti-skepticism and proposes two unique anti-skepticism strategies, the safety approach, and the virtue approach. Based on Sosa's theory of virtue epistemology and the background of the contemporary skeptical arguments, this paper critically analyzes Sosa's two anti-skepticism approaches.

What's more, a comprehensive imagination model of dreaming is innovatively constructed to repair the theoretical defects of Sosa's imagination model of dreaming. What are we really talking about when we say, "S dreams P" ? The hallucination model of dreaming argues that someone dreams P means someone believes in P, which is a mischaracterization of "S dreams P" . Although the imagination models of dreaming insist that "S dreams P" implies "S images P" , it cannot reasonably reach this conclusion. In contrast, through the combination of "imaginary" dream experience view and "make-believe" dream belief view, a comprehensive imagination model of dreaming can be obtained, which can reasonably explain that "S dreams P" implies "S images P" .

In addition, paper demonstrates a novel idea of virtue pragmatic justification, that is, taking the virtue as the basis of knowledge justification, and taking a practical fusion of safety condition and virtue condition as the key, which provides a more feasible virtue approach for anti-skepticism. The orthodox view is that knowledge can only be a cognitive rather than a practical justification, that is, it is cognitive rather than practical factors determine whether we know or not. This paper argues that Sosa provides a feasible virtue explanation for pragmatic encroachment. In fact, the two anti-skeptical schemes he provides are two kinds of justification conditions about knowledge. The safety condition is based on an anti-luck intuition, which advocates that knowledge must exclude the luck factors in knowledge. The virtue condition is based on a kind of ability intuition, which holds that the acquisition of knowledge comes from the proper operation of cognitive competence. This paper argues that these two kinds of justification conditions merge with each other by a pragmatic way in the competition, which embodies the American philosophical characteristics of Sosa's epistemology, suggests that the pragmatic factors influence whether we know something, and then plays an important role in anti-skepticism.

Keywords: skepticism; anti-skepticism arguments; virtue epistemology; Ernest Sosa; safety approach; virtue approach; the imagination model of dreaming; pragmatic justification

温和的实用主义[①]

◎ 舒卓

浙江工业大学马克思主义学院 STS 中心

摘　要：人类是天生的认知者，相信数不胜数的命题。其中有的合理，有的并不合理，这取决于背后支持或反对它的理由。根据主流的理智主义立场，相信的理由只能是证据性的，与真假相关的。以帕斯卡尔、詹姆斯为代表的实用主义者对此持反对意见。在他们看来，在某些特定情形下，非证据的实践因素也可以成为相信的理由。这些讨论大都忽略了一种独特的认知状态，即悬置判断。基于此，本文给出了一种全新的实用主义立场，相信的理由只能是证据性的认知理由，然而悬置判断的理由却可以是非证据性的实践因素。

关键词：悬置判断；实用主义；证据主义；对 / 错理由；帕斯卡尔

一、导言

明天会不会下雨？ 2023 年楼市会不会崩盘？转基因食品是否安全？人们总是不得不面对各式各样的问题。应该作何判断？一种得到普遍认可的想法是，与真假无关的要素，如情感、偏好等不应该参与到认知活动中去。认知活动的目的是求真，而证据之外的要素会诱导人们偏离真理。证据是其中的核心概念，这种想法也因此往往被称为“证据主义”。[②]

法国思想家帕斯卡尔却不这么认为，在其名著《思想录》中，他给出了著名的“赌博论证”：

> 既然非抉择不可，所以抉择一方而非另一方也就不会更有损于你的理智。这是已成定局的一点。然而你的福祉呢？让我们权衡一下赌上帝存在这一方面的得失吧。让我们

---

① 基金项目：国家社科基金后期资助项目“认识论视野中的悬置判断问题研究”（21FZXB041）

② 其他与真假相关的要素或许还包括可靠性、安全性、敏感性等，但这不会影响本文的论证。

> 估价这两种情况：假如你赢了，你就赢得了一切；假如你输了，你却一无所失。因此，你就不必迟疑去赌上帝存在吧。[①]

要不要相信上帝存在？证据平衡，不足以得出最终的结论。此时，风险、收益这些典型的实践因素就可以进入到认知权衡中去，成为相信的理由。相信上帝存在，风险有限而收益无限；不相信上帝存在，收益有限而风险无限。因此，相信上帝存在才是合理的。

证据主义与实用主义，孰是孰非？这场争论历久弥新，影响深远。值得注意的是，信念并非唯一的认知状态。对于任意命题，人们除了可以相信它，认为它是真的；也可以相信它的反面，认为它是假的；还可以在它的真假问题上不置可否，持中立态度，即悬置判断（suspension of judgment/withhold）。[②] 最近十年间，悬置判断这种独特的认知状态，正引起越来越多学者的兴趣。这也为我们带来了重新理解实用主义的契机。

二、证据主义与实用主义

证据主义主张，相信的理由只能是证据，实用主义则持反对意见。在某些特定情况下，非证据性的实践因素也可以成为相信的理由。并且，这些情况并不罕见，在认知活动中也有重要地位。

> （甲 A）张三要去银行交近半年的水电费，他记得银行周六也是开门营业的。
>
> （甲 B）张三要去银行交这个月的房贷，他记得银行周六也是开门营业的。但是，他已经违约两次。银行已经书面告知，第三次违约就会提前收贷。

在案例甲 A 中，如果张三根据记忆相信银行周六开门，那么这个信念是合理的，并无不妥之处。但是，在案例甲 B 中，如果张三还是相信银行周六开门，那么这个信念就不再合理，或者至少没那么合理了。尽管从甲 A 到甲 B，张三的证据并没有发生任何改变。这类案例被统称为“实践入侵”（Pragmatic Encroachment），风险等实践因素能够侵入认知领域，显著影

① 帕斯卡尔，1997：110. 帕斯卡尔自己的信仰并不建立在赌博论证之上，这只是他为说服无神论者而采取的手段。

② 这里没有考虑置信度（degree of belief），不少哲学家认为相信有程度之分。

响信念的合理性。[①]

证据主义者没有被说服。在他们看来，只要张三记得清楚，证据足够，那么信念就是合理的。反之，如果张三记得不清，证据不足，那么信念就是不合理的。至于事情是否紧急，后果有多严重，这些统统是不相关的。实用主义者其实是混淆了两种合理性：认知合理性与实践合理性。从甲 A 到甲 B，张三的证据不变，信念的认知合理性也不变。变化的是张三面临的风险，改变的也是信念的实践合理性。证据主义关切的是认知合理性，而非实践合理性。

还有一类有趣的案例是威廉·詹姆斯（詹姆斯，2007）所谓的“真正的选择”：

（乙）李四有一个男朋友，相处多年，感情很好。但是，李四还是拿不定主意，要不要结婚。只有确信将来不会离婚，她才会选择结婚。终于，男朋友等不下去了：要么结婚，要么分手。最终，李四说服自己，确信不会离婚收场。

“真正的选择”有三个显著特点：

一、它是活生生的，而不是“已死”的。李四可以选择相信婚姻，也可以选择不相信婚姻。

二、它是被迫的。李四避无可避，不得不作出选择。

三、它是重要的，而不是可有可无的。

在真正的选择中，并没有压倒性的证据支持相关信念。但是，李四仍然可以选择去相信，也有权选择去相信。一种简单的解读是，非证据的实践因素（男朋友的最后通牒）充当了相信的理由（舒卓、朱菁，2014）。

证据主义者并不同意詹姆斯的诊断。在实践领域，只有两种选择，要么做要么不做。要么结婚，要么不结婚。但是，在认知领域，我们总是可以等待，等到水落石出，等到证据足够充分，而不会有什么被迫的选择。此外，相信与否很可能并不取决于我们自己。换言之，信念并不在认知者的控制之下。李四可以选择结婚，但她没法选择相信自己不会离婚收场。

可以看到，实用主义与证据主义相互争辩，谁都无法说服对方，进而陷入僵局。笔者的

① 关于实用主义入侵这个话题，可以参考：Kim, B.（2017）Pragmatic Encroachment in Epistemology［J］. Philosophy Compass, 12（5）：1-14. 国内学者也有相关讨论，如方红庆，2022. 信念、断言与实用入侵［J］. 自然辩证法研究，38（1）：3-9.

看法是，实用主义与证据主义都隐含或预设了一个错误的前提。只要抛弃这个前提，真相就会浮出水面。这个前提可以称之为信念理由的排他性原则:认知的理由就是相信的理由。因此，认知合理性也就完全取决于相信的理由。

事实上，信念不是唯一的认知状态。对于任意命题，可以有三种不同的认知状态：一是相信它，认为它是真的；二是不相信它（disbelief），认为它是假的；三是悬置判断，在它的真假问题上保持中立。当然，这种区分可能只是"表面"上的。其他两种状态也许"实质"上都是信念，都能够被还原为信念。但是，这种可能性并不成立。部分哲学家认为，不相信 p 与相信非 p 并不等价，不相信是一种有别于信念的独特认知状态（Smart，2021）。当然，这一点仍存争议，可以暂时搁置。但是至少，悬置判断不是信念，也没法被还原为信念。[①] 因此，信念理由的排他性原则是错的。认知的理由除了相信的理由之外，还包括悬置判断的理由。认知合理性至少部分依赖于悬置判断的理由。

理由支持信念可以有两种方式：一是直接支持它；二是反对悬置判断。后者就是实用主义与证据主义共同忽视的内容。前述案例乙其实就是这类情形。男友的最后通牒反对悬置判断，迫使李四作出选择，进而支持了信念。同样，理由反对信念也有两种方式：一是直接反对它，支持它的反面；二是支持悬置判断。前述案例甲 B 中，风险这一实践因素强有力地支持了悬置判断，进而反对信念。这也使得张三的信念不再合理。

相信的理由只能是证据性的认知理由。在这一点上，证据主义是对的，实用主义是错的，但也仅限于此。某些情况下，实践因素可以成为悬置判断的理由，进而支持或反对信念。由此，认知合理性并不完全取决于证据，还取决于某些非证据的实践因素。证据主义，或者更广义的理智主义是错的。认知与实践之间并没有明晰的界线，并不存在一个纯粹认知的领域。在悬置判断这一独特的认知状态上，认知与实践不可避免地相互交汇、影响。下面，笔者将为这种立场提供辩护。

三、悬置判断与证据

为什么实践因素不能成为相信的理由，却可以充当悬置判断的理由呢？可以从它们与证

① 也有哲学家主张悬置判断能够被还原为信念，比如说对 p 悬置判断就是相信自己既没有相信 p，也没有相信非 p；可以参考 Raleigh, T.（2021）Suspending is Believing［J］. Synthese, 198(3)：2449–2474. 笔者认为这种想法是错的。悬置判断是对命题 p 的态度，而不是对自我内在状态的认知。

据之间的关系讲起。

证据与信念是紧密联系在一起的。即使是最极端的实用主义者，也不会否认证据是相信的理由。一般而言，证据越多越强，信念就越可能是真的。在贝叶斯主义者看来，（正面）证据就是使得信念更可能为真的东西。[①]

> e 是 h 的证据的充分必要条件是，$p(h/e) > p(h)$

其中，$p(h)$ 是假说（信念）h 为真的先验概率，$p(h/e)$ 是 h 在 e 条件下的后验概率。

悬置判断与证据却是彼此疏离的。施罗德（M.Schroeder）首先注意到了这一点，单个证据总是支持（或反对）信念，但是不会有哪个证据是支持（或反对）悬置判断的。悬置判断的理由也因此不会是证据。

> 为什么悬置判断的理由不能是证据呢？这是由于，对于任意命题 p，单个证据要么是支持 p 的，要么是支持非 p 的。支持 p 的证据是相信 p 的理由，支持非 p 的证据是相信非 p 的理由。因此，悬置判断的理由不能是证据。（Schroeder，2012）

将这段话整理成论证的形式就是：

> P1. 对于任意命题 p，证据要么支持 p，要么反对 p；
> P2. 支持 p 的证据是相信 p 的理由，反对 p 的证据是相信非 p 的理由；
> P3. 证据要么是相信 p 的理由，要么是相信非 p 的理由（根据 P1 和 P2）；
> C. 悬置判断的理由不会是证据。

需要说明的是，这里的证据指的都是单个证据，而不是全体证据的集合。单个证据要么支持信念（命题），要么反对，没有第三种可能。整体证据可能支持信念（命题），也可能反对，还可能既不支持也不反对。

如果悬置判断的理由不会是证据，那么它会是什么呢？上一节中的甲和乙案例给出了明确的线索:悬置判断的理由是非证据的实践因素。在案例甲 B 里，如果张三相信银行周六开门，

---

① Carnap, 1962. 为行文方便，这里只考虑了正面证据，反面证据降低命题为真的概率。

事实却并非如此，那么结局是灾难性的。因此，张三应该悬置判断，而不是相信。误信的风险有力支持了悬置判断。在案例乙里，李四被迫作出选择，她没法再等下去了，不管相信什么都比什么都不信要好。男友的“最后通牒”充当了反对悬置判断的理由。

另一条线索来自我们对认知目标的理解。“真”在认知活动中占据重要地位，就算它不是认知活动的唯一目标，至少也是重要目标之一。也就是说，认知活动的目标是获得真理，避免错误。然而，容易被忽略的一点是，“获得真理”与“避免错误”这两者并不总是一致的。设想某人什么都不信，对什么都没想法，或是悬置判断，那么他就完美避开了所有错误。但是，这样一来，他也没有掌握任何真理。设想某人什么都信（能信就信，尽可能去相信），这样一来他获得的真理就比常人要多得多，但是错误也会多得多。不难看出，好的认知者需要在“获得真理”与“避免错误”之间取得平衡（郑伟平，2015）。

认知目标的两个维度也就蕴含了两类不同性质的风险。一是错误地相信假命题，二是错失真理（missing out the truth）。对于任意命题 p，无论是相信 p 还是相信非 p，都会暴露在第一种风险之下。悬置判断不会带来第一种风险，但会带来第二种风险：p（或非 p）是真理，但你却对它不置可否，无动于衷。

第一种风险反对相信（无论是 p 还是非 p），支持悬置判断。第二种风险反对悬置判断，支持相信（无论是 p 还是非 p）。悬置判断的理由其实就是这两种风险的差值。①

在案例甲 B 里，第一类风险高企，而第二类风险可有可无，悬置判断是合理的选择。在案例乙里，第一类风险可有可无，而第二类风险高企，相信什么都比悬置判断更合理。

四、温和实用主义不温和?

实践因素不能成为信念的理由，但可以成为悬置判断的理由，间接支持（或反对）相关信念。这种全新的实用主义立场能够弥合证据主义与实用主义的一部分冲突，具有很强的折中色彩，因此也被称为温和实用主义。然而，它的温和特性也带来了尖锐的批评。沃斯尼普（A. Worsnip）认为，温和实用主义的温和只是一种假象，“一旦登上实用主义的列车，就不能在中间站点停靠”（Worsnip，2021）。也就是说，悬置判断与信念的理由是同质的，实践因素要么能够同时充当两者的理由，要么都不行，没有中间路线可行。

① 相信 p 与相信非 p 带来的风险并不总是等价的。比如说在甲 B 里，张三误信银行周六开门的风险巨大，误信银行周六不开门的风险却小到可以忽略不计。

设想有个古怪的富豪，给出这样的承诺：

（丙 A）只要你相信也门战争会在 2025 年前结束，就能获得 100 万人民币的奖励；

（丙 B）只要你不去相信也门战争会在 2025 年前结束，就能获得 100 万元人民币的奖励（你只需形成相应认知状态，并维持片刻，就能马上获得奖励。此后即可恢复原状）。

案例丙 A 与丙 B 的逻辑结构是相同的。要么你接受证据主义，100 万奖励既不是相信的理由，也不是不去相信的理由；要么你接受实用主义，100 万奖励既是相信的理由，也是不去相信的理由。

然而，温和实用主义对丙 A 和丙 B 的诊断却不相同。实践因素不能成为相信的理由，因此在案例丙 A 中，奖励不是相信的理由。但是，实践因素可以成为悬置判断，即拒绝相信的理由。因此，在案例丙 B 里，奖励成为了不去相信的理由。简而言之，富豪的承诺在丙 A 中并不奏效，在丙 B 中却是成功的。这个结论与常识直觉是相违背的。

适当修改帕斯卡尔的赌博论证，有助于更好理解温和实用主义的不足。帕斯卡尔的原始论证可以理解成是这样的：

（严厉的上帝）如果上帝存在，那么只要不是信徒，即没有相信上帝存在，死后也会堕入地狱。

现在，让我们设想一个仁慈的上帝：

（仁慈的上帝）如果上帝存在，那么只要你没有正面反对，即没有相信上帝不存在，死后也可以升入天堂。

对于“相信上帝存在”的信徒与“相信上帝不存在”的无神论者，帕斯卡尔的赌局没有任何变化，差别就在于持悬置判断立场的不可知论者（Agnostic）。在严厉的上帝眼中，不可知论者与无神论者是一丘之貉，都没有信仰。仁慈的上帝却宽恕不可知论者，只惩罚无神论者。

修改前后，帕斯卡尔赌局论证的逻辑结构并没有改变。同样还是二选一的局面，要么承诺证据主义，拒绝任何赌局论证；要么承诺实用主义，同时接受所有赌局论证。但是，温和实用主义拒绝帕斯卡尔的原始赌局，却会接受修改版的赌局。原因很简单：既然实践因素可以成为悬置判断的理由，那么赌局就提供了这样的理由。按照风险收益分析，局中人有很强的理由反对相信"上帝不存在"，选择悬置判断。

问题出在哪呢？沃斯尼普认为，施罗德其实是混淆了认知风险与实践风险。认知活动的一大部分内容确实是管理认知风险，避免误信假命题，以及避免错失真理。但是，这两类风险是对称的，并没有什么不平衡的现象。无论是误信还是错失真理，它们都是没有掌握真理（Mueller，2017）。

五、理由的"对"与"错"

针对以上批评，我将在下面部分为温和实用主义提供一个适当的澄清，或有限的辩护。其要旨在于，温和实用主义无需承诺实践因素总是可以成为悬置判断的理由。只要在甲 B、乙等案例中，它是成立的，这就足够了。至于在丙 B 以及修改版的帕斯卡尔赌局中，它能否成立或许存疑。但是，无论如何，这都不会击倒温和实用主义。

如何区分不同的案例呢？在对理由的一般性研究中，可以找到相关的思想资源：各种心智状态的理由都有对错之分，包括意图、信念、感受等等。可以通过一些例子来理解这一点。

（丁 A）王五学识渊博，你很钦佩他。

（丁 B）王五要求你钦佩他，否则就折磨你。

学识渊博，这是你钦佩王五的正确理由；不钦佩会造成的肉体折磨则是你钦佩王五的错误理由。

（戊 A）赵六不愿意苟活，打算明晚喝毒酒。

（戊 B）有个古怪的富豪承诺，只要赵六有明晚喝毒酒的打算，就能获得 100 万的奖励。（获得奖励后，赵六就可以收回意图，无需真正喝下毒酒。）

不想再活下去，这是打算明晚喝毒酒的正确理由；古怪富豪的承诺则是打算明晚喝毒酒的错误理由。

什么样的理由是正确的，什么样的理由是错误的呢？

心智状态有两个部分，一是内容（或对象），二是态度。你钦佩王五学识渊博——钦佩的内容是“王五学识渊博”，你对这个内容的态度是“钦佩”。尽管心智状态的内容常常被混同为心智状态本身，但它们并不是一回事。①

正确理由是和心智状态的内容联系在一起的，正确理由能够支持（或反对）心智状态的内容。它们之间有着逻辑的、概率的或是解释的关系。王五学识渊博，这个事实支持了钦佩的内容“王五学识渊博”。赵六不愿苟活，这个事实支持了意图的内容“明晚喝毒酒”。

错误理由和心智状态的内容就没有这样的支持（或反对）关系。错误理由越过了心智状态的内容，直接支持（或反对）心智状态本身。也就是说，它支持（或反对）的是认知者形成并持有某种心智状态。不钦佩就折磨你，它和王五是否真的学识渊博无关；打算明晚喝毒酒就奖励你，不管你明晚是否真的会喝毒酒。

除了内容 / 状态之外，还可以采用其他方式来辨别它们。比如说因果力，正确理由能够直接发挥因果作用，而错误理由却不行——你没法因为威胁就真的钦佩王五（Gertken，2017）。

理由的对错之分是一个根本性的重要区分。错误理由是不是真正的理由，能不能影响合理性呢？这是有争议的。部分哲学家认为它也是理由，构成另一维度的合理性；部分哲学家认为它压根就不是理由，不会影响合理性。本文不打算介入这场争论。至少，正确理由是真正的理由，可以影响合理性。下面将要论证的是在案例甲 B、乙中，实践因素是悬置判断的正确理由；在丙和修改版帕斯卡尔赌局中，实践因素是悬置判断的错误理由。

六、悬置判断的“对”的理由

现在回到悬置判断上来，它的内容是什么呢？第一备选项是命题。悬置判断意味着认知者对命题的真假不置可否，持一种中立的状态。例如，张三既没有相信银行周六开门，也没有相信银行周六不开门，而是悬置判断。然而，这种想法困难重重。

第一、对 p 悬置判断与对非 p 悬置判断在逻辑上是等价的。如果悬置判断的内容是命题，那么这个命题是 p 还是非 p 呢？还是说两者皆可？

第二、支持（或反对）命题的只能是证据，如果悬置判断的内容是命题，那么悬置判断

① 一个重要原因是心智状态的透明性（transparency）。你可以透过态度，直接察觉到心智状态的内容。这首先是由埃文斯提出的。Gareth, E.（1982）.The Varieties of Reference［M］. Oxford : Oxford University Press.

的正确理由也就只能是证据。

1. 悬置判断的内容是命题（假设）；
2. 能够支持（或反对）命题的只能是证据；
3. 因此，悬置判断的正确理由只能是证据；

这与施罗德的论证相悖。证据要么支持命题，要么反对命题。前者是相信 p 的理由，后者是相信非 p 的理由。何来悬置判断的理由呢？

一个更合适的想法是，悬置判断的内容是疑问，而非命题。这种想法的主要倡导者是弗里德曼（J. Friedman）。通常所谓的对命题 p 悬置判断，实质上是对问题“p 是真是假”（whether p?）悬置判断。因此，对 p 悬置判断与对非 p 悬置判断是一回事。

如果悬置判断的内容是疑问，那么悬置判断与证据之间的互相疏离也能得到很好的解释。证据要么支持 p，要么支持非 p，不会有什么证据支持疑问。在 p 是真是假的疑问中，证据总是朝着某个方向的，要么 p 是真的，要么 p 是假的。在此意义上，证据总是反对悬置判断，支持信念的（无论是 p，还是非 p）。

在其他类型的疑问中，悬置判断的内容可以更清楚地呈现出来（Friedman，2013）。

（who）下一届美国总统是谁？孙七对此悬置判断。
（why）为什么会发生玄武门政变？孙七对此悬置判断。
（what）今天的汽油价格是多少？孙七对此悬置判断。
（when）下午的会议几点开始？孙七对此悬置判断。
（where）清华大学图书馆在哪？孙七对此悬置判断。①

信念是一种封闭的认知状态，相信 p 也就是承诺 p 是真的，相信非 p 也就是承诺 p 是假的。悬置判断的内容是疑问，认知者以疑问的形式在 p 的真假问题上保持中立，它也因此是一种开放的认知状态（Friedman，2017）。

那么，什么样的东西能够支持（或反对）疑问呢？也就是说，哪些东西能够让认知者追问命题的真假呢？这里很难给出一个确定的答案，只能逐一审查前面的案例。

---

① 在这些情形中，证据也总是帮助我们朝着某个方向终止疑问，也因此总是反对悬置判断的。

在丙和修改版的帕斯卡尔赌局中，奖励与惩罚并不会引起认知者的疑虑，它们支持的是认知者形成并持有悬置判断这种心智状态。它们是典型的悬置判断的错误理由。就算认知者被这些理由打动，也没法直接因为它们就悬置判断。他们不得不采取某些迂回的手段，比如说多去教堂，避免接触无神论者等等。

在案例甲 B 中，误信的风险真正引起了张三的疑虑。万一搞错了怎么办？银行周六真的会开门吗？并且，张三可以直接由于此风险考量而悬置判断，无需采取其他手段。在案例乙中，时间紧迫，李四不得不作出决定，她没法再犹豫，持有相关疑问。因此，案例甲 B 和乙中，实践因素是悬置判断的正确理由，足以影响相关认知状态的合理性。

七、结论

实践因素能在认知活动中扮演规范性角色吗？占据主流地位的证据主义认为这并不可行，以帕斯卡尔、詹姆斯为代表的实用主义则给出了肯定的回答。双方各执一词，难分高下。温和实用主义是一种全新的选择，它保留了证据主义者的关键直觉：相信的理由只能是证据，实践因素不能成为相信的理由。同时，它也能够容纳认知活动中的实践因素。在某些情况下，实践因素可以成为悬置判断的理由，间接支持（或反对）相关信念。这种方案切实可行，能够弥合证据主义与实用主义之间的冲突，至少是一个值得探索的方向。悬置判断是基本的认知状态之一，却长期隐身在信念之后，可有可无。现在，或许是时候将它从幕后推到台前了。

参考文献：

Carnap, R. (1962). Logic Foundations of Probability [M]. Chicago: University of Chicago Presss.

Friedman, J. (2013). Question-Directed Attitudes [J]. Philosophical Perspectives, 27(1): 145–174.

Friedman, J. (2017). Why Suspend Judging? [J]. Nous, 51(2): 302–326.

Gertken, J., Kiesewetter, B. (2017). The Right and the Wrong Kind of Reasons [J]. Philosophy Compass, e12412(12): 1–14.

Mueller, A. (2017). Pragmatic or Pascalian Encroachment? A Problem for Schroeder’s Explanation of Pragmatic Encroachment [J]. Logos and Episteme, 8(2): 235–241.

Smart, J. A. (2021). Disbelief is a Distinct Doxastic Attitude [J]. Synthese,198: 11797–11813

Schroeder, M. (2012). Stakes, Withholding, and Pragmatic Encroachment on Knowledge [J]. Philosophical Studies, 160(2): 265–285.

Worsnip, A. (2021). Can Pragmatists be Moderate? [J]. Philosophy and Phenomenological Research, 102(3): 531-558.

帕斯卡尔，1997. 思想录 [M]，何兆武译 . 北京：商务印书馆 .

舒卓，朱菁，2014. 证据与信念的伦理学 [J]. 哲学研究 , 4: 106-112.

郑伟平，2015. 论信念的知识规范 [J]. 哲学研究 , 4: 93-98.

詹姆斯，2007. 信仰的意志 [M]// 万俊人，陈亚军编 . 詹姆斯文选 . 北京：社会科学文献出版社 , 437-458.

Moderate Pragmatism

SHU Zuo

School of Marxist, Zhejiang University of Technology

Abstract: We are born to be cognizers, believe many propositions. Some are reasonable, some are not. It depends on the reason that in favor of or against it. According to Intellectualism, the reason for belief can only be evidential. Pragmatists, such as Pascal and William James strongly denied it. In their minds, pragmatic factors besides evidence can count as reason for belief in certain circumstances. The debates along with this line ignores an special attitude, namely Suspension of Judgment, or Withholding. I will give a new account of Pragmatism in an explicit analysis of Suspension. The reason for belief can only be evidence, but the reason for suspension can be pragmatic.

Keywords: suspension of judgment/withholding; pragmatism; evidentialism; right/wrong kind of reasons; Pascal.

[伦理学]

论摩尔的元伦理学的逻辑主义哲学基础

◎ 刘艳
安徽工程大学马克思主义学院

摘　要： 摩尔是20世纪上半叶盛行的元伦理学的开创者，也是20世纪具有广泛影响的分析哲学运动的奠基人之一。他在哲学方面持一种逻辑主义的思想，其伦理学是这种哲学思想的应用。逻辑主义是摩尔的分析哲学的主要思想倾向，也是早期分析哲学的一般倾向。

关键词： 摩尔；逻辑主义；元伦理学；分析哲学

乔治·爱德华·摩尔（George Edward Moore，1873—1958）是20世纪上半叶盛行的元伦理学的开创者，也是20世纪具有广泛影响的分析哲学运动的奠基人之一。由于翻译等方面的原因，国内学界对摩尔的了解和研究偏重于前一个方面，相对来说对他后一个方面的思想和贡献认识得较少。但如果我们不了解其哲学思想，很难真正理解其伦理学，遑论了解他在分析哲学史上的地位。

摩尔在伦理学方面的代表作是1903年出版的《伦理学原理》。该书被看作元伦理学的开山之作。不过，对于这部著作，人们对它的评价至今仍是褒贬不一。有的人认为它清楚地阐明了一些伦理学命题的意义，澄清了歧义和混乱。有的人却批评摩尔的"自然主义谬误"是哲学史上最大的一个误称（威廉姆斯，2017：147）。有的人认为这样的元伦理学没有实质性的东西，没有什么现实意义："摩尔和大多数当代哲学家并没有打算对任何特殊行为提出实际的忠告，因为对人们的行为提出实际指导被认为是道德学家和传教士的职责，而不是哲学家的任务。"（宾克莱，1988：14）还有一些人觉得《伦理学原理》的一些核心观点颇为奇怪，如隔靴搔痒，诸如善就是善而不能是其他任何东西，善不可定义，不可能有"我自己的善"或"仅仅属于我的善"等等。还有，摩尔所着重强调且反复使用的所谓"绝对孤立"的分析方法也颇为奇怪。甚至有人觉得摩尔只是在玩弄文字游戏，就好像说，"善"这个词语只能是"善"这个词语而不能是其他任何词语，"快乐"这个词语不是"善"这个词语等等。

我们认为，对于摩尔伦理学观点诸如此类的质疑或不解主要是因为对他的哲学基础了解不够，如果能够结合他的基本哲学倾向来理解其伦理学，某些批评就消失了。摩尔的元伦理学的哲学基础可以追溯到他1898年发表的《判断的性质》一文。他在该文中提出了一种概念实在论，认为概念是客观存在的，是一种共相。这种哲学观点本质上是一种逻辑主义哲学，他的元伦理学实际上是这种逻辑主义哲学在伦理学方面的应用。

一、摩尔的概念实在论

摩尔是在反对新黑格尔主义者布拉德雷（F. Bradley）的“关于真理和谬误取决于观念（ideas）和现实的关系”这一观点时引入“概念”（concept）这一概念的。布拉德雷认为观念不能被理解成心理状态，观念是普遍的意义，对于这些摩尔表示赞同。但布拉德雷认为观念只是这些“意义”的“标记”，而“意义”仍然是人心所截取和确定（cut off and fix）的心理内容。作为能传达的东西，意义虽然不是某个人私人的内在心理状态，而是具有某种意义上的普遍性，但归根到底，意义仍然是人心所形成的东西。这一点是摩尔坚决反对的，摩尔认为这会导致无限后退。举例来说，在摩尔能够对布拉德雷的理论进行评判之前，他的心里必须已经形成了一个关于布拉德雷理论的观念，而这个观念，按照布拉德雷的理论，必须是从某种先前的心理内容中截取和确定的。摩尔认为，他不可能从某种东西中截取和确定观念，除非这种东西他至少已经部分地知道是什么东西。如果是这样的话，那就说明他已经对先前的心理内容有一个判断，而要做到这一点，他又必须要形成一个关于这个内容的观念，如此以至无穷。为了反对这种观念观，也为了避免“观念”一词的歧义性，就“观念”指“普遍意义”而言，摩尔用“概念”来代替“观念”一词。

那么，概念是怎样的呢？摩尔认为，举例来说，当他说“这朵玫瑰是红的”时，他并不是把他心中的任何观念赋予了玫瑰，也并不是把他心中的玫瑰观念与红的观念一起赋予了某个另外的东西，而是表达了在概念“玫瑰”与概念“这个”“现在”“红”之间的某种联系。如果他的这一判断，即“这朵玫瑰是红的”是正确的，那就说明上述概念间的联系确实存在。同样，如果他说，“喀迈拉[①]有三个头”，那么“喀迈拉”并不是指他心中的某个观念，整个判断也不是任何关于他的心理状态的判断，而同样是关于概念间联系的判断，如果这一判断是错的，那并不是因为他的观念不符合现实，而是“喀迈拉”“三”和“头”这些概念之间的联

① Chimera，希腊神话中长有狮头、羊身、蛇尾的怪兽。

系并不存在。

摩尔认为像“玫瑰”“这个”“现在”“红”“三”“头”等都是概念，而不是个人心中的观念，概念是客观存在的，它不能被归结为任何心理的东西。概念是思想的可能对象，但这并不是关于它们的定义，而只是说它们可以与某个思想者发生关系，但在此之前，它们必须已经是某种东西，必须已经存在。概念是永恒不变的，不论有没有任何人思考它们。并且，概念之间是有逻辑关系的，无限的概念之间有无限的关系，但概念之间的无限的关系也是恒常不变的，换言之，概念之间相互联系、相互结合的逻辑可能性是恒常不变的。

相应地，摩尔认为，“命题是由概念组成的，而不是由词语组成的，也不是由思想组成的”。（Moore，1993：4）也可以说，命题是由若干概念组成的一个复杂概念，或概念的综合体。既然概念是客观存在的，那么命题作为复杂概念或概念综合体也是客观存在的，命题也具有本体论地位。实际上，摩尔认为像“玫瑰”这样的东西也是复杂概念或概念综合体，是由颜色、香气、形状等简单概念组成的复杂概念，而不是一个概念，不是一个不可进一步分析的简单概念。换言之，可以说“玫瑰”是一个命题。如此说来，世界上的东西岂非最终都是由概念构成的？摩尔确实也是这么认为的，他说：“看起来必须认为世界是由概念构成的。概念是知识的唯一对象。它们从根本上来说不能被认为是从事物或观念抽象而来的；因为如果关于它们的任何事是真的的话，这两者都只能由概念构成。一件事物只有当被分解为其构成成分的概念时，才首次成为可理解的。通常被当成起始点的物质多样性实则仅仅只是派生性的。”（Moore，1993：8）

既然世界是由概念构成的，那么世上岂非没有假命题？按照此时摩尔的思想，确实没有。当我们表述一个假命题时，实际上并不存在我们表述的东西。只有真命题是存在的。那么，命题的真假取决于什么呢？摩尔反对布拉德雷认为命题的真假取决于观念和现实的关系、取决于观念是否符合现实的说法，他认为这会导致类似于上文曾提到过的那种无限后退的困难。即，如果说命题的真假取决于观念是否符合现实，那么，“命题的真假取决于观念是否符合现实”这一命题本身是否符合现实呢？很显然，这种后退是无法作出的。

既然命题的真假不取决于是否符合现实，那为何上文又说：如果说“这朵玫瑰是红的”是正确的，那是因为这些概念间的联系确实存在，如果说“喀迈拉有三个头”是错误的，那是因为这些概念间的联系并不存在？摩尔也承认：“乍一看好像命题的真取决于它与现实的关系，好像任何真命题之为真都在于构成命题的概念组合能在实存中被发现。这种解释上文确实用过，作为一个预备的解释……红是一个真概念，因为世上确有红的东西；相反，喀迈拉是一个假概念，因为在实存的东西中没有这样一种合成（combination）已经是，现在是，或将是

（either has been，is，or will be）。”但摩尔认为这种解释不是终极解释，并举例说，“2+2=4 这一命题是真的，不论世上是否存在任何两个东西”。（Moore，1993：6）

那么，什么是终极解释呢？是概念及概念之间的关系，命题的真假取决于组成命题的概念间的关系。并且，此时的摩尔还认为，“实存本身是一个概念”（Existence is itself a concept）。于是，上文那种表面上的矛盾也就没有了。因为“那种其中有实存与其他概念或概念综合体相连结（be joined to）的命题，其真假仅取决于实存与这些其他概念之间的关系”。（Moore，1993：6）

当我们说“这朵玫瑰是红的”时，我们已经预设了“这朵玫瑰”概念和“实存”概念之间的某种关系。当我们说“喀迈拉有三个头”时，我们也预设了“喀迈拉”和“实存”之间的某种关系。但是，“玫瑰”和“实存”之间具有某种关系，该关系是“玫瑰”这个概念的规定性之一。而“喀迈拉”作为概念是完全没有的，就是说，作为能跟“实存”连结意义上的、其规定性包括能与“实存”连结的逻辑可能性的概念，没有“喀迈拉”这个概念。换言之，“喀迈拉”和“实存”之间不具有“玫瑰”和“实存”之间的那种关系，使得我们说“那里有一朵玫瑰”时，有时为真，有时为假。而当我们说“喀迈拉如何如何”时，我们总是已经预设了存在这么一个叫作“喀迈拉”的概念，该概念与“实存”之间能有“玫瑰”和“实存”之间的那种关系是错误的，因此说“喀迈拉如何如何”时总是为假。

既然命题的真假取决于组成命题的概念间的关系，那么，什么样的概念间的关系使得一个命题为真，什么样的概念间的关系使得一个命题为假呢？同时，像摩尔反对布拉德雷一样，我们也可以问，“命题的真假取决于组成命题的概念间的关系”这一命题本身的真假如何检验呢？它是否也取决于“命题之真假”“取决于”“组成命题的概念间的关系”等概念之间的关系呢？摩尔认为，能够决定一个命题之为真或为假的概念间的关系无法再进一步定义了，只能直接认出：“命题是由一定数量的概念以及这些概念之间的某种特定关系构成的；根据这种关系的性质，命题或为真或为假。但什么样的关系使得命题为真，或为假，却无法进一步定义，只能直接认出。”（Moore，1993: 5）换言之，摩尔认为，“真命题的性质是终极基准（the ultimate datum）”。（Moore，1993：7）

从以上分析可以看出，概念和真命题的性质（作为一种概念间的关系）都是终极意义的东西。概念可以被人心思考，但它不来自人心，不来自人心的抽象：既不来自对观念的抽象，也不来自对现实的抽象，因为后两者还要靠它来解释。可以说概念是世界的逻辑原子。而真命题可以说是世界的分子，由原子组成的分子，只不过，这种组合不能用化合键来解释，而要用概念之间的逻辑关系来解释。“玫瑰”就是一个分子，它由颜色、香气、形状等概念组成，这样的概念很显然是一种共相。这块铁锈和那块铁锈不同，但分子相同，都是氧化铁，由以组成分子的原子也相同。类似地，这朵玫瑰可能具有这样的红色、这样的香气、这样的形状等特性，但这些特性不是殊相，而是共相，或者这样的红色、香气、形状其他玫瑰也具有，从而是普遍的，或者它们又是由更基础的、更普遍的其他东西构成的。不论是在相对于玫瑰等个体事物的意义上，还是在相对于殊相的意义上，概念都是共相。很容易看出，摩尔的原子式的概念有那么一点像柏拉图的通种——就它们都是存在的共相而言，就它们都是构成世界的基本单位而言，最重要的，就它们内部之间的关系都是逻辑关系而言；也有点像早期维特根斯坦的“对象”——就它们都是简单的而言，就它们的规定性包括它们与其他概念或对象连结的所有逻辑可能性而言，最重要的，就它们内部之间的关系都是逻辑关系且这种逻辑关系表现为某种终极的必然性而言。不过维特根斯坦从没有给过这种简单的“对象”的例子，但摩尔至少明确举过两类简单概念的例子，一类是“黄”“红”“蓝”“白”，一类是“善”。

二、摩尔元伦理学的逻辑主义哲学基础

摩尔的伦理学之所以被称为元伦理学，一方面固然与他用语言分析的方法处理伦理学问题有关，另一方面也因为，摩尔似乎没有对一些基本的伦理学问题提供实质性的解释或论证：没有解释什么是善，而只是反复强调善只能是善，而不能是其他任何东西，比如不是快乐；也没有对本身为善的事物提供论证，反而在有些地方给人以循环论证之感。这些都令一些读者感到奇怪。但如结合摩尔上述的逻辑主义哲学思想，其伦理学就很容易理解了。

在摩尔看来，善是一个客观存在的简单概念，不是一个复杂概念。简单概念不可定义，也无需定义。一个简单概念和另一个简单概念之间虽可以有逻辑联系，但就本体论地位来说，所有简单概念都是各自存在的，一个简单概念不可能是另一个简单概念，也不能通过另一个简单概念来定义。简单概念不可定义丝毫不影响它们的客观存在，也丝毫不影响我们能够觉察出它们之间的客观区别，以及认识它们并表述关于它们的命题。因此善作为一个简单概念只能是它自己而不能是其他任何东西，就像摩尔在《伦理学原理》扉页中引用巴特勒主教的那句话——“万物皆是其所是，非其所非”——所暗示的那样，不论“是”是在本体论的意义上来理解还是在定义的意义上来理解。[①]

① 在定义的意义上来理解善只能是它自己而不能是其他东西，是指善作为简单概念不可定义，相反，其他东西都要参照包括善在内的简单概念来定义，就“定义”指表述构成某一整体的各个部分是什么而言。

善作为简单概念只能是它自己，但善可以与其他简单概念相连结、组合而形成复杂概念，该复杂概念也就含有善作为其组成部分，从而可以叫“善的”。在摩尔看来，以往的伦理学家往往混淆了这两者，把前者当成了后者。摩尔称之为自然主义的谬误。为什么说是“自然主义”谬误呢？因为摩尔对“善”所持的观点是一种逻辑主义，逻辑主义只会把善——作为概念、作为共相——看成善自己。

从摩尔的实际论证来看，这种混淆有两种意义，虽然摩尔并没有进一步明确区分。某个复杂概念 C 是由善和其他概念组成的，可以说，C= 善 +X（X 可以是一个概念，也可以是一组概念）。从一种意义上，我们可以说 C 是善的。从另外一种意义上，我们可以说 X 是善的——就 X 可以和善连结而言。就摩尔反复强调快乐不是善，以及有些令人快乐的事物是善的，有些令人快乐的事物不是善的而言，善与快乐的混淆是后一种意义。“快乐”可以和善连结，也可以不连结，换言之，“快乐”这个概念不包括与善必然相连这一规定性。人们往往因为在某些情况下“快乐”可以与善相连结而混淆了二者，但不论是在它们可以连结的情况下还是在它们不能连结的情况下，善都不是快乐。但还有一种事物，善这一概念是它的组成部分，比如摩尔所认可的其本身就是善的两种事物：人类交往之快乐与审美享受。这两种事物必然包括善这一概念作为其组成部分，但当然，它们也只是善的，而非善本身。

不过，摩尔对于为何这两者是本身为善的事物也没有论证，在他的理论框架下也不可能有论证。人类交往之快乐（the pleasures of human intercourse，又称为 personal affection），意指对个人的喜爱，主要是对个人精神特质的爱，当然如果再混合以对个人身体美的爱，则比单独对一个人精神的爱更善。但是，摩尔又表示，所喜爱之人必须本身是美的、善的：“就对个人的喜爱来说，其对象不仅是美的，而且本身也是善的。”（Moore，1922：xxvi）这里似乎存在明显的循环定义，因为我如何判断所爱之人是否本身为善的呢？另一种本身是善的事物，即审美享受（the enjoyment of beautiful objects，又称为 aesthetic enjoyments），似乎也存在类似的循环定义，因为什么是美的对象呢？摩尔表示：“我们称之为‘美的’（对象）是指，它们同某个善的整体相关。”（Moore，1922：xxv）不过在摩尔的哲学思想中，这里面是没有循环定义的，因为所谓本身是善的事物，也就是指它作为复杂概念包括了善这一简单概念作为其必然的组成部分。而要判断这一点，相当于就是要判断概念及概念之间的关系。而摩尔认为概念之间的关系是直接认出的，无法被进一步追问的。因而这里不可能有论证（无论是不是循环论证），只能通过摩尔所谓的绝对孤立法看出来，即单独看人类交往快乐与审美享受这两种事物，看它们是否仅凭自身就是善的（不能说看他们是否仅凭自身就是可欲的，因为善就是善，不能是可欲的，或其他任何东西），也就是看人类交往快乐与审美享受这两个复杂概念是否必然包含了善。[①] 正因为如此，摩尔的伦理学在认识论上被称为直觉主义。善本身是什么？善就是善。什么本身是善的？个人喜爱与审美享受本身是善的。这一切都要靠直觉，不可能有论证。而在有的伦理学家看来，“直觉主义无法说明永恒真理怎么能提供实践考虑，……求助于直觉这种能力什么都没解释”。（威廉姆斯，2017：115）

此外，善作为共相是客观的，一个事物是不是善的是客观的，因而不存在私人的道德判断，不存在私人的善。不可能有“我自己的善”或“仅仅属于我的善”之类的东西，一种东西要么是善的，要么不是善的，不可能对于我来说是善的，对于别人来说却不是善的。属于“我的”只可能是某个善的事物，而不可能是“该事物是善的”这一事实。善的总量也是客观的。如果说人们的行为是促进善的行为，那就意味着，他的行为能够增加普遍善的最大可能的总量（the greatest possible amount of Universal Good），而不可能意味着他仅仅增加了对于他来说的善（对于别人来说却不是善）的总量。

另外，在《判断的性质》一文中，摩尔实际上是在两种意义上隐含地使用“存在”。摩尔认为概念是世界的逻辑原子，是永恒不变的。这种概念的存在显然不同于能跟“实存”这一概念连结从而实存于时间中的那种存在。并且，将“实存”概念化，或者说“实存”这一概念的出现也暗示，作为概念它是永恒存在的，但这一概念的意义却是“存在于时间中”。可以看出，这里有两种不同的关于存在的意义。不过，摩尔在《判断的性质》一文中并没有明确区分这两种意义，甚至也从未说过“概念”存在。我们只能说摩尔是在两种意义上隐含地使用“存在”。

在《伦理学原理》中，摩尔把上述隐含的两种“存在”意义明确化了。在讨论“形而上学伦理学”时，尽管摩尔对于形而上学家们处理伦理学的方式不满，对形而上学家们把善看作存在于某种超感实在领域的观点不满，但仍然对他们坚持认为确实有不实存于时间中的东

① 或许人们仍然有疑问，事实上这里不还是有循环论证吗？我怎么判断所喜爱的人是不是善的呢？这是一种误解。一般来说，当我们说我们爱一个人或喜欢一个人（无论男女）的时候，我们多少是指，我们喜爱这个人精神方面的东西，喜爱这个人本身，而不是喜爱他 / 她的权力、金钱或社会地位等东西，这种对于个人的单独喜爱在摩尔看来是本身为善的事物。应该说，这一点是符合人们的一般经验或直觉的。即便是在我们一般看来最为肤浅的纯粹喜爱一个人的外表、容貌的情况中，单单考虑这一点，即喜爱一个人的外表，而不考虑人品等其他因素，那么，对一个人外表的喜爱也是本身为善的事物（不是说对我为善，或对被喜爱的人来说为善，而是说客观上为善），至少是无害的。我们凭直觉一般都能同意这一点，也就是说，如果我们凭直觉来分析纯粹的“个人喜爱”这一复杂概念，我们一般都会同意它是善的，用摩尔的话说就是，我们都会直觉地看出（概念间的关系是终极的东西，只能直接看出）该复杂概念必然含有“善”作为其构成成分。审美享受也一样，都是仅凭自身为善的事物。如果是欣赏、喜欢或享受某种恶的或丑的东西，那么这种喜欢本身就不可能是审美行为。

西的努力表示赞赏。摩尔说：

> 那些形而上学哲学家们已经非常清楚地认识到并非每个是的东西都是一个“自然对象”。因此，形而上学家们拥有那种突出的优点，即，坚持认为我们的知识并不局限于那些我们所触、所见和所感的东西。他们不仅致力于研究此类由心理事实构成的自然对象，而且一直致力于研究另外一类对象或对象的性质，这些对象或性质确实不实存于时间中，因而也不是自然的一部分，事实上，这些对象或性质根本不实存。我们用形容词“善”所表示的东西就属于这一类。那些能被感知的对象不是善性本身，而仅仅只是善的东西或善的属性，即，只是那些能够实存于时间中——即，有过程、开始和结束——的东西。但是这类东西（指非自然对象）最突出的成员或许是数目。两个自然对象确实可以实存；但同样确定的是 2 本身并不实存，也从不实存。2 加 2 是 4。但这并不意味着 2 或 4 实存。然而它确实意味着某种东西。2 以某种方式是，尽管它并不实存。……
>
> 虽然，如果我们从对人类知识的实际贡献角度来定义形而上学的话，我们会说，形而上学强调了那些根本不实存的对象的重要性，但是形而上学家们自己却没有意识到这一点。但他们的确认识到并坚持认为：有，或也许有，一些知识的对象并不实存于时间中，或至少，并不能被我们感知。就认识到作为我们研究对象的这些东西的可能性来说，应该承认，形而上学家们对人类作出了贡献。但是他们一般又认为，任何不实存于时间中的东西，如果毕竟是的话，那至少必须存在于某个另外的地方：即，不实存于自然中的东西必然实存于某种超感领域，无论是不是无时间性的。（Moore，1922：110-111）

从这一段可以看出，说共相存在不同于说自然对象存在，自然对象实存于时间中，共相却根本不实存，就“实存”即指“实存于时间中”而言。自然对象能被感知，共相却不能。但是，世上确实有共相这么一种东西，而且共相能被思考。就“善”这种共相来说也是如此：“我们能想象‘善’本身，而不是仅仅作为某个自然对象的性质，实存于时间中吗？就我自己而言，我无法想象这一点。”（Moore，1993：41）那些具有善这种性质的自然对象是实存于时间中的，因为自然对象都是有生灭的，从而作为它们性质的善，或者说作为它们构成成分的善，也是实存于时间中的。还可以设想某些自然对象从善的变成不是善的，失去善这一性质，在这个意义上也可以说作为它们性质的善是实存于时间中的。但善本身无论如何不是实存于时间中的，毋宁说，它是永恒存在的。

摩尔充分肯定了“从柏拉图至今的形而上学家们”的这一贡献，但与他们不同的是，摩尔坚决认为共相并不存在于所谓的超感领域，而是存在于我们这个宇宙。那么，共相是在何种意义上存在于我们这个宇宙呢？能不能说存在于我们这个宇宙就是存在于时空当中呢？从根本上说，是。但不能这么表述，因为摩尔认为时、空也是共相，它们也客观存在，但是很显然，不能说时、空本身存在于时空当中。在摩尔看来恰当的说法应该是，共相（包括时、空）构成了我们这个宇宙，共相是宇宙的构成成分。

上文的分析主要依据摩尔早年的一篇文章，但摩尔的逻辑主义哲学立场是终生坚持的。这一点可以从摩尔的哲学代表作《哲学的主要问题》一书看出来。该书是根据摩尔 1910—1911 年在伦敦莫雷学院（Morley College）所做的 20 次讲座整理而成，但该书却出版于 1953 年，也就是摩尔去世前 5 年，此时摩尔已经 80 岁高龄。摩尔为该书的出版付出了很大的心血，他认真地校核了全书并作了脚注，在脚注和前言中修正了早年的一些观点或表述，但又尽量保持讲座的原稿，除了一些拼写错误外，并没有大的改动。应该说，这部著作是摩尔在晚年对自己哲学思想的一个总结。摩尔在该书中反复论证、强调共相的存在，且明确表示，他所说的“共相”是就哲学史由来已久的那个意义上说的（Moore，1953：301-302、312、353）。在 1952 年为该书所写的附录中，他也重申了共相存在的观点。可以说，终其一生，摩尔都坚持共相是存在的。早年摩尔认为概念及其逻辑关系具有终极地位，物质和意识都是派生性的。后来摩尔虽不再明确这样说，但仍然把空间性质作为物体最重要、最根本的规定性，他从没有用物理粒子或化学成分来规定物体。摩尔多次表示，空间也是一种共相。这就是说，物体最终也是靠共相来说明的。共相仍具有优先性。既然共相优先于物质和意识，它当然既不是物质也不是意识。那么，它是什么呢？

应该说，共相是逻辑，或者说，共相的核心规定性处于逻辑这一维度，共相之间的差异是逻辑上的差异，而不是物质成分上的差异，也不是心理活动或心理表象上的差异。换言之，说某些东西是共相，而不是物体、意识，即表明，它们之间的差异与关系是逻辑性的，而不是物质性的与心理性的。说共相是世界的原子而不说物理学意义上的基本粒子是世界的原子即体现了世界的本质是逻辑：说共相是世界的原子等于说世界是如此这般构成的，以至于，逻辑是一种最为根本性的东西。反过来也可以说，说逻辑是世界的本质就相当于说概念、关系、共相等是世界的基本元素，并且是客观存在的。同时要避免把概念和逻辑看成是相互独立的两种东西，似乎一边是一大堆概念，一边是把它们组织起来的逻辑。概念和逻辑的关系是一种很微妙的关系。打个比方说，你可以说概念是自带逻辑的。用维特根斯坦的话说，如果你知道一个对象，你就知道该对象出现于诸事态中的一切可能性。每一个这种可能性包含在对象本性中（维特根斯坦，1996：26）。

笔者称这种思想为逻辑本质主义或逻辑主义，它是弗雷格、罗素、摩尔和前期的维特根斯坦共同持有的立场。弗雷格是数理逻辑的发明者，对逻辑的重视不言而喻，罗素一度把自己的哲学思想称为“逻辑原子主义”，前期的维特根斯坦把自己的著作取名为“逻辑哲学论”。摩尔虽然没有用“逻辑”或“逻辑主义”之类称呼自己的哲学，但从内在学理来看，他的思想也是逻辑主义。

三、早期分析哲学的逻辑主义一般特征

弗雷格、罗素、摩尔和前期的维特根斯坦等分析哲学的先驱都表现出逻辑主义的倾向。逻辑对于早期的分析哲学来说有双重意义，刚才笔者所强调的是本体论意义。除此之外还有方法论意义：逻辑分析的方法可以用来澄清哲学史上一些模糊的或似是而非的命题，不论是形式语言（数理逻辑）分析的方法还是日常语言分析的方法。前者的典范是罗素，罗素使用命题函项、摹状词理论等分析澄清了“金山不存在”之类的命题，[①]用集合论思想澄清了“说谎者悖论”之类的命题。而摩尔则可以看成是后者的一个典范。不论是形式语言分析还是日常语言分析都是逻辑分析。摩尔对于日常语言的逻辑分析不同于后期的维特根斯坦、奥斯汀（J. Austin）等人对于日常语言的语用学分析，这一点本文不论。早期的分析哲学家们相信逻辑是一个不可动摇的锚点，因而他们的分析都是要诉诸逻辑或还原为逻辑，通过找出逻辑上含混不清或自相矛盾之处来澄清某些命题。

但逻辑对于早期分析哲学所具有的本体论意义更大：逻辑可以为世界奠基。

在哲学史上，一直有一种古老的、源远流长的思想，认为具体事物的本质、概念或规定性先于（也高于）该具体事物而存在。也可以这么说，这种思想认为具体事物的规定性主要是形式和概念方面的，而非质料方面的，质料谈不上有规定性。因而若非先有某个具体事物的概念，就无法想象该具体事物是如何产生、如何存在的。这种思想我们一般称之为实在论。在柏拉图那里，这种思想表现为理念论，在中世纪，这种思想称为“本质先于存在”，在黑格尔那里，“如果不是某种式样的理念，任何东西都不能生存”。（黑格尔，1961：2）而实在论者往往到最后都会把自己的思想归结为逻辑学，因为所谓理念、共相、概念、形式等，其差异、联系等处在逻辑这一维度。柏拉图在《巴门尼德篇》中发展出一种关于通种的逻辑学，黑格尔把《逻辑学》看成自己的核心哲学著作。康德、胡塞尔等先验论者虽然不认为概念、本

---

① 当然，从上文很明显可以看出，摩尔也尝试以他的方法澄清此类命题。

质、范畴等是客观存在的，但同样认为它们先于具体事物，因此他们也称自己这部分的学问为“先验逻辑”或“逻辑研究”。以上这些哲学家都相信，自己所研究的东西是逻辑，这种逻辑决定了世界或我们所看到的世界是什么样子的，且这种逻辑真实有效。

而弗雷格、罗素、摩尔和前期的维特根斯坦等早期的分析哲学家也持某种意义上的实在论，也相信概念、共相、关系等东西是客观存在的，因而也都把逻辑看得非常重要。笔者称他们的思想为逻辑主义，而不称呼柏拉图等为老实在论者，以及康德、胡塞尔等先验论者为逻辑主义。这是因为，弗雷格、罗素、摩尔和前期的维特根斯坦等逻辑主义者们相信，他们所说的逻辑才是真正客观存在的、真实起作用的。而前述那些哲学家虽然也把自己的学说、思想乃至于著作称为“逻辑”，但在逻辑主义者看来，他们之间有着根本差异：分析哲学的逻辑主义没有任何神性和形而上学的色彩，不是精神的逻辑或心灵的逻辑，也不是相反相成的辩证逻辑。摩尔所说的共相，维特根斯坦所说的简单对象都不存在于超感领域，没有任何唯心主义色彩，也不辩证统一。作为黑格尔之后的一代哲学家，逻辑主义者不满意黑格尔那样一种在他们看来是虚妄的逻辑，因而尤其与黑格尔比较来看，逻辑主义的逻辑主要是一种横向的构成性的逻辑，没有历史维度，而黑格尔的逻辑主要是一种纵向的发展性的逻辑。逻辑主义的概念是永恒不变的概念，而黑格尔的概念是自身运动且能够转化为其他概念的概念。逻辑主义的复数的概念是一开始同时就有的，而黑格尔的复数的概念（如果有的话）是从一个概念辩证演化而来的。逻辑主义的逻辑必然性是一种可能性的必然性，而黑格尔的逻辑必然性是一种实然的或必将实然的必然性。总的来说，逻辑主义者们相信，他们所说的逻辑才真正是客观的，而柏拉图和黑格尔的逻辑，虽然也被看成是客观的，但这种形而上学的、带有神性色彩的、精神的、辩证的逻辑并不真的客观。

总之，19 世纪末 20 世纪初，随着弗雷格开创的数理逻辑传播开来之后，哲学界尤其英美哲学界流行起了一种用逻辑来解释数学乃至于解释世界的风气。罗素与弗雷格之间有学术上的交集，摩尔与罗素是校友、同事，他们之间的相互影响不言而喻。维特根斯坦早年求学时公开承认受弗雷格和罗素的影响很大，笔者认为他受摩尔的影响也很大——不论是正面的还是反面的。但至少对于早期的维特根斯坦来说，摩尔的影响是正面的。逻辑本质主义者们普遍相信，逻辑是一种先于一切的东西，是最为根本性的东西。用维特根斯坦的话说，上帝能创造一切，但不能创造违反逻辑规律的东西（维特根斯坦，1996：31）。既然逻辑是根本的、终极的、客观的，那么逻辑不仅可以用来解释数学规律以反对心理主义，还可以用来说明世界的构成或结构。弗雷格、罗素和维特根斯坦都有研究数学的经历，摩尔虽然没有此种经历（摩尔晚年对自己没有认真学习数学感到后悔），但和他们一样持有逻辑本质主义的立场。作为一种时代潮流，逻辑本质主义是分析哲学一开始出现时的形态，哲学家们对于逻辑过于自信，以至于认为它是客观的。但是，逻辑真的是根本、终极、客观的东西吗？随着后期维特根斯坦对其前期的立场作出清算，随着蒯因对分析命题与综合命题的区分作出批判，随着维也纳学派的式微，逻辑本质主义——或更广义的逻辑主义——作为当代哲学中盛极一时的思潮便逐渐衰弱。人们更愿意相信，所谓的共相、概念、逻辑也只是人们的思维方式、分析工具乃至于语法和语言习惯，并不是客观存在的，而是在人们的生活方式中历史地形成和变化。

参考文献:

Moore, G. E. (1922). Principia Ethica [M]. Cambridge: Cambridge University Press.

Moore, G. E. (1953). Some Main Problems of Philosophy[M]. London: George Allen & Unwin Ltd..

Moore, G. E. (1993). Selected Writing[M], Thomas Baldwin(ed.). London: Routledge.

宾克莱，1988. 二十世纪伦理学 [M], 孙彤、孙南桦译 . 石家庄：河北人民出版社 .

黑格尔，1961. 法哲学原理 [M], 范扬、张企泰译 . 北京：商务印书馆 .

威廉姆斯，2017. 伦理学与哲学的限度 [M], 陈嘉映译 . 北京：商务印书馆 .

维特根斯坦，1996. 逻辑哲学论 [M], 贺绍甲译 . 北京：商务印书馆 .

The Logistic Foundation of G. E. Moore's Metaethics

LIU Yan

School of Marxist, Anhui Polytechnic University

Abstract: G. E. Moore was the founder of metaethics which is prevailing in the first half of the 20th century, and also was one of the founders of movement of analytic philosophy which is influential in 20th century. He held a philosophical view of logicism which is the key to understand his metaethics. Logicism was the main thought of G. E. Moore's analytic philosophy, and was also the mainstream of early analytic philosophy generally.

Keywords: G. E. Moore; logicism; metaethics; analytic philosophy

我们为什么要践诺守信?

◎ 刘松青
上海财经大学人文学院

摘　要: 践诺守信通常被认为是一种美德。然而，我们为什么要践诺守信？它的道德根源是什么，这并非不言自明。关于诚信的解释，主流的观点主要有“后果论”和“道义论”，这两种理论试图对作为道德规范的诚信做出说明，以澄清诚信的基础和本质。但是，它们实际上都存在内在的理论困境，并不能很好地说明我们为什么要践诺守信，尤其是不能说明为什么我们有时出尔反尔有时又一诺千金至死不渝。“情境论”关于诚信的解释，比这两种主流理论更具说服力，也得到了更多学科的证据支持。本文将对“后果论”和“道义论”的诚信观提出质疑，并从“情境规范性”的视域出发，结合认知科学、社会语言学等学科的相关研究成果，重新阐明诚信的道德基础。

关键词: 诚信；后果论；道义论；情境规范性

在中国的文化历史传统中，“信”是一个非常重要的概念，也是最基本最重要的道德价值之一,一般意为诚信、可靠、诚实、不虚伪，对应我们现代所说的诚信。诚与信原本是两个概念，但意思相近，可以互释。比如,《说文解字》中对“诚”的解释是:“诚，信也。”（许慎，2013）可是，我们为什么要讲诚信呢?

我们一般会说，“诚信”是中华民族的传统美德，是中国价值体系中最重要的组成部分，贯穿于整个中华文明的发展史，与“仁、义、礼、智”并称“五常”；同时，“诚信”也是社会主义核心价值观之一，在社会主义核心价值体系中占有重要地位。中共中央办公厅、国务院办公厅在《关于实施中华优秀传统文化传承发展工程的意见》中指出:“传承发展中华优秀传统文化，就要大力弘扬讲仁爱、重民本、守诚信、崇正义、尚和合、求大同等核心思想理念。”从某种意义上说，“信”是我们立身、立德、立言，以及立家、立国之根本。

人无信不立，国无信不兴。毫无疑问，不管是对于个人还是对于社会和国家，践诺守信都是非常重要的。然而，诚信作为一种价值主张或道德规范，其最初的基础是什么呢？也就是说，我们为什么必须践诺守信，并不是不言自明的。就像罗宾斯（Michael H. Robins）所指出的那样，我们常常将践诺守信视为道德义务的典范，然而，到目前为止它依然是最神秘的。传统和当代思想家长期以来都承认，承诺似乎创造了某种义务，但这种义务是由什么产生的，却仍然是一个谜团（Robins，1976）。有人认为，践诺守信符合我们的利益诉求，我们之所以应该讲诚信，是因为背信弃义会威胁到我们的利益乃至我们的生存。从这种观点来看，人类之所以认真严肃地对待承诺，是因为它符合自身利益的需要。也有人认为，我们之所以要讲诚信，是因为它是社会约定俗成的一种实践方式，是为了促进整个社会协作系统有序发展。比如，我们强调"诚信是中华民族的传统美德"，就是将诚信视为我们社会生活实践中的一种基本规范。概而言之，关于为何要践诺守信，我们可能会获得如下答案：

（1）因为践诺守信是一种美德；

（2）因为这是正确的或正义的；

（3）如果心口不一，良心上会受到谴责；

（4）如果你不遵守诺言，或者许下无法兑现的承诺，这些承诺最终会变成伤害；

（5）如果你不遵守诺言，人们就不会相信你。换句话说，没有人相信谎话连篇的人；

（6）遵守诺言对于维持幸福健康的关系很重要，对于维护良好的社会秩序也很有必要。

如果从哲学的相关视角来看，（1）可以称为"美德论"；（2）对应的是"义务论"；（3）可以称为"良心论"；[①]（4）（5）（6）大致可以统称为"后果论"。

将践诺守信看作一种美德，因而必须遵守它，这类似于同语反复，并未阐明诚信的道德基础；而"良心论"将诚信的道德基础归为人的善良意志，又可以看作义务论的一个版本。因此，我们这里主要关注诚信的两种主流解释，即"义务论"和"后果论"，前者将"诚信"的

---

① 良心到底是一种道德直觉还是一种道德反思能力，学界有不同的认识。何怀宏在《良心论》一书中有专门细致的讨论。不过他认为，伦理学所理解的良心主要是对义务的认识，它的源头是"恻隐"和"仁爱"两种情感。而这两种情感中真正起关键作用的是恻隐，它是良心的真正源头。在他看来，诚信是良心的基本构成要素，也是现代社会的每个成员应该遵守的义务。一方面，这是因为诚信关系到我们每一个人的自我认知或人格统一性；另一方面，还因为说谎会危害整个社会。诚信作为一种基本的道德义务就是不说谎，不许假诺等等。实际上，何怀宏所理解的"良心"类似于康德的"善良意志"，是我们之所以能够辨别善恶，做出道德判断的依据。从这个意义上说，我们也可以笼统地将"良心论"归入到义务论的范畴。参见：何怀宏，2017. 良心论［M］. 北京：北京大学出版社，pp.148-149.

道德基础解释为理性的绝对命令，后者则解释为理性对利害关系的忖度。然而，这两种理论固然有其道理，但不能解释很多背信案例的合理性，因而并没有完全澄清"诚信"是道德规范的哲学根基。由于这两种观点都有其内在的理论困境，并不能很好地说明"诚信"的起源和基础，本文将从儒家的信义观出发，结合认知科学和道德心理学的最新研究成果，重新审视"诚信"的道德基础问题。

一、义务论

康德认为，"诚实守信""不说谎"这样的规范之所以对人的行为有约束力，是因为这样的规范是道德的，而作为道德规范其约束性一定是必然的，是对所有有理性的人类都适用的。康德认为，诚信作为道德规范的约束性，其根据不是来自人类的本能，也不是来自外在环境，而是来自人类先天的纯粹理性。只有理性超越经验原则的先天规范性才能称之为道德准则，而单纯以经验为依据的规范（vorschrift）虽然也具有一定的普遍性，但是因其源自经验，最多不过是一种实践规则，只具有相对性。

在《道德形而上学原理》一书中，康德提到一个很有意思的例子：一个人因为陷入经济困难，不得不找人借钱渡过难关。但是，他知道，无论无何，凭自己的能力和状况，他不可能在限期内把钱还上。同时，他也知道，如果他不对贷方承诺在一定期限内还钱的话，他就不可能借到钱，也不可能渡过难关。显然，做出承诺容易，但要信守承诺却并不容易。如果这个人良知未泯，他一定会想：我明知道自己不可能还上钱，还做出还钱的承诺，我用这样的方式来帮助自己脱离困境是合理的吗？进一步而言，假如他明知没有还钱的能力，依然对贷方做出承诺，他的行为可以得到道德上的辩护吗？这样的道德原则能够普遍适用于其他人吗？显然，按照这样的推理，得出的是一条利己的原则：我为了渡过难关去找人借钱，尽管知道自己不能偿还，还是做出了偿还的承诺，即便失去了别人的信任，但我至少摆脱了困境，得到了现实的利益。问题是，假设我们将这样的原则推而广之，会出现什么样的结果呢？它可能使得所有人的承诺和保证都变得廉价而不可信，不仅以后在你需要钱的时候不会有人再借钱给你，而且也不会有人信任你了。假如人们不再相信他人做出的任何承诺和保证，人与人之间的信任就将全部瓦解。如果我们认为，你做出了还钱的承诺就应该还钱，是因为"有借有还，再借不难"，那么，你遵守承诺的动机只是出于对自身利益的考量，而非出于普遍的道德原则;并且，这种做法可能还会隐藏着很多不可告人的动机。如果借钱的人只关心自己的得失，只考虑个人利益，而不关心借给自己钱的人，也不关心遵守或不遵守诺言的对错，那么，即便他会信守承诺，也可能并不是因为他相信践诺守信的行为是对的。他遵守诺言，有可能是因为他想维护他的良好形象和声誉，保持他在公众中树立的人设；也可能是因为不想伤害他和贷方之间的情感或友谊。因此，从这个意义上来看，这种利己式的虚假承诺不会被当作普遍的自然规律（康德，2010：40-41）。很显然，即便很多人最终做到了诚实守信，却很可能并不是因为他们觉得践诺守信是正确的，而是基于其他的动机、意图、欲望或可预知的后果。不管出于何种动机，在康德看来，如果我们将诚实守信当作达到其他愿望和目的的一种手段或者条件，这样的行为准则就不可能成为普遍的道德原则。康德认为，“你的行动，应该把行为准则通过你的意志变为普遍的自然规律”。（康德，2010：40）

为了避免基于动机或结果的假言命令将诚实守信变成达到其他目的的手段，我们就需要一个客观的原则或标准来说明诚实守信的必要性、必然性和正确性，从而和基于动机、结果或激情方面的推理区别开来。康德认为，遵守承诺或诚实守信的义务是出于理性的绝对命令。理性的绝对命令来自于先天的纯粹理性，它出于善良意志并以善为目的，与任何利益计算无关，因而是绝对的，没有条件的。但是，要证明这一绝对命令是不可能的，因为它是先天的，就像三角形是由三条边所构成的一样。绝对命令要求我们按照原则行事，即让原则来决定我们的行动。只有按照这个原则行事，你才能同时使它成为一个普遍的法则。也就是说，如果我不能使我的行动原则成为普遍的法则，我就绝不能那样做。康德用借钱的例子说明，如果一个人认为自己因为存在困难，就可以随意做出承诺，不管其动机或目的是什么，这永远都不可能成为一个普遍的自然法则。康德认为，行为的对错标准应该以行为所依据的理性原则是否具有普遍性而定，有意违背承诺显然将破坏自然承诺的约束性，从而导致这一原则普遍化失效。因此，我们说，不管是保持真诚、讲真话，还是遵守承诺，它们都是出于我们的义务。不管我们面临的实际情况是怎样的，不管结果可能如何，我们都得坚守理性的绝对命令，保持真实、真诚和善意。这不是因为我们违背承诺或说谎会伤害他人，或导致不好的后果，而是因为这样做违背了道德的原则，是错误的。我们有义务践诺守信，有义务展示表达的真诚性，无论这会对自己或他人产生怎样不利或有利的结果，都是无关紧要的，因为道德是关于原则而非结果的。结果是偶然的，而原则是普遍适用的。也就是说，在任何情况下，我们都有义务保持真诚、信守诺言，因为这是理性的一种神圣、无条件的命令法则，它不允许有任何权宜之计。

如果道德是一种绝对命令，那么一个有道德的人似乎就不可能也不会做违背道德的事情。然而，现实总是很难找到一个道德上完美的人。或许这恰好说明，康德关于绝对命令的预设是有问题的。正如巴迪欧（A. Badiou）所言：“并没有纯粹的、类似于绝对命令那样的东西，而这个东西从一开始就奠定了道德的普遍性。律令是存在的，但它们是多元的，关联着特殊的处境和事件。也就是说，道德律令的适用范围总是依赖于支撑它们的世界。”（巴迪欧、南希，2021：13）

二、后果论

在后果论者看来，人都是趋利避害的动物，大家都遵循道德规范，是因为遵守道德规范的行为可以让个人和群体获得最优利益。同样的，讲诚信，做出并遵守承诺，也是人们在现实交往的过程中反复博弈所形成的一种行为范式。可以说，信守承诺这样的行为完全是出于利益的考虑，不管是出于个人的利益最大化还是群体利益最大化。在后果论者看来，诚信是利益考量的一种策略，而非出于纯粹的道德义务或道德信念。比如，对于个人而言，如果失信不会导致他人利益的损失，同时又可以增进自己的利益，那么承诺者就可以不遵守承诺。当然，我们会说，如果一个人经常失信于人，那么他不仅会受到社会的制裁，还会损失其更长远的利益。如果他是一个足够理性的人，那么他就不会轻易失信于人。而从社会合作的角度来看，要实现大规模和复杂的社会合作，实现更大的群体利益，我们彼此之间就必须有广泛而充分的信任。因而，不管是为了维护个人在社会群体中的利益，还是为了谋求长久的人际协作、社会分工，保证和提升社会的整体利益，我们都必须践诺守信。反过来说，如果失信给我们及整个社会带来的利益损失是十分严重的，那么，基于理性的计算，我们都应该践诺守信。问题是，如果失信给他人或整个社会带来的利益损失或者伤害是微不足道的，可以忽略不计的，甚至还有很大好处，那么我们就有理由不遵守承诺。简言之，后果论者是通过评估行为是否能够产生最佳的整体效果来决定一个行为是否是道德的。在他们看来，我们做出一个承诺，就有了履行承诺的义务，或者说会使得被承诺的人有了某种期待，这种义务或期待的合理性在一定程度上取决于实现这种义务或期望是否比不实现它们能带来更好的结果——如以各种形式增进互信双方的幸福。更进一步说，假如违反承诺能比遵守承诺带来更好的整体结果，那么我们还有什么理由去严格遵守承诺呢？或者说，假如践诺守信所能导致的结果是非常糟糕的，而我们还依然选择信守承诺，这显然是一种不理智的表现，更是不道德的表现。比如，尾生与女子约定在桥下见面，等了很久，女子没来，大水却来了，但是他还是不肯离开，非要在原地继续等待，结果被水淹死了（陈鼓应，2017：894）。按照义务论的观点，尾生的做法是对的，他承诺过的事情就应该做到，不管那个女子有没有爽约，或者不管她因为什么而爽约，也不管大水是否会导致他丢掉性命，即不管结果如何，他都应该信守承诺。然而，后果论者对此表示担忧和怀疑，他们认为，我们很难说这样的行为是理性且道德的。相反，将诚信或道德建立在预期的结果之上，可以比义务论更好地解释我们的行为。

我们可以用刘基在《郁离子》一书中讲的一个关于诚信的寓言故事来说明这一点。一个商人在渡河的时候船翻了，他浮在水草上面，十分惊恐地呼救。这时刚好有一个打鱼的人驾着小船经过，商人看到有人来了，就迫不及待地呼救。他对打鱼的人说："我很有钱，你要是救我上岸，我就给你一百两黄金。"打鱼的人把商人救上岸以后，商人没有按照之前的许诺给打鱼的人一百两黄金，而是只给了十两。打鱼的人很不爽，就问商人："你刚才让我救你的时候许诺我一百两黄金，人救上来了为何只给十两呢？"商人一听很生气，就说："你一个打鱼的人，一天能挣几个钱，我一下给你十两黄金你还不知足吗？"打鱼的人只好悻悻而归。不巧，过了一阵，这个商人在同一个地方，船又碰到石头沉了。巧的是，之前这个打鱼的人和同伴恰好就在附近打鱼。同伴就问，咱要去救人吗？打鱼的人说："是上次许诺一百两黄金但没有兑现的那个家伙吧，咱们就当没看见。"不一会，商人就沉入了水底（刘基，1982）。

这个例子虽然不是一个真实的事件，但确是很多人将诚信行为视为道德行为的一个核心理由。也就是说，失信有风险，可能这种风险不是立刻来临，但它总会在某个瞬间来临。如果商人在第一次遇险被救的时候能够兑现承诺，给打鱼的人一百两黄金，那么在他第二次遇险的时候，那个打鱼的人就肯定不会见死不救。这样一来，造成商人死亡的原因表面上是沉船事故，实际上却是因为他的失信。如果失信最大的风险或者后果是丧失性命，那么，基于理性的考量，别说是失去一百两黄金，就是失去所有财产，也一定会践诺守信。但是，这里有几个核心的问题需要探讨：

（1）如果商人为保性命，情急之下对施救者许诺重金，但事实上没有那么多钱，事后是否应该兑现承诺？

（2）商人许诺一百两黄金，但只给了十两，从后果上看，双方都没有什么损失，或者说都受益了。这样的行为在道德上能不能得到辩护？

（3）渔民因为商人失信在先，因此见死不救，其行为该受谴责吗？或者说，是否能够得到道德上的辩护？

（4）如果商人没有许诺一百两黄金，渔民该不该救人？

（5）如果即便商人失信，渔民也有救助的义务，那么谴责商人失信是否还有意义？

按照义务论的观点，如果商人为了活命情急之下对施救者许下重酬的承诺，事实上却没有那么多钱，或者转危为安以后不完全兑现承诺，那么这位商人显然是不道德的，因为他将施救者当成了自己活命的工具，利用并欺骗了施救者，这样的行为是不正义的。也就是说，在义务论者看来，（1）和（2）得不到道德上的辩护。换言之，即便商人危在旦夕，也不能以欺骗的方式谋求生存之机，哪怕这种欺骗对别人并不造成实质性伤害。只要他对他人没有展现足够的真诚，他的行为就是不道德的。因而，不管当时的情形是什么，不管结果可能会怎样，商人必须保持真诚。就像《中庸》中说的那样："诚者，物之终始。不诚无物。是故君子诚之为贵。"可以说，诚是一切社会交往和社会关系的基点。然而，如果我们从义务论的角度来理解诚的话，我们很难解释（1）和（2）这样的例外情形。如果，按照后果论的原则，相比于施救者的失望和损失，一个人的性命无论如何要重要得多，在情急之下，为了活命做出的承诺，即便无法兑现，似乎也无可非议。但是，后果论也会遇到解释上的麻烦，它可能会遇到（3）～（5）的挑战。

如果商人确实失信在先，当他再一次遇到危险的时候，我们能够见死不救吗？这看起来是一个不相干的问题，实际上却非常关键。毕竟，商人的死和他之前的失信有直接的关联。从渔夫的角度来看，我们可能会说，对于一个言而无信的人，我们干嘛要去救他呢？但实际上，见死不救本就不符合后果论的预设。即便商人不许诺我任何好处，或者说，假如我可以救人性命而又不损害我的利益，那么按照后果论的原则，我没有理由不去救人。这个人是一个不讲信用的人，但也是一个无辜的人，即便我们应该对他的失信施加惩罚或教训，也不至于因此而见死不救。换句话说，即便他德性上有瑕疵，但在他命悬一线的情形下，他的道德瑕疵也不应该是我的行为的参考坐标。这似乎很符合儒家讲的"以德报怨"的思路，但实际上还是在贯彻后果论的原则。不是我不跟你计较，而是我经过理性思索，觉得一个人的死亡本身就是家庭和社会的一大损失。所以，从这个意义上说，即便是商人失信在先，即便他没有任何许诺，按照后果论的理论预设，打鱼的人也应该施以援手。但问题是，假如即便商人失信在先，打鱼的人也应该去施救，那么我们谴责商人的失信还有意义吗？毕竟，在某种意义上说，在他们遇到危险的时候，我们还是会觉得有必要去帮助他们。况且，在我不知道失信对我将来意味着什么的情况下，我选择成为一个机会主义者，这样的动机似乎就有了某种"合理"的解释：毕竟，每个人的理性都是有限度的。这样一来，从后果论的视角来看，商人的失信或部分兑现承诺的行为似乎就可以得到某种程度的辩护。在这一点上，后果论比义务论具有更强的解释力。然而，实际上，我们承诺也好，失信也罢，在很多时候都会受到现实情境的影响，因而很难预计自己是否能够兑现承诺。

在康德关于借钱的例子中，借钱的人预计自己很难还上钱，所以康德认为他不应该虚假承诺。但实际上，我们又怎么能预料，他就必然无法还钱，就一定不会时来运转，或者一定想不出任何还钱的办法？此外，或许他确实永远也还不上所有的钱，但是他当时的许诺可以是真诚的。而如果他日后也确实在一点点地还钱，尽管有可能无法全部还上，但他的行为能被视为完全不真诚，因而是虚假承诺，并因此就被认为是不道德的吗？

在商人沉船的例子中，商人的行为真的不可原谅吗？从（2）来看，渔夫突然得到十两黄金，对于他而言，确实是飞来横财，不知道要打多少鱼才能换来这样的收益。所以，渔夫作为一个受益者，或者一个正常而非贪婪的人，在商人兑现部分承诺的情况下，完全有可能觉得十两黄金已经非常具有诚意。他甚至还有可能会觉得，即使你不给我钱，我也应该救你。不管这个“应该”是出于何种理由或动机。而且，从长远看，我们谁又能知道某些个体一次偶然的失信，就必定会造成整个社会信用机制的坍塌呢？毕竟很多失信的情况，并不会造成太多太大的伤害，甚至不会造成任何伤害。

我们可以考虑这样一个思想实验。约翰的母亲病重，临终前让约翰答应每周去墓前看望她一次。约翰为了不让母亲带着遗憾离开人世，当场答应了她的要求。但是由于工作繁忙，约翰在她母亲死后并没有践行每周去看望她一次的承诺，而他和母亲之间的承诺只有他自己知道。如果约翰因未履行对母亲的承诺而心生愧疚、寝食难安，我们会说，这是对约翰的一种伤害，为了不让自己心里难受，约翰应该履行诺言。然而，假如他并没有因未履行承诺而心生愧疚，也没有任何人受到伤害，那么约翰是不是可以选择不履行承诺呢。我们可能都会说，约翰因为忙于生计没有履行承诺，是情有可原的，何况他并没有伤害到任何人。

在这个思想实验中，约翰承诺在先是事实，当他母亲离开人世以后，他并没有履行承诺也是事实。那么，我们能不能说，只要他做出承诺，不管他有多忙，不管他履行承诺会付出多大的代价，他都应该无条件地履行承诺？在义务论者看来，我们做出承诺就一定要言出必行，要言行一致，而不管他的后果如何，这才是合乎理性的。然而，很显然，这个例子说明，即便我们言行不一致，也不会导致道德的崩溃。

不过，话又说回来了，如果我做出承诺且没有兑现这件事并不会对他人和自己造成任何伤害，那么我是不是可以或者必然不遵守承诺呢？事实上，很多人还是会遵守承诺。可是，如果我做出的承诺可能会伤害到自己，明显对我很不利，但不兑现承诺却不会影响到被承诺的人，按照后果论的观点，我可以不用遵守承诺；问题是，有很多人尽管知道这样做对自己不利，但依然会遵守承诺，这显然不符合后果论的理论预设。所以，在很多情况下，我们遵守承诺还有一种可能，就是没有任何功利的计算，我们只是想做一个言行一致的人。义务论者可能会反问：为什么有时候我们明知道违背承诺会给自己造成很大的损失，我们还是要坚守承诺？为什么在履行承诺总体上收益要低于不履行承诺的情况下，还是会有人愿意践诺守信？为什么即便对任何人都没有任何伤害，也未给任何人增加收益，我们还是会说一不二呢？后果论者似乎没有办法解释这样的情形。

为此，胡克（B.Hooker）站在规则后果主义的立场来说明遵守承诺的义务来源。他认为，我们建立和践行承诺虽然确实有效用因素的考量，但我们遵守诺言的义务并不是以特定承诺可能产生的效用为基础，而是基于对个人自主和信任的尊重。胡克指出，我们遵守承诺的义务是源自我们的自主性，是以建立和遵守承诺的规则的效用为基础的，而不是直接取决于承诺本身的效用。比如，我答应今天帮你收割庄稼，是因为你答应明天帮我收割庄稼，或者是因为你去年帮我收割过庄稼。如果不是因为这样的社会实践可以通过承诺来创造道德义务，那么你今天可能就无法获得我的承诺。也就是说，如果不是基于有效的社会实践规则，历时性的合作就会大大减少，从而也对每个人更为不利（Hooker，2011）。从这个意义上说，我们践诺守信，并不是基于对每一个具体承诺可能产生或导致的后果的计算，而是基于与之相关的社会实践规则的考量。然而，这是将后果论要考虑的因素更加复杂化了，我们不仅要考虑当前，还要考虑未来；不仅要考虑个体的效用，还要考虑社会的效用。但实际上，我们在做出承诺的时候，并不需要也不可能担保对一种有益的规则的共同守护，也不可能总是能够且一定会做一个理性的博弈者。

不过，相比而言，后果论确实比义务论更具有说服力，也能够解释更多的问题：（1）为什么承诺必须被传播才能具有约束力；（2）为什么承诺必须被接受才具有约束力；（3）为什么承诺的力度会根据被提高的期望有多强而有所不同；（4）为什么来自欺诈、胁迫、误解等的承诺不会产生道德义务（Liberman，2020）。总而言之，在后果论者看来，道德的行为其实是有约束条件的，关键就在于它们会导致何种有益的结果。但是，我们也看到，只从后果方面来考量践诺守信的合理性也存在明显的解释困难。

三、情境论

义务论和后果论都试图从一个抽象普遍的原则出发来解释诚信的道德基础，却很难解释说明为什么我们在不同的情境中会做出不同的选择，即很难解决理论与现实的鸿沟问题。实际上，由于我们行为的复杂性、多变性以及行动因素的差异，我们不可能在所有情形中都保持言行一致。比如，甲某的朋友急需用钱，来找他帮忙，甲某非常真诚地允诺明天中午给朋友 10 万块钱，但是他翻箱倒柜、东拼西凑，最终能给他的只有 9 万；或者，甲某凑够了 10 万，在给朋友送钱的路上被人抢劫了。那么，在约定的时间内，甲某没有兑现承诺，他应该受到道德上的谴责吗？甲某真诚地答应朋友，想方设法不遗余力地帮助朋友，尽管最终可能没有完全兑现承诺，但我们并不会因此认为甲某不讲信用，甲某的朋友也并不会因此责怪他，相反，他可能依然满怀感激。如果朋友的经济危机在甲某兑现承诺之前已经解决了，我们也不会说，由于甲某承诺在先，无论如何他都应当践行承诺，给朋友十万块钱。

实际上，个体总是在具体的情境中区分好与坏、善与恶、适当与不适当、正确与不正确、合理与不合理、应该与不应该，这是人所特有的“反思的情境规范性”（reflective situated normativity）。反思的情境规范性是相对“非反思的情境规范性”而言的，前者处理的是特殊性的行动，后者处理的是一般性的行动。“非反思的情境规范性”一般处理的是非反思性的行动，比如，我们在说话的时候倾向于和人保持一定的距离，当有人靠我们太近的时候，我们会有一定紧张感，会通过增加人际距离来解决。虽然在不同的文化中，对适当的人际距离的理解存在差异，但是，关于适当的人际交往距离的规范是相同的，而且这种规范并非和情境无关。在乘坐电梯的时候和在流感高发的时候，我们对人际距离的处理是不同的。但是，我们不需要对情境有特别高的理智要求，就可以做到适当的应对。然而，即便如此，保持适当的人际交往距离也是跟情境有关的规则。这便是“非反思的情境规范性”。反思的情境规范性需要展示我们与众不同的认知和思维能力。在亨里克（J. Herik）和里特维德（E. Rietveld）看来，规范性是我们在与世界的交互过程中表现出的具有重要情感维度的智能行为。这种行为伴随着身体对刺激输入的反应，进而做出特定的行动。他们认为，“情境规范性”不是根植于超然的判断，而是基于对行动中所表现的情境的领会，具有具身性、情境性和情感性（van den Herik and Rietveld，2021）。

如果从情境规范性的角度来看，那么我们就能够很好地解释，为什么人们时而一言九鼎，时而又食言背信；一会儿信誓旦旦，一会儿又出尔反尔。实际上，如果我们要完全做到诚于心信于言，那么我们几乎无法说话。比如，我不能说“你是我见过的最善良、最美丽的人”，因为我无法证明我说的是不是真的；我没法说“我会爱你一辈子”，因为这意味着我要做到时时刻刻爱你，至死不渝。由于我无法预料未来会发生什么，所以我不能对未来做出任何承诺。从情境规范性的角度来看，践诺守信作为一般性的实践要求，对我们都很重要，但它并不要求我们毫无例外地执行这一规范，而是主张从主体的实际情形出发，去判断我们行为选择的正当性与合理性，它必须既是原则性的，又是灵活性的；或者说，既是情境性的，又是符合规则的。在这一点上，孔子的诚信观可以被视作这种原则性和灵活性的纯熟运用，是“情境论”或者“反思的情境规范性”的发端。相比于义务论与后果论，孔子的主张能够更好地解释诚信的道德基础。

孔子在教导学生的时候，有四项基本的内容："子以四教：文、行、忠、信 。"(《论语 · 述而》)"信"不仅是孔子教学中的重要方面，也和"行"有极大的关联。同时，信又是仁的题中之义，是成就君子德性的构成要素。子张问孔子何以"行"，孔子说："言忠信，行笃敬，虽蛮貊之邦，行矣；言不忠信，行不笃敬，虽州里，行乎哉？"就是说，一个人言而守信，行为厚道有礼，就是在未开化之国，也能感化人，无往而不可行。反之，如果"言不忠信，行不笃敬"，就是在自己家乡，也处处行不通。子张觉得孔子说得很有道理，于是将孔子的话写在腰带上，时刻提醒自己。子张问"仁"，孔子说要做到"仁"，需要具备五种品格，那就是"恭、宽、信、敏、惠"。孔子认为，如果能做到恭敬就不会受轻辱，做到宽容就会得到拥护，做到诚信就可以受到重用，做到勤敏就能获得成功，做到慈惠就可以使唤人。可见，信也是仁的一个重要体现。在孔子看来，要成为君子，信是十分关键的。君子不仅要以义为质、依礼行事、言语谦虚，最关键的是要"信以成之"，要能够说到做到，这样才是名副其实的君子。然而，孔子认为，言而有信固然重要，但也要视情境而定。

"人而无信，不知其可也。"(《论语 · 为政》)孔子处处以"信"教学生，当然知道践诺守信的重要性。可是，他并不主张我们凡事都要讲"信"。孔子说："言必信，行必果，硁硁然小人哉。"(《论语 · 子路》)他认为，凡事都讲信的人恰恰是小人做派。孟子也说："大人者，言不必信，信不必果，唯义所在。"(《孟子 · 离娄下》)就是说，言行不先期于信、果，但义之所在，则必从之(朱熹，2010)。从孔子和孟子的立场来看，"言必称信，行必有果"并非错误，而是不必然的。也就是说，我们的言说和行动可以根据具体的情境做出适当调适，而不是要追求一种普遍化的抽象原则。"我们要践诺守信"并不是一个绝对必然的道德要求，而是要看具体的实践情形。在《论语 · 子罕》中，孔子说："子绝四：毋意，毋必，毋固，毋我。""毋必"的"必"实际就是绝对、极端，是无条件的；"毋必"则是反对极端或绝对。孔子赞成"言而有信"，但并不支持我们将这样的原则绝对化，即在任何情况下都不允许有权宜变通的可能。在孔子看来，道德不是抽象的，不是远离生活现实的。他们并不拘泥于某些道德原则，而是将其置入时代或实际的情形之中来考量。当然，反对道德的绝对化和普遍性，并不意味着孔子支持一种相对主义。在孔子看来，我们是否有必要严格信守承诺，要看我们言语行为是否符合"义"的要求，或者符合"道"的法则，而不是取决于利益、视角或动机与行为后果。"人之所以为人者，言也；人而不能言，何以为人？言之所以为言者，信也；言而不信，何以为言？信之所以为信者，道也；信而不道，何以为道？道之贵者时，其行势也。"(李学勤，1999：142)人之所以为人，最根本的是人可以说话，说真话，而说真话之所以可贵，就在于它符合道义。如果不符合“道”，即便是“信”，也没什么可称道的。也就是说，我们的言语要真实可信，更要符合“道”，因为“道”是人的最高行为准则，它合乎时宜，顺应形势。比如，孔子在周游列国的时候，有一次经过蒲地，被当地人围困。孔子的学生公良孺要和对方殊死搏命，对方看他勇猛无惧，就提出和谈。当地人提出，孔子等人只要能够答应不去卫国，就可以放他们走。孔子听了以后，满口答应，和对方盟誓，不去卫国。待蒲人放行以后，孔子还是带着弟子去了卫国。子贡就问孔子，我们刚刚和蒲人盟誓了，可以说话不算数吗？孔子说:“要盟也，神不听。”（司马迁，1959：1923）在孔子看来，如果我不是出于自愿，而是被迫做出承诺，那么神灵是不会听，也不会责怪我的，我也不必以此来约束我的行为。

在某种意义上说，不讲诚不言信，不是因为对方不值得被真诚对待，也不是说我们可以言不由衷或出尔反尔，而是承诺本身这样的言语行为也遵循着道与义的要求。如果不违“道”不违“义”，那说谎也是可以得到宽容和谅解的。孔子讲“君子贞而不谅”，意思是说，君子寻求正道而不用拘泥于小信小节。他认为:“信近于义，言可复也。”(《论语·学而》) 唯有符合社会道义的承诺，才需遵照履行；不符合道义的承诺，即便不践行，也不违君子之道。也就是说，“信在孔子那里不是仅仅被当作一种策略手段或明智考虑，而是一种德性、一种义务，但不是一项基本的义务，它还要服从更高的要求，这种更高的要求不是功利，而是更高的道德义务”。（何怀宏，2017：161）何怀宏认为，“诚信”在传统伦理中的地位不是很高，信要从道，信要从义。即，诚信要服从更高的原则，这些原则不是出于功利，不是出于快乐，也不是出于一己之欲，它仍然是受着道德的支配和制约（何怀宏，2017：164）。但是，“道”其实并非更高的抽象的义务论原则，它不是康德意义上的形而上学原则，而是跟具体的情境和形势有着密切的关系。我们的言行要合乎“道”的要求，但我们不能脱离具体的情境和形势来辨别言行的合理性。我们知道，庄子对“道”有一个解释，他认为，道无处不在，在蝼蚁，在稊稗，在瓦甓，在屎溺。万事万物皆有其道，我们对于每一个具体的事件或言语行为，也要因循其道，做具体分析。这种具体的、根据情境的分析非常重要。孔子之“道”也是具体的，它贯穿于事君、事父、交友等社会关系之中:“事父母，能竭其力；事君，能致其身；与朋友交，言而有信。”(《论语·学而》) 孔子之道，实际上就是如何做一个君子。所谓“君子务本，本立而道生”。“本”其实就是孝悌、忠恕、信义。所有这一切都是在具体的社会情境或社会关系中发生的，因而也要求视具体情境而定。

孔子不讲抽象的道德原则，也不单纯从道德原则出发来判断我们言行正确与否。相比于义务论和后果论，他的“情境论”既强调义务、良心，也注重后果，但是又不是单纯地从动机或后果来考量我们言行的合理性。在孔子看来，践诺守信是一般的规范，它既服从道义法则，也要根据具体的情境灵活变通，不能变成僵死的说教或者是绝对命令。可以看出，“情境论”实际上体现了“通权达变”或“守经达权”的思想，它对诚信行为的考量具有更大的灵活性和调试性，既要考虑根据情境进行变通，同时也要坚守原则，不能有违“道”“义”。显然，这不是道德相对主义，也不是否定道德的客观性。事实上，当我们讲“经”或者讲“道”“义”的时候，我们将道德视为客观的原则；而当我们谈“权”“变”的时候，则依据我们内在的情感和认知，在此基础上对社会情境做出恰当的反应；但我们并不因此超越“经”的界限，也不违背“道”与“义”的约束。这样的诚信观是具体的、灵活的，也是具有很高实践价值的。或许，正是这种遵“道”而行，因“时”而动，因“势”而变的“灵活性”才是人类道德的基础。这种观点得到了相关研究的支持，为我们进一步理解人类践诺守信的行为基础提供了依据。

四、情境论的生物与社会基础

卡莱纳斯（C. Canales）和莫吉卡（L. Mojica）认为，道德规范具有具身性、情绪性和深刻的情感性，在社会实践中构成，在互动中维持。从根本上说，道德规范源于我们在互动中的脆弱性。他们认为，道德规范作为一种社会实践，需要满足两个条件：一是我们作为生命体本身的脆弱性，我们需要与他人及环境互动；二是我们的社会语言学本性，它允许我们广泛扩展我们行动的可能性，并规范地区分它们。由于人类主体之间互动结构的脆弱性，我们很容易被改变，或者总是存在被改变的可能（Pescador Canales and Mojica，2022）。道德并非日月经天恒定不变，我们的言行也并非总是率由旧章，尤其是在面对经验中不曾出现过的情形，或者当某个事情超出我们已有的行为范式或一般认识时，我们就需要相机行事，灵活应对。也就是说，我们很多行为都应该有一个灵活处理的弹性空间，践诺守信亦是如此。

从现有的认知神经科学的研究成果来看，情境论对诚信的说明可能是最为恰当的。因为认知神经科学家发现，人类行为的灵活性是人类在漫长的进化之旅中超越其他动物并在自然界中脱颖而出的法宝，也是人类社会交往过程中形成的至关重要的行动策略。亚历山大·伊斯顿（Alexander Easton）研究发现，人类具有极强的适应性，能够根据不断变化的环境，迅速地调整自身的行为，他将这种能力称为“行为灵活性”（behavioural fiexibility）。他指出，人类是不折不扣的社会性动物，其所处的社会情境取决于许多错综关联的因素，其中很多因素并不容易理解。要认识我们在社会中所处的位置以及我们在社会情境中的行动的合理性和可能性，我们需要不断地根据周围社会群体的变化进行调整。尽管社会情境十分复杂，人类依然可以适应新的、不断变化的社会情境，并根据所处情境来调整自身的行为。这种对情境的调整和适应已经深入人类的血脉，很多时候甚至是无意识发生的，而无需诉诸动机或某种明确的目的，这就相当于我们前面提到的“非反思的情境规范性”。

从认知科学的视角来看，灵活性在人类社会的发展中起到了非常重要的作用。如果我们的行为缺乏灵活性，社会交互将受到严重的阻碍。比如，人在社会中承担着多重身份，处在不同的社会位置之中，当其身份和所处的社会位置发生变化，他在此环境中的行为也会相应地发生变化，因而也就需要采取不同的行为模式来适应不同的社会情境。“行为灵活性”在人类适应环境变化的过程中起到了非常重要的作用。伊斯顿考察了这种行为灵活性存在的神经基础。他发现，人类大脑的前额叶，尤其是腹内侧前额叶，在社会适应障碍以及精神分裂等精神病患所表现出的社交障碍中至关重要（伊斯顿、埃默里，2017：61）。

正如马克思在《〈政治经济学批判〉导言》中指出的那样，个人总是从属于一个较大的整体，处在社会联系之中。人以一定的方式进行生产、分配、交换和交往，通过一定的方式建立家庭关系、社会关系和政治关系，而这些关系就是人在现实中的基础。所以他认为，“人是最名副其实的政治动物，不仅是一种合群的动物，而且是只有在社会中才能独立的动物”。（马克思、恩格斯，2012：684）正是因为我们是社会动物，我们需要和其他人发生各种各样的关系，如果在所有社会交往中，我们的言行缺乏足够的灵活性，我们的社会交往互动就将受到严重的阻碍。伊斯顿认为，我们处在社会关系网之中，属于特定的社会群体或者社会阶层。我们的社会交互也容易受到我们所在群体或所处社会阶层的影响。一个人在社会中的表现如何，与他在社会阶层中所处的位置有很大关系。如果一个人的社会位置发生变化，那么他的行为也会跟着发生改变。也就是说，我们不必根据我们所处的社会情境来不断地调试我们的行为模式和言语模式。“行为灵活性”可以帮助我们做出模式的转换。

我们知道，人类的社会行为非常复杂，我们所面对的社会情境也时刻发生着变化。认知心理学家海斯蒂（R. Hastie）和彭宁顿（N. Pennington）通过大量的实验发现，我们做出行为选择和决策的主要决定因素就是我们对情境的理解和认知（Hastie and Pennington，2000）。我可以信誓旦旦说要帮你解决经济困难，但转眼间我们的公司可能就面临倒闭的风险。如果这个时候我们奉行康德的义务论，来要求做出承诺的人无论如何一定要履行自己的承诺，这样的要求似乎很难被接受，也很难视为具有道德的合理性。人类社会即人类行为的复杂性及其多变性，让我们很难在所有的情境中都采取一个普遍适用的道德法则。为了更好地适应各种复杂的社会关系和交互情境，“行为灵活性”似乎就是一个必然的选择。然而，这种行为的灵活性并不是一种个体式的利己主义，它更多的是深入整个人类复杂进化过程中的一套密码。

破解人类行为灵活性的密码，是我们理解或解开人类道德行为的关键。社会心理学家和认知神经科学家在这一领域已经做了大量工作，取得了一系列的成果。他们通过对非人灵长类动物行为的研究，初步建立了关于动物的行为谱系，并能识别、记录其具体的行为模式。正如伊斯顿所言，人类的社会行为要比动物复杂得多，要想建立一个全面的人类行为谱系几乎是不可能的。不过，在一系列的实验中，科学家已经证明和确认，非人灵长类动物中确实存在"行为灵活性"，他们的研究也为我们理解人类社会行为及其行为灵活性背后的机制提供了一个有效的简化模型。比如，克里斯蒂娜·迪亚（Christine Drea）和金·沃伦（Kim Wallen）研究发现，恒河猴在颜色辨认的实验中会根据群组成员关系的不同而做出不同的表现。当身处上下级关系的群体中时，地位较低的恒河猴会表现出比地位高者更慢的学习速度，而在地位相同者构成的群体中，猴子的学习速度则不分伯仲。迪亚和沃伦认为，那些地位低的恒河猴是"假装愚钝"。因为当有许多上级存在的时候，如果地位低的猴子做出正确判断并获得食物奖赏，反而会对自身不利，这不仅会激发上级更大的竞争野心，也会让自己在群体中受到排挤。但是，当群体成员处于同等地位的时候，竞争环境趋缓，个性不受压制，猴子们则更愿意表现出学习行为。这说明，恒河猴会根据特定的社会情境来判断什么是适当的行为（Drea and Wallen，1995）。在类人猿的实验中，研究者也发现了"行为灵活性"的证据。托马塞洛（M. Tomasello）等人发现，当实验人员将食物放置在两只地位不同的黑猩猩都可见的位置时，地位较低的黑猩猩如果先进入选择区域，会将食物留给地位较高的黑猩猩，而不是自己先吃掉。但是，如果食物是处于仅自己可见的范围，那么，地位较低的黑猩猩进入选择区域就会直接将食物吃掉。而如果是一部分食物对地位较低的黑猩猩可见，一部分对两只黑猩猩都可见，那么地位较低的黑猩猩会选择拿走只对自己可见的食物。在这一情境中，地位较低的动物会根据食物的位置以及地位较高的黑猩猩对食物的期待来调整自己的行为，确证了动物行为灵活性的存在（Hare，Call，Agnetta and Tomasello，2000）。

此外，研究者发现，动物行为的灵活性跟大脑的杏仁核有关。在社会行为中，杏仁核受损的动物不会根据变化的情境做出行为上的调整，即无法显示出行为上的灵活性。可以说，行为灵活性在社会交互中是非常重要的，它是使个体能够适应不同社会情境的关键，也是使得人类能够适应自然变化和社会变迁的原动力。认知神经科学对人类行为的研究为我们理解人类的社会行为提供了一个可靠的基础，也为我们理解"诚信"提供了一种很好的视角。

此外，从社会语言学的视角来看，"话语"实际上是一种合作的过程，或者说是一种实践。彭尼贝克（J. Pennebaker）认为，语言最大的功能是与我们周围的人交流想法、经验和情感。为了和群体成员保持良好的关系，达到最好的协作状态，我们必须以相似的方式思考，并密切关注其他成员，这使得大型的群体有着相似的语言风格，或者说每一个群体都有自己的语言指纹。这些语言指纹能够反映我们是谁，我们在哪里，我们在做什么（彭尼贝克，2018：270）。尤其是在“依言行事”的社会交往中，这一点显得尤其重要。因为我们说话不仅是要描述现实，勾勒事实，最重要的是要实施行为，以求影响现实。正如舒斯特曼（R.Shusterman）所指出的那样，“行动的意义并不在于具体的行为本身，而在于包括意图、情境、预期的反应和行为的结果在内的整个语境功能”（舒斯特曼，2018：9）。也就是说，我们做出承诺的言语行为，需要从这种言语行为相关的意图、情境、后果等多方面来考量。如果我们承认这一点，那么，“我们做出承诺”的言语行为，就可以理解为是使得我们的话语顺应合作，从而使得我们的交往能够正常进行的组成部分。话语如果从社会实践中分离出来，那么它始终只具有符号的意义，但如果我们将其看作合作活动的一部分，这个部分就将揭示他试图对另一个人所要采取的行动，而这一行动也将通过行动者自身引出他人的态度。米德（G. Mead）曾经指出，“意义产生并存在于一种关系之中，即某人的姿态与通过这一姿态向另一个人表明的这个人后来的行为之间的关系。如果那一姿态确实向另一个人表明了这个人后来的（作为结果的）行为，那它便具有意义。换句话说，一个特定刺激（如姿态）与社会行动以后阶段之间的关系（姿态是社会动作的早期阶段，如果不说是开端的话）构成了意义从中产生并存在于其中的领域。因此，意义是从社会行动某些方面之间客观存在的一种关系中发展起来的；它不是对那一动作的心理补充，它不像传统所认为的那样是一个‘观念’”。（米德，2018：86）所以，言语行为作为社会实践的一部分，在一定范围内是有限度的，是依赖于我们的具体语境的。我对另一个人发出一连串的声音，做出某种承诺，实质上就是做出某种姿态，它与他人的期待、他人的反应以及他人态度的变化，构成了整个话语实践的重要组成部分。但是，很显然，我们语言中用于指导合作的特定部分并不是永恒不变的，话语所具有的“意义”或“规范力”也并不是绝对的。社会实践的复杂性，在某种程度上要求并促逼着人类言语和行为不断做出调试，并采取更加灵活的策略。显然，不管诉诸义务、良心还是后果，任何单方面的考量，都不足以说明我们为何会对现实中的承诺做出完全迥异的反应。

我们应该践诺守信，但我们并不总是说一不二；我们违反承诺，但有时候并没有因此变得不道德；我们言出必行，但有时并不会让我们显得更高尚。从我们目前展示的证据和已有的论证来看，“情境规范性”似乎能够为我们理解“为什么要践诺守信”提供一种有益的视角。

结语

我们之所以践诺守信，并不是因为我们服从一种超越时空和具体情境的形而上学道德原则，也不是因为我们能够对后果做出精确的理性计算。道义论和后果论虽然具有很强的解释力，但依然存在难以克服的理论困境。相比而言，情境论可以更好地说明践诺守信作为道德规范的根基和来源，也更能说明我们道德变迁的可能；而且，认知心理学和社会语言学等方面的研究已经为我们理解这一问题提供了有益的证据。可以说，根据情境调整我们的言行，灵活做出选择和行动，恰是人类适应自然、适应社会的法宝，是道德演化的原动力，也是我们合作或实践的出发点。当然，在灵活变通的背后，总是饱含着我们对于合理性和正当性的反思与寻求；或者说，对于“道”“义”的追问。

参考文献：

Drea, C. M., Wallen, K. (1995). Gradual Acquisition of Visual Discrimination Tasks in a Social Group of Rhesus Monkeys (Macaca Mulatta) [J]. Animal Learning and Behavior, 23(1): 1–8.

Hare, B., Call, J., Agnetta, B., and Tomasello, M. (2000). Chimpanzees Know What Conspecifics Do and Do Not See [J]. Animal Behaviour, 59(4): 771–785.

Hastie, R., Pennington, N. (2000). Explanation-Based Decision Making [M]// T. Connolly, H. R. Arkes, and K. R. Hammond (eds.). Judgment and Decision Making:An Interdisciplinary Reader (2nd edition, pp.212–228). Cambridge: Cambridge University Press.

Hooker, B. (2011). Promises and Rule Consequentialism [M]// Hanoch Sheinman (ed.). Promises and Agreements (pp.235–252). New York: Oxford University Press.

Liberman, A. (2020). Consequentialism and Promises[M]//Douglas Portmore (ed.). The Oxford Handbook of Consequentialism (pp.289–309). Oxford: Oxford University Press.

Pescador Canales, C., Mojica, L. (2022). Making Us Autonomous: The Enactive Normativity of Morality [J]. Topoi, 41 (2): 257–274.

Robins, M.H. (1976). The Primacy of Promising [J]. Mind, 85 (339): 321–340.

van den Herik, J. C., Rietveld, E. (2021). Reflective Situated Normativity [J]. Philosophical Studies, 178(10): 3371–3389.

巴迪欧，南希，2021. 德国哲学谈话录 [M], 蓝江译 . 上海：东方出版中心 .

陈鼓应，2007. 庄子今注今译 [M]. 北京：商务印书馆 .

何怀宏，2017. 良心论 [M]. 北京：北京大学出版社 .

康德，2010. 道德形而上学原理 [M]，苗力田译 . 上海：上海人民出版社 .

李学勤，1999. 十三经注疏 · 春秋穀梁传注疏 [M]. 北京：北京大学出版社 .

刘基，1982. 郁离子寓言选 [M]，熊宪光编译 . 重庆：重庆出版社 .

米德，2018. 心灵、自我与社会 [M]，赵月瑟译 . 上海：上海译文出版社 .

马克思，恩格斯，2012. 马克思恩格斯选集（第 2 卷）[M]. 北京：人民出版社 .

彭尼贝克，2018. 语言风格的秘密：语言如何透露人们的性格、情感和社交关系 [M], 刘珊译 . 北京：机械工业出版社 .

舒斯特曼，2018. 情感与行动：实用主义之道 [M], 高砚平译 . 北京：商务印书馆 .

司马迁，1959. 史记 [M]. 北京：中华书局 .

许慎，2013. 说文解字 [M]. 北京：中华书局 .

伊斯顿，埃默里，2017. 社会行为中的认知神经科学 [M], 崔芳、关青译 . 杭州：浙江教育出版社 .

朱熹，2010. 四书集注 [M]. 长沙：岳麓书社 .

Why Should We Keep Our Promises

LIU Songqing

School of Humanities, Shanghai University of Finance and Economics

Abstract: Keeping promises is usually considered as a virtue. However, it is not self-evident why we should keep our promise, that is, what is the root of its morality. As for the interpretation of honesty, the mainstream views mainly include consequentialism and deontology, which try to explain honesty as a moral norm to clarify the basis and essence of honesty. However, in fact, they all have internal theoretical dilemmas, which cannot explain why we should keep our promises, especially why we sometimes back and fill while sometimes keep our promises until death. The interpretation of "situation theory" on honesty is more persuasive than these two mainstream theories, and has been supported by evidence from more disciplines. This paper will challenge the sincerity view of consequentialism and deontology, and from the perspective of situated normativity, combined with the relevant research results of cognitive science, sociolinguistics and other disciplines, re-clarify the moral basis of sincerity.

Keywords: sincerity; consequentialism; deontology; situated normativity

[数学哲学]

无基础的数学游戏如何建构自身规则

◎ 梁德柱

山西大学科学技术哲学研究中心

摘　要：本文旨在将维特根斯坦在《数学基础研究》中提出的诸项批判性看法置于当代数学哲学的反实在论语境中进行说明，并将其整理为一个完整的规则建构框架。在维特根斯坦看来，数学没有也不需要有基础性的元规则，数学自身是不具有指称性的纯粹形式结构。在后期，维特根斯坦赞同引入可应用性标准作为数学游戏完善自身规则结构的目标指向，同时站在有穷主义的立场上对数学自身的规则建构过程做出一系列规定，其中最重要的就是对算法可判定性的强调和对无穷概念的澄清。

关键词：反实在论；有穷主义；可应用性；可判定性；无穷

维特根斯坦（L. Wittgenstein）的《数学基础研究》无疑是其哲学著作中最为人所低估的部分，但维特根斯坦从 1929 年到 1944 年的论述中有一半以上是专门讨论数学的，他本人更是在 1944 年强调这一事实，认为他的“主要贡献是数学哲学”（Monk，1990）。尽管早期维特根斯坦的数学哲学思想一般被视为在罗素（B. Russell）和希尔伯特（D. Hilbert）影响下的一个逻辑主义和形式主义的变体，但其真正的工作正是从反对逻辑主义开始，在坚持形式主义基本精神的同时发展成为一种有穷主义的建构主义。

本文将从有穷主义的立场出发，分别从维特根斯坦进行数学规则建构的起点、方向、方式和界限等角度出发对其建构过程进行梳理。在第一部分将维特根斯坦分散的数学哲学观点概括为统一的哲学立场；第二部分将说明数学游戏的反基础主义特征；第三部分说明可应用性标准与生物学范式对其数学哲学的塑造作用；第四部分围绕证明中的可判定性说明规则成立的方式；最后一部分说明数学规则建构的界限，即排除无穷大的数字和无穷循环的假象。

一、一种有穷主义的建构思路

维特根斯坦在中后期认为数学在本质上是句法性的和非指称性的，由于柏拉图主义认为数学术语和命题指的是抽象对象或事实，并且数学命题由于与数学事实一致而是真的，因而维特根斯坦的数学哲学带有反柏拉图主义色彩。同时维特根斯坦认为柏拉图主义具有危险的误导性，因为它暗示了一幅预先存在的、预定的和等待被发现的数学图景，而这与我们从事数学实践活动以及描述数学的发现过程完全不一致，即“数学在我们看来既是数字领域的自然历史，现在又是规则的集合”（Wittgenstein，1983：IV§13）。

但与当代反实在论观点不同的是，维特根斯坦并未试图否定柏拉图主义，反而在澄清柏拉图主义是什么以及它真正言说了什么。例如“如果一个命题在公理系统中是可证明的，那么就已经存在着一条从公理系统到该命题的公理的证明路径”。（Wittgenstein，1983：I§21）维特根斯坦认为，柏拉图主义要么是“纯粹的真理”（Diamond，1976：239），要么是由“无穷的阴影世界”组成的“图景”（Diamond，1976：145），因此缺乏“可应用性”（Wittgenstein，2001：§254），因为它什么也解释不了，而且处处误导。基于这种反实在论的立场和有穷主义的建构主义路径，维特根斯坦在中后期的态度逐渐转变为一种与当代自然主义观点相类似的、以可应用性为导向的数学说明范式，而他所做的工作更像是一种尚处于过渡阶段的数学基础明晰化方案。

将维特根斯坦中后期的观点视为一种有穷主义数学哲学的主要理由在于以下两点。首先是中后期维特根斯坦所强调的“数学是人类的发明”①，在他看来，数学实体和数学真理并不是独立于我们的发明而存在的，数学中的任何对象与规则从根本上说都是人类活动的产物。数学不仅与实在无关，在数学中也不存在数学事实。在反对“数学是发现”的观点时，维特根斯坦不仅拒绝柏拉图主义，还拒绝了“微积分被发明出来后，我们就会发现无穷多的可证明的并且为真的定理”这类观点。维特根斯坦拒绝将可能性作为现实的模态化，只承认可证明性与可构造性在数学建构中的合法地位。这种激进的建构主义观念使他进一步提出：“无论听起来多么古怪，无理数的进一步扩张就是数学的进一步扩张。”（Wittgenstein，1983：V§9）

---

① 正如中期维特根斯坦说“我们创造数学”一样，后来的维特根斯坦说我们“发明”了数学，并且“数学家是一个发明者，而不是一个发现者”。

其次，维特根斯坦认为数学演算由其涵义和外延组成[①]，数学涵义是指推理和变换的规则，以及作为规则存在的“无穷”和无理数概念；而数学外延是指符号、有穷集合、有穷序列、命题、公理等。这些外延和涵义，以及将它们纳入其中的演算，构成了数学的全部。维特根斯坦认为，这些概念及其延伸出的概念从物理对象的领域扩展到所谓的“数学对象”领域是一个错误的类比过程，并导致了概念混乱。基于以上判断，维特根斯坦提出以下建构原则：

1. 拒绝无穷进入数学外延：数学外延是一个代数符号或在空间中扩展的符号的有穷串联，而数学涵义和有穷的数学外延之间存在着绝对差异，因此“数学无穷”仅存在于递归规则（即数学涵义）中，“无穷的数学外延”是一个矛盾的术语；

2. 拒绝数学中的无穷量化：由于数学无穷只能是递归规则，并且给定的数学命题必须有意义，因此不可能有无穷的数学命题，即无穷的逻辑积或无穷的逻辑和；

3. 反基础主义的实数解释：由于没有无穷的数学外延，无理数也仅仅只是规则，而不是一种外延。无穷集合也只是递归规则或归纳规则，这样的规则也无法生成数学家所要求的“实数”集合，也没有连续统这样的东西；

4. 算法的可判定性与不可判定性：如果所有类型的数学外延都是有穷的，那么原则上，所有的数学命题都是算法可判定的，因此“不可判定的数学命题”是一个矛盾的术语。

此外，由于数学本质上是我们拥有的和我们所知道的，维特根斯坦将算法的可判定性范围限制在知道如何用已知的决策过程来决定一个命题。我将由此展开我的论述。

二、数学游戏的无基础性

与始终处于一种庞大的盲目性中却又具有自明性的语言游戏相比，数学并不能只凭借自身就成为一种完整的游戏形式，而是需要一种目标导向。数学无法被简单的移植到语言游戏的规则范式之中，数学的基本特征与游戏并不相同，正如维特根斯坦所强调的：“在游戏中没有肯定和否定的位置”（维特根斯坦，2017：6），“游戏中没有真假，算术中没有输赢”（维特根斯坦，2017：8）。算术是数学中最为核心的工作，但这种以真假对错为评判标准的操作行

① 应该指出的是，维特根斯坦在数学方面对“外延”和“涵义”的使用与当代的标准用法明显不同，其中谓词的外延是满足谓词的实体集，谓词的涵义是谓词的含义或由谓词表达的意思。

为同游戏的定义是相冲突的，因而“算术不是游戏，只是数学游戏中的一个任务”（维特根斯坦，2017：7），也就无法为整个游戏提供哲学性的说明。数学只有在与其他理论或认知方式结合的情况下才能够形成一个独立的“游戏”，而该游戏的基础正是由在场的附着于理论上的数学的特征所决定。“说数学是一个游戏应该意味着：在证明时，我们永远不需要诉诸符号的含义，即它们的应用。”（Wittgenstein，1983：V §4）附着于不同理论载体之上的应用数学之间形成一种名为数学基础的家族相似性。因此数学在本质上来说不处理任何东西，也就没有元数学（维特根斯坦，2017：4）。

同时，逻辑主义者所主张的由逻辑发挥数学基础作用的观点也被维特根斯坦否定。在后者看来，逻辑也不是元数学，逻辑演算的工作不能揭示有关数学的本质性的真理，例如现代数理逻辑中的判定问题。而罗素和怀特海所主张的“一种演算能够构成数学的元数学的基础”（维特根斯坦，2017：11）观点，更被看作一种“似是而非的精确性”，因而被视为真正的精确性的敌人。原因在于，维特根斯坦认为数字并不是“基础性的数学概念”，因为有很多不涉及数的演算。并且“逻辑和数学并非由公理支撑，正如一个群并非由用以定义它的元素和运算支撑着一样，这里的错误在于：将基本规律的明显性、自明性看作逻辑中的正确性的标准”。（维特根斯坦，2017：12）所以这种将数学实体看作数学哲学主要研究对象的柏拉图主义观点只是停留在问题的表象。而希尔伯特将一个特定的演算规则确立为元数学的规则这种做法也存在着不足：既然数学基础的元语言不可能通过定义来获得（即数字无法通过集合论定义，见下文对集合论的批判），数学基础的元语言就只能建基于自然语言上，这样数学就不可能完全形式化，更不可能有统一的逻辑基础，因为自然语言无法区分对象语言和元语言。

同时，数学在科学研究、技术实践、社会统计、经济模型、艺术与工程建筑以及政治秩序等诸类“游戏”中得到广泛应用的理由和方式不尽相同，但均处于一种被直观的接受并理解的相似处境之中。语言游戏所具有的那种巨大的、流动的、丰饶的多样性与形式方面的差异性看起来同样可以作为对数学游戏的描述，但是这种复杂性并不涉及对跨研究范式的适格性讨论（即可应用性的合法性）。并且，语言游戏所具有的那种自明性只能从自然语言的长期使用习惯中得到说明，这种归咎于习惯的解释只是没有其他替代性说明方案的保守处理。这种认为“语言的意义只能从语言的用法中得到阐明”的自明性在本质上等同于一种盲目性，盲目意味着缺乏对其根本性的理解，即完全无法描述其基础。而盲目性就必然导致规则的捏造性，即在初始规则之后随着游戏的进行过程不断对其进行修改和补充的规则建构方式。

但维特根斯坦反对从个别事实中归纳出模型继而找出其共性进行概括的体系建构方式。

这种抽象化的认知模式是科学和哲学思考活动中最基本的认知方式，这意味着承认抽象真理、原型以及隐喻等一系列从具体现象出发，归纳为抽象规则，再从一般化的规则类推至其他现象的认知过程。在维特根斯坦看来，这种认知方式增强了“我们对概括的渴望”，而这种渴望将导致一种柏拉图主义的哲学，从而产生一种对抽象基础的幻想。亦即，数学与一切真正的知识一样，都是不需要体系的东西，而一种建筑理论体系的欲望事实上是非知识化的，真正的具有生命力（即可应用性）的知识不需要通过体系这种形式来证明自身。维特根斯坦认为，人们把各种关于数的理论称为数学，是基于家族相似性，而不是共性。家族相似性虽然不支持从抽象到具象的类推，但其中很多概念的边界即使不明确，也并不妨碍我们使用这个概念。

三、可应用性与生物学范式在数学建构中的作用

维特根斯坦的中期数学哲学是一种强烈的形式主义变体，他通过将数学和数学方程式与真正的（即现实中偶然的）命题、意义、思想、命题符号及其组成名称以及真理对应关系进行对比来做到这一点。他认为在数学中，一切都是语法，没有其他意义。因此，在对希尔伯特的保留数学内容的形式化方案和布劳威尔（L. Brouwer）依靠直觉来确定不可判定的数学命题的有意义内容这两种做法的批评中，维特根斯坦强调数学演算不需要来自可应用性（或有效性）的判定（Wittgenstein，1975：§109；Waismann，1979：105）。但后来的维特根斯坦重新引入这一标准作为数学游戏的必要条件，用于区分纯粹的语言游戏和数学游戏。“数学的强硬性在于基数序列中的次序关系并非只是一种习惯，而是被可应用性确证为真的。这种真即是：它得到了应用，并且可以应用。这种强硬性就是逻辑必然性，但是同逻辑推理的那种应用方式不同，在数学这里作为度量标准，也就是可应用性的那个东西并非固定不变的统一标准，而是像可以膨胀的尺子一样根据应用环境变化的测量尺度，但是这种测量、长度的概念同我们在经验中的使用有一种亲缘性。”（维特根斯坦，2017：237）亦即一种将经验和习惯覆盖掉的数学必然性是存在的，但这种必然性不应该被理解为一种抽象的原则，而仅仅在于可应用性。这种将数学演算和科学实验相配套的应用方式和日常生活中的对应只是形式类似，而另一种应用方式的独特性在这里尚未得到阐明。

导致维特根斯坦在后期发生如此转变的首要原因在于，后期的维特根斯坦对在各种“生命形式”中使用的自然语言和形式语言（Wittgenstein，2001：§23）更感兴趣，这促使他强调，在许多情况下，数学“命题”的功能就是将一个经验命题“强化成规则”（Wittgenstein，

1983 : VI §23.)。从实际的问题出发，寻求一种对具有相似性的同类命题的普遍性简化处理方式。并且，与蒯因（W. Quine）不同，维特根斯坦认为数学哲学的首要问题不是探究“数学对象是否存在”这种科学化的形而上学议题，而是数学如何为其自身确立基础、数学对象如何存在、演算如何自主建构（编辑）自身演算的规则等动态性的议题。单纯的对象化与实用主义的后果解释并不能解决数学应用中产生的本体论与认识论问题，而一种更加积极的解释方案就是将数学整体也视为一种具有演化性（即具备生长、淘汰机制）的“生命体”。它不是从一个符号开始，而是从一个初始规则开始，并在其应用过程中随着与其耦合的经验材料的增多而不断丰富、修正自身的规则，因而始终处于一种复杂的变动过程之中，而没有普遍的基础性规范。并且“数学命题可以被想象成这样一个生物，它自己就知道自己是真的还是假的（这与有关经验的命题不同）。如果它处理的是所有数，那么它必定已经总揽了所有数。正如意义包含在它之内了一样，它的真性或者假性也包含于它之内了”。（维特根斯坦，2017 : 195）这种生物学理解范式同时也带来了一种新的反基础主义视角，传统的观点认为“一个系统是由最初的原则支撑着，或只是从最初原则发展而来的”（维特根斯坦，2017 : 12），但是这种分野意味着：前者就像是一栋由地基支撑着的建筑，而后者就类似于在一个自由飘浮的天体上面搞建筑，但事实上可以在任意方向上搞。各种自然科学都是将经验归纳为理论，但这并不意味着数学也必须按照这种归纳方式去解释。

其次，引入可应用性标准缓解了维特根斯坦中期对集合论的批判与其形式主义观点之间的冲突。中期维特根斯坦认为“形式主义的正当一面是数学符号缺乏意义，即它们不会代表它们的意义”（Waismann，1979 : 105），数学命题具有的唯一意义是系统内意义，这完全由其与系统内其他命题的句法关系决定。因此“数学永远是一台机器……它通过笔画、数字等方式工作”（Waismann，1979 : 106），是“证明技术的杂乱无章（Wittgenstein，1983 : III §46），它不需要基础（Wittgenstein，1983 : VII §16），也不能给出一个不言而喻的基础（如柏拉图主义）（Wittgenstein，1975 : §160 ; 1983 : IV §3 ; Waismann，1979 : 34、62）”。而由于集合论的发明是为数学提供基础，所以维特根斯坦对集合论进行了全面攻击，他认为集合论是“彻头彻尾的胡说八道”（Wittgenstein，1975 : §145、§174），因为它预先假定了一种由无穷符号构成的虚构表征（Wittgenstein，1974 : 469），而不是以有穷符号建构出的实际表征，因此是承诺了某种抽象实体的存在，并且这种发挥基础作用的抽象实体同时也成为了数学本体意义上的存在。集合论暗示着在原则上可以通过枚举来表示无穷集合，只是由于人类或物理条件的限制，只能以内涵的方式描述它。而维特根斯坦认为“这不可能是数学中的可能与现实”，因为数学是一种实际的系统，它“只关心它实际运作的符号”（Wittgenstein，1974 : 469）。“枚举一个集合中的所有数字”和“给出一个描述”这两者并不能等同（Waismann，1979：102）。而将可应用性这一效用本身作为数学成立的某种依凭以后，纯粹形式主义那种强烈的“去本体化”的诉求就被削弱，因为可应用性至少要发挥前提的作用，集合论也就变得不那么难以容忍。但后期维特根斯坦仍然认为，数学中的演算是纯粹的形式化，句法的演算受到句法规则的支配。“数学命题”不是真正的命题（经验科学命题），“数学之真”在本质上是一种非指称性的句法，尽管数学演算是通过计算和证明来扩展数学。定理可以通过某些规则以特定方式从公理中推导出来，但并不意味着这一证明路径先于我们对它的建构。

四、数学规则的建构方式

在维特根斯坦看来，一种被我们所认可的证明路径并非预先存在，而是彼此连续或相互否定的证明迭加后的结果；一个或几个相关的证明就确定了某条规则，而规则之间的推导、融合与矛盾及其解决就是数学知识的建构方式。因而可判定性就是数学规则建构的基本前提，可判定的数学命题就是最基本的组织单位，拒绝任何不可判定的数学命题就成为其激进建构主义立场的第二个推动力。他认为，在数学中语法和语义之间根本没有区别，一切都是语法（Wittgenstein，1974：468）。确保给定系统中不存在有意义但不可判定的独立命题的唯一方法，是规定表达式只是给定系统中有意义的命题（Wittgenstein，1975：§153）。通过这种方式，维特根斯坦用认识论术语定义了数学演算和数学命题。系统是根据已知的操作规则和已知的决策过程来定义的（Wittgenstein，1975：§202；1974：369），只有当该演算包含已知并适用的演算过程时，表达式才是给定系统中的数学命题（Wittgenstein，1974：379；1975：§155）。

但是数学证明中最初的，也是最基本的归纳证明方法，由于隐含着对无穷领域的量化思想，而遭到了维特根斯坦的反对。最终，他将归纳澄清为“算术普遍性的表达”，但归纳本身不是命题（Wittgenstein，1975：§129）。在运用数学归纳的证明中，维特根斯坦认为实际上没有任何命题得到证明（Wittgenstein，1974：406），反而这个伪命题代表了我们通过证明能够“看到”的无穷可能性（Waismann，1979：135）。亦即可证明或可反驳的模态只是现实的投影，而这种可能性在数学中并不是现实（Wittgenstein，1975：§141、144、172；1974：281、283、299、371、466、469；Diamond，1976：139）。因此，中后期的维特根斯坦一贯认为：未经证明的数学命题可以理解的唯一意义在于，我们知道如何通过合适的演算程序来证明它（Wittgenstein，1983：VII §40）。

而对一个命题的可证明性的证明就是对这个命题本身的证明，维特根斯坦认为“一个数学断言所具有的那种一般性不同于被证明了的命题的一般性”（维特根斯坦，2017：195）。前者是应用数学所需要依赖的背景，而后者才是对数学基础的讨论。一般的“相关性证明只是证明了梯子通向那个命题，而在逻辑中没有替代物。指示方向的箭头也不能替代踏过所有梯级而直达确定的目标，人们必须踏上每一级阶梯”。（维特根斯坦，2017：16）而“为了将一个证明的每一步说下去，我们都需要一种崭新的直觉（即数的个别性），如果人们给予我一条普遍的变动的规则，那这条规则在这里也能够得到应用。任何一种预见都不能为我省去这种洞见行为。因为事实上这条规则应用于其上的那种形式在每一个新的步骤上都是一种新的形式。但这不是洞见行为，而是决断行为”。（维特根斯坦，2017：16）

同时，维特根斯坦认为，每个符合基础规则的证明都不需要保证其自身同公理系统始终一致才能被接纳或得到应用，因为除了持续不断的证明累积或数学实践以外，没有任何先验性规则能够担任审查的角色，而前两者都是一种事后的纠正。并且“某种东西（即直觉）告诉我：一个系统的诸公理中的一个矛盾在变得明显起来以前是不造成伤害的”。因为“在证明一个公理系统无矛盾以前，是可以被利用的。正如在游戏规则中可以出现矛盾（漏洞）”。（维特根斯坦，2017：16-17）毋宁说，正是这种先后承续的证明彼此冲突才能加快规则的诞生与成熟，而被新证明否定的旧定理仅仅只是不再被使用，并不影响系统自身的稳定与延展。

而所谓的“数学是逻辑”这一看法，仅仅意味着：数学扩展的方式是从语言的规则到语言的其他规则。这就使其拥有了特殊的稳固性，但作为数学基础的逻辑学是不成立的。维特根斯坦认为，逻辑证明有一种特殊的、绝对的逻辑性，源于逻辑学中基本规律和推理规律的无条件确定性。但以这种方式证明的命题不可能比直接应用这些推理法则的方式更加确定，因而数学证明的逻辑确定性并不超越其几何确定性。维特根斯坦还认为，“通过这种递归程序，人们证明这个命题适用于所有数”这种说法是完完全全误导人的，因为这似乎意味着：在此，一个断言了某某适用于所有基数的命题经由一个路径被证明是真的，而且好像这一路径是一个由可以设想的路径构成的空间中的一个路径。然而，这种递归真正说来仅仅是显示自身的，正如这种循环性也仅仅只是显示自身的一样（维特根斯坦，2017：160）。这并不证明任何东西。

五、规则建构的界限——对无穷概念的澄清

（一）对一般意义上的无穷的拒绝

中期维特根斯坦拒绝对数学中的无穷进行量化，并认为这与他在《逻辑哲学论》中的观

点相反，无穷命题并非无穷连词和无穷析取的组合，无穷并不存在。后期维特根斯坦仍然拒绝实无穷（Wittgenstein，1983：V§21）和无穷的数学外延，但他认为无理数是构造有穷外延的规则，而非无穷的数学外延。因为实数“无休止地产生小数点的位置”（Wittgenstein，1975：§186），所以它是一个整体（Waismann，1979：81-82），而实际上，“无理数不是无穷小数的外延……这是一项法律（规则）”（Wittgenstein，1975：§181），它“产生外延”（Wittgenstein，1975：§186）。带有无穷数学实体的命题会导致不可判定性，因而这种数学命题也是无意义的。

维特根斯坦认为我们错误地将“无穷”这个词理解为一个“数字”，因为在日常语言中，“无穷”会被用来回答关于数量的问题。但是“无穷”和“有穷”不是一个数量，也不能作为“类”或者“集合”的形容词（Waismann，1979：102），因为“有穷类”和“无穷类”是以完全不同的方式使用“类”这一概念（Waismann，1979：228）。无穷类是递归或归纳，而“有穷类”是外延（Wittgenstein，1974：461）。正是因为归纳与“有穷类”有很多共同之处，我们才会错误地将其称为无穷类，但“无穷”事实上是一个表示可能性的概念。由于数学外延必然是符号组成的有穷序列，所以“无穷的数学外延”是一个矛盾的术语。这一点构成了维特根斯坦有穷主义的基础。并且，他采取了一种激进的立场，即所有在无穷论域上量化的表达式——无论是“猜想”（如哥德巴赫猜想、孪生素数猜想等）还是“得到证明的一般定理”（如欧几里得素数定理、代数基本定理等）——都是无意义的表达，与“真正的数学命题（Wittgenstein，1975：§168）”相反。在他看来，这些不适用排中律的表达式不是数学命题（Wittgenstein，1975：§151）。

（二）无理数的真正内涵

维特根斯坦认为“从不明确的无理数概念，或者说，从在逻辑上非常不同的事物被称为无理数的事实来看，我们没有给这个概念任何明确的限制”。（Wittgenstein，1974：471）他对无理数的澄清与其对基础主义和集合论的批判态度是一致的。例如，人们普遍认为一条线是由点组成的，但事实上“线是一种定律，根本不由任何东西组成”（Wittgenstein，1975：§173、181、183、191）。根据维特根斯坦的术语，数学完全由外延和内涵组成（即规则或定律），因此只要无理数是一个符号，它就只是一个外延。但是无穷数学外延并不存在，因此无理数不属于无穷外延，而是产生有理数的递归规则或定律（Wittgenstein，1975：§180、181）。

而赞同集合论的基础主义数学家们，往往试图通过某种描述数学连续体的理论来满足物理连续性的需要（Wittgenstein，1975：§171）。但是，如果一个连续运动中的物体行进的距离不能只用有理数来测量，那么有理数之间必定存在着间隙。因此，我们只能用递归无理数填充它们，但是所有递归无理数的集合仍然会留下空白（因为“无穷”），所以无理数代表着一种无法泯灭的混沌和非理性。因此，维特根斯坦认为无理数是不必要的创造，因为它们在数学（特别是集合论）中产生了概念上的混乱。它们不受规则支配，因而就是不需要的，“如果是否存在某个无穷小数是无规则随机决定的，我们又怎么会注意到它是否缺失呢”（Wittgenstein，1975：§181）。因此我们只能把“无理数”定义为一个不受规则支配的、非周期性的、在某个基础上的无穷外延，或者是一个“自由选择的序列”。但是所谓的自由选择序列，就像无穷的二分一样，并不是无穷复杂的数学定律，而是根本没有定律，因为在每次投掷硬币之后，点仍然是不确定的（Wittgenstein，1975：§186）。

六、结语

以上就是维特根斯坦对数学基础的建构图景，在中后期他自认为自己是在为数学的基础概念提供哲学上的清晰度。在他看来，由于普遍缺乏这种清晰度，数学家们对数学命题和数学术语的含义有误解，从而构建了新的游戏。而未来的数学家将更加敏感，这将反复修正数学的外延和发明的进程，因为数学家将认识到，新的外延和创造与数学的基础或现实世界的应用之间并没有建立很好的联系。因而，在哲学上围绕清晰性的讨论将使数学家和哲学家能够深入到问题的实质。

参考文献：

Diamond, C. (ed.). (1976). Wittgenstein's Lectures on the Foundations of Mathematics, Cambridge, 1939: From the Notes of RG Bosanquet, Norman Malcolm, Rush Rhees and Yorick Smythies[M]. Hemel Hempstead: Harvester Press.

Monk, R. (1990). Ludwig Wittgenstein: The Duty of Genius[M]. New York: The Free Press.

Rodych, V. (2018). Wittgenstein's Philosophy of Mathematics [DB/OL]. The Stanford Encyclopedia of Philosophy (Spring 2018 Edition), Edward N. Zalta (ed.).URL=<https://plato.stanford.edu/archives/spr2018/entries/wittgenstein-mathematics/>.

Waismann, F. (1979). Wittgenstein and the Vienna Circle[M].Oxford:B. Blackwell.

Wittgenstein, L.(1974). Philosophical Grammar[M],R.Rhees(ed.), A.Kenny(trans). Berkeley: University of California Press.

Wittgenstein, L. (1975). Philosophical Remarks[M], R. Rhees(ed.), R. Hargreaves, and R. White(trans). Oxford: Basil Blackwell.

Wittgenstein, L. (1983). Remarks on the Foundations of Mathematics, revised edition[M], G.H. von Wright, and R. Rhees(eds.), G.E.M. Anscombe(trans). Cambridge, MA: MIT Press.

Wittgenstein, L. (2001). Philosophical Investigations: The German Text with a revised English Translation[M], G.E.M. Anscombe(trans.). Malden, MA: Blackwell Publishers.

维特根斯坦，2017. 数学基础研究 [M], 韩林合译 . 北京：商务印书馆 .

维特根斯坦，2019. 维特根斯坦文集 [M], 韩林合主编 . 北京：商务印书馆 .

徐弢，2019. 维特根斯坦论数学基础 [J]. 学术界 , 2: 75-81+236.

徐弢，2018. 维特根斯坦论数学证明 [J]. 科学技术哲学研究 , 5: 46-51.

How Ungrounded Mathematical Games Construct Their Own Rules

LIANG Dezhu

Research Centre for Philosophy of Science and Technology, Shanxi University

Abstract: The purpose of this paper is to illustrate Wittgenstein's critical views in his *Remarks on the Foundations of Mathematics* in the context of the anti-realism of contemporary philosophy of mathematics, and to organize them into a complete framework for the construction of rules. For Wittgenstein, mathematics does not have and does not need foundational meta-rules, mathematics itself is a purely formal structure without denotation. At a later stage Wittgenstein endorses the introduction of the criterion of applicability as the goal of the mathematical game to improve its own rule structure, and at the same time makes a series of provisions for the process of rule construction in mathematics itself from an finitism standpoint, the most important of which is the emphasis on the decidability of algorithms and the clarification of the concept of infinity.

Keywords: anti-realism; finitism; applicability; decidability; infinity

范光棣编著《维特根斯坦的哲学观及其他论文》中文版序言

◎江 怡
山西大学哲学社会学学院

摘 要：范光棣先生于1971年出版的《维特根斯坦的哲学观》对维特根斯坦前后期思想的研究已经成为国际维特根斯坦研究的重要文献之一，对后代学者的研究产生了深远影响。该书从逻辑、语言、不可说三个方面揭示了维特根斯坦在《逻辑哲学论》中阐明的哲学观，尤其是围绕逻辑与语言的关系，说明了维特根斯坦关于不可说思想的形而上学意义。范先生在书中还澄清了由当时重要哲学家造成的对维特根斯坦思想的许多误解，他对维特根斯坦后期思想的解释直接消解了维特根斯坦思想的所谓“深刻性”。整部著作强调了维特根斯坦前后期思想的一致性，并集中论述了其在哲学研究方法上的一致性，通过对前后期思想的不同阐明，揭示了方法上的转变才是维特根斯坦给当代哲学研究带来革命性变化的重要贡献。

关键词：维特根斯坦的哲学观；形而上学；逻辑世界；语言游戏；哲学方法

范光棣（Kuang Til Fann）先生是国际著名的加拿大籍华裔哲学家，也是我所尊敬的国际重要的维特根斯坦专家之一。他主编的《维特根斯坦其人及其哲学》于1969年由美国加州大学伯克利分校出版社出版，在当时就引起了很大的反响，成为当时英语哲学界了解维特根斯坦及其思想的重要第一手资料。1971年，国际著名的英国牛津布莱克威尔出版社出版了他的博士论文《维特根斯坦的哲学观》，该书第一次完整地展现了维特根斯坦的前后期思想，很快也成为国际维特根斯坦研究的重要研究文献。我在20世纪80年代就读研究生和博士生期间，就阅读过这两部著作，并受到它们的很大影响。1992年，由范光棣先生与他的学生汤潮合作翻译的维特根斯坦的《哲学研究》由三联书店出版，这是这部后期维特根斯坦代表作在国内第一次翻译出版，在国内哲学界以及整个学术界都产生了广泛影响，由此人们才得知，K. T. Fann是一位华裔哲学家。未曾想，30年后，范先生授权由我来组织编辑这两部著作的中译本，并嘱我作序，令我诚惶诚恐！虽然我在维特根斯坦研究领域工作多年，也有一些著作出版，但在范先生的著作面前，依然感觉如学生一般。所以，在这里，我只能就重新学习范先生的著作，谈点自己的心得体会。

一、关于维特根斯坦的前期哲学

自安斯康姆的《维特根斯坦〈逻辑哲学论〉导论》一书于1959年出版后，对维特根斯坦前期哲学的解读就成为西方维特根斯坦研究的热门话题，安斯康姆的解读也被看作“正统的”解读方式。这个解读是把《逻辑哲学论》当作一部以“语言或思想与实在之间的关联”为主要论题的著作，主张“句子或其心理对应物是事实的图像”（Anscombe，1959：19）。这就是把维特根斯坦的思想解释为关于命题作为事实图像的理论，但它却无法由此解释第6.54命题的意义：“我的命题按以下方式来作为阐释：凡是理解我的人，当他用这些命题——作为梯级——爬过它们时，最终都会意识到它们是无意义的。（可以说，在爬上梯子后，他必须把梯子扔掉。）他必须超越这些命题，然后才能正确看世界。”这个命题被后来哲学家们看作揭示《逻辑哲学论》秘密的关键所在，引发了哲学家们的激烈争论，出现了各种不同的解释版本。然而，事实上，范光棣先生早在1971年出版的《维特根斯坦的哲学观》中就明确指出了这个问题，并给出了自己的独到解释。

在这本书中，范先生主要从逻辑、语言、不可说三个方面揭示了维特根斯坦在《逻辑哲学论》中阐明的哲学观，尤其是围绕逻辑与语言的关系，说明了维特根斯坦关于不可说思想的形而上学意义。在当时国际哲学界所有关于维特根斯坦思想的评论中，这是最为明显地肯定了维特根斯坦前期哲学形而上学性质的观点。这个观点对我当时撰写博士论文以及后来的研究都产生了很大的影响。如今重读范先生的观点，我依然认为它对我们正确理解维特根斯坦的前期哲学至关重要。

首先，范先生明确指出，逻辑、语言和世界是《逻辑哲学论》的三大主题，而维特根斯坦对逻辑和语言的研究具有本体论意义。他写道：“很明显，维特根斯坦的研究顺序是这样的：从逻辑的本质到语言的本质，再到世界的本质。”这的确揭示了维特根斯坦的思考方式，按照范先生的解释，这也是弗雷格和罗素的思考方式。有趣的是，范先生在这里话锋一转，立即指出：“然而，这一研究顺序大致与最终文本所呈现的顺序相反。在《逻辑哲学论》中他从这个命题开始：‘世界是一切发生的事情’（《逻辑哲学论》1.0），‘世界是事实的总和，而不是事物的总和’（《逻辑哲学论》1.1）。虽然这些命题出现在开头，但最好把它们看作从接下来的内容中得出的结论。之所以首先对世界的本质作了说明，是因为它是后来的语言理论所期望的，也是语言理论所要求的。只有理解他对语言本质的说明后，这些形而上学命题的意义才能得到充分的理解。”这就意味着，范先生把维特根斯坦的思考顺序与在书中的表达顺序做了一个颠倒，把这两种顺序看作完全相反的，并以对命题意义的解释说明世界的构成方式。这正是我最近提出的《逻辑哲学论》逆向阅读的方式。我不记得我的这个想法是否受到了范先生观点的影响，但当我重读范先生的这个观点时，我还是受到了极大的震撼！我必须承认，我的逆向阅读的想法与范先生的观点是完全一致的，虽然我对这个观点做了更多的论述（江怡，2021a）。

其次，范先生明确地指出，维特根斯坦在《逻辑哲学论》中提供的对语言的先验方法的阐明是他早期思想的关键所在。这种先验方法表现在他得出“基本命题”和“原子事实”这些概念的方式上:“基本命题”就是一种不能被分析成任何进一步、更基本命题的命题，“原子事实”则是由一些以一种特定的方式连接在一起的对象构成的，而“原子事实”反过来又构成任何复杂的“事实”。其中，每一样东西，对象、原子事实和事实都有其语言的对应物：名称、基本命题和命题。这样，维特根斯坦就建构了一个关于世界的本体论。显然，这个分析与维也纳学派以及当时的哲学家们对维特根斯坦思想的评价完全不同，因为在维也纳学派看来，维特根斯坦的思想是反形而上学，而且他们正是借助于维特根斯坦的思想阐明了自己的反形而上学策略。但在范先生看来，维特根斯坦的思想应当比维也纳学派的理解更为深刻：他不仅没有反对形而上学，相反，他是以图像理论和真值函项理论表明语言是世界的图像，语言的结构是真值函项的，其基本职能就是描述这个世界。这样，语言的界限也就是世界的界限。这是一种真正的形而上学，是关于语言的形而上学，也是一种以先验方法构造的本体论。正是受到范先生这个观点的启发，我在 20 世纪 80 年代时就在《现代哲学》杂志上发表了《当代语言哲学与形而上学的复兴》一文，表达了对维特根斯坦早期思想中的形而上学的关注，90 年代时又在《哲学研究》杂志上发表了《〈逻辑哲学论〉的实在论与本体论》一文，专门讨论了维特根斯坦的本体论问题。进入 21 世纪后，我在《〈逻辑哲学论〉导读》一书中进一步分析了这本书中的形而上学，说明了维特根斯坦的思想与罗素和维也纳学派观点之间的不同（江怡，1989、1998、2002）。

再次，在我看来，对《逻辑哲学论》中不可说问题所做的论述，是范先生这本书中最为精彩的部分，也是我最初阅读该书时印象最深刻的部分。维特根斯坦关于不可说问题的论述，一直被西方学者们看作《逻辑哲学论》中最为神秘的内容，引发了学者们的各种猜测和评论。这个争议首先来自罗素的看法，因为在他看来，维特根斯坦在《逻辑哲学论》中主要完成的工作是建立了一套逻辑语言，试图用这种新的语言表达对世界的理解，但维特根斯坦提出的不可说则使得他的工作陷入了自我矛盾之中。[①]后来的学者们大多按照这种思路去评价维特根斯坦的不可说思想，因而认为这个思想导致维特根斯坦哲学陷入了困境。[②]然而，范先生在这本书里明确指出，维特根斯坦关于不可说的思想恰好是《逻辑哲学论》的灵魂所在，也是他在该书中所要完成的主要工作，即为可以说与不可说的东西划界，也就是要为可以思想与不可思想的东西划界。范先生写道："不理解他的区分，就会导致误读《逻辑哲学论》，认为它是反形而上学的专著。""与对《逻辑哲学论》的标准解读相反，我认为这不是反形而上学。相反，维特根斯坦以一种类似神学家试图捍卫宗教的方式在捍卫形而上学。"这些观点在 20 世纪 70 年代被提出，的确是一种反标准解读，非同凡响。不仅如此，范先生还进一步指出，在维特根斯坦看来，形而上学、伦理、宗教和艺术全部都属于不能说而只能显示的超验领域。而且，生活中一切重要的事情都是不可表达的（或神秘的）东西。《逻辑哲学论》的全部重点，恰恰就是通过清晰展示那些可以表达的东西来显示不可表达的东西。所有这些观点都在我后来的研究中得到了直接的反映，我的文集《维特根斯坦与当代哲学的发展》中的不少论文都是对范先生这个观点的进一步阐发（江怡，2021b）。

最后，范先生对前期维特根斯坦的哲学观的解读，完全是依据《逻辑哲学论》以及其他前期笔记的文本。通过对这些文本的解读，他系统地说明了维特根斯坦对哲学性质的基本理解。这个说明包括了三种哲学解释：《逻辑哲学论》之前的哲学、《逻辑哲学论》中阐明的哲学以及该书之后的哲学。在范先生看来，第一种哲学是以往哲学家错误地使用命题表达的哲学，这些命题是没有意义的，是由于哲学家们被哲学命题与自然科学命题之间的相似性误导而提出的错误使用语言句法的哲学，是完全不符合命题的逻辑句法的表达的哲学。这种哲学正是维特根斯坦所要批判的。而《逻辑哲学论》中提出的哲学则是既不同于自然科学，又不同于传统哲学的另一种哲学，这种哲学工作的性质是要澄清命题的意义，通过清晰地展现可以说的东西来显示我们语言的逻辑。这就是维特根斯坦所理解的哲学性质。而《逻辑哲学论》之后的哲学则是消极的，即向某人表明，每当他想说一些形而上学的东西的时候，他的命题都是无意义的。这样，《逻辑哲学论》之后的哲学就只能是"保持沉默"，范先生把这种哲学解释为以显示的方式去揭示那些不能说出的东西。这就是《哲学研究》中的工作。事实上，范先生在这里就已经指出了维特根斯坦后期哲学与其前期哲学之间的连续关系：《哲学研究》的内容，就是要去显示《逻辑哲学论》中确定为无法说出而只能显示的

---

① 参见罗素为《逻辑哲学论》所写的导言，贺绍甲译《逻辑哲学论》，北京：商务印书馆，1996 年。

② 主要代表是卡尔纳普、马尔康姆、皮彻和斯坦纽斯等人，参见范光棣在该书中的引述文献。

东西。这个观点非常重要，因为这不但说明了维特根斯坦前后期哲学之间的连续性，而且表明了维特根斯坦思想的独特性和深刻性，这种独特性和深刻性连罗素这样的哲学家都没有能够真正理解。[①] 范先生对第 6.54 命题的独特解释，不仅直接反驳了罗素等人的误解，而且为维特根斯坦的思想做出了很好的正名，更是在当时的西方哲学界引起了与众不同的反响。他这样写道："提出诸如'语言和世界的本质是什么''语言和世界的界限是什么'这样的问题，回答这些问题（正如《逻辑哲学论》试图做的那样），最后意识到问题与答案严格来说都是无意义的；读者最好不要去想它——'然后他才会正确看世界'。这就是为什么他只有在爬上梯子之后才能把它扔掉的原因。"我相信，只有按照这样的解释去理解《逻辑哲学论》的第 6.54 命题，我们才能真正读懂维特根斯坦的用意，也才能真正把握《逻辑哲学论》的真实意图。正是从这个观点出发，我曾对《逻辑哲学论》之后的哲学做出了一个大胆的推断，认为《哲学研究》所显示的内容可以被看作当代西方哲学的一种"实践哲学的转向"（江怡，2011）。

二、关于维特根斯坦的后期哲学

如果说范光棣先生对维特根斯坦前期哲学观做出的解读"非同寻常"的话，那么，他对维特根斯坦后期哲学观的解读则更是令人"醍醐灌顶"。这不仅因为范先生澄清了由当时重要哲学家造成的对维特根斯坦思想的许多误解，还因为他对维特根斯坦后期思想的解释直接消解了维特根斯坦思想的所谓"深刻性"。当我重新读到他把维特根斯坦的思想解读为一种治疗药物时，我突然意识到，我对后期维特根斯坦思想的定位原来最初来自范先生的真知灼见！在这里，我必须逐一揭开其中的思想联系，由此表明范先生的观点对我的维特根斯坦研究的潜移默化的影响，归还范先生的观点版权。

首先，关于维特根斯坦思想转变的原因，范先生对当时已有的许多不同解释都提出了批评意见，并依据他掌握的文本，仔细分析了维特根斯坦思想转变的真正动机。范先生指出："《逻辑哲学论》中纯粹的先验方法受到了攻击，他现在建议（在某种意义上）用后验的方法来研究语言的实际现象。这种方法的转变构成了早期维特根斯坦和后期维特根斯坦之间的决裂。"但他进一步指出，维特根斯坦后期哲学的一些种子其实已经包含在《逻辑哲学论》以及

① 正如范先生在书中指出的，罗素在《逻辑哲学论》导言中对维特根斯坦的责备，恰好显示了罗素对维特根斯坦思想的误解。

前期阶段的一些思考中。而且，他的小学教学经历也使得他重新反思《逻辑哲学论》中尚未展开的思想线索，即关注到语言使用的多样性和复杂性，并由此揭示出语言活动的性质。通常认为，维特根斯坦思想转变的直接原因是受到了两个外在因素的影响。一个是拉姆齐和斯拉法对他早期思想的批评，另一个则是他观看的一场足球比赛。对前一个影响，范先生做了认真分析，并基本上认同这种看法。但对于后一个影响，范先生则完全没有提及。这或许是因为在他看来，后一个影响完全是外在的偶然事件，对维特根斯坦思想转变并没有产生任何作用。相反，范先生指出了另一个思想来源，即物理学家海因里希·赫兹、麦克斯韦、玻尔兹曼以及心理学家魏宁格和利希滕贝格等人的思想。相比于从其他哲学家那里得到的思想启发，维特根斯坦似乎更多的是从这些科学家、文学家那里得到思想资源，这也表明了维特根斯坦思想的独特性。的确，我在自己的著作和多篇文章中都明确提到维特根斯坦的思想转变受到了德奥文化传统的深刻影响，这特别明显地表现在基于我的博士论文出版的首部专著《维特根斯坦：一种后哲学的文化》中。在那本书里，我把维特根斯坦解释为沟通英美哲学与欧陆哲学的桥梁，这个看法正是基于我把他看作受到德奥文化传统影响的哲学家（江怡，1996）。应当说，这个观点的真正出处应当是范先生的著作。

其次，关于对意义问题的理解，范先生基于对分析概念的放弃明确给出了对维特根斯坦后期思想中的意义概念的重新解释。这个解释的要点在于，通过《哲学研究》中给出的各种具体语言活动的描述，范先生指出，这种对语言游戏的描述为我们展现了一种对意义的用法分析，我们正是在使用语言中理解每个句子和语词的意义。范先生对语言用法的具体分析，的确为我们提供了更为清晰的语言游戏活动：从语言活动的每个具体场景，到语词作为工具的具体使用方式，最后到对语言游戏的具体反应机制，这就构成了语言游戏的整体图景。重要的是，范先生对维特根斯坦后期哲学中的意义观给出了一个理论定位，即处理语言意义的工具主义。范先生把这种工具主义看作实用主义的影响，并分析了詹姆斯对维特根斯坦后期思想的影响。范先生还专门分析了维特根斯坦来自拉姆齐的实用主义观念，这一做法在当代分析哲学史的研究中已经得到了更多重视（Goodman，2002；Misak，2016；Boncompagni，2016；Ogien，2018）。有趣的是，由于受到谢丽尔·米萨克（Cheryl J. Misak）等人的影响，我曾在 2021 年的复旦大学杜威研究中心的“杜威讲座”上专门讨论了维特根斯坦与实用主义的关系，但我的观点与范先生的不同，我指出了维特根斯坦的思想与实用主义观念之间的差别（江怡，2021c）。重读范先生的著作，让我感觉到了某种历史的相似性。

再次，与前期思想相比，后期维特根斯坦对语言的理解表现出了完全不同的特征，他对语言游戏的强调也导致了研究者们对他的语言观提出了各种不同的解释。范先生在书中用专门一章讨论后期维特根斯坦的语言观，主要通过分析《哲学研究》中的论述，表明了后期维特根斯坦对语言的独特理解：第一，突出了语言的社会属性，强调语言使用的共同约定决定了语言的意义；第二，突出了“遵守规则”对于理解语言游戏的关键作用，强调规则形成机制与遵守规则之间的内在联系；第三，强调规则的公共性特征，反对私人语言的观念；第四，强调了语言游戏的家族相似概念，反对追问语言本质的本质主义。所有这些观点最终导致维特根斯坦反对把语言作为哲学讨论的核心话题，相反，他认为，“我们思维中某些特殊的错误或‘麻烦’，是由于我们实际使用的表达式所暗示的错误类比造成的”，而且他强调，他只需要讨论那些关于语言的观点，这些观点已经导致，或可能会导致明确的哲学困惑或错误。由此，范先生特别指出，我们在维特根斯坦的后期思想中没有发现一种关于语言的哲学。或许正是受到范先生这个观点启发，我在博士论文《维特根斯坦的语言游戏思想研究》中特别强调指出，维特根斯坦后期哲学中没有提出一种语言游戏“理论”，而只是表达了关于语言游戏的思想。如今想来，我对后期维特根斯坦思想的理解，的确受到了范先生著作的很大影响，乃至我在博士毕业后对维特根斯坦思想的研究主要集中在他的后期哲学。

最后，关于后期维特根斯坦的哲学观，我认为，范先生给出了相当具有说服力的解释。这个解释不仅基于他对《哲学研究》以及维特根斯坦后期其他著作中观点的独特理解，而且基于维特根斯坦前后期哲学观的一致性。正如范先生在书中一贯的做法，他对后期维特根斯坦哲学观的解释，完全是依据他对《哲学研究》以及其他后期著作的解读，由此形成了他的独特理解。

> 1. 维特根斯坦对语言感兴趣的目的不是为了语言，而是为了哲学；他对语言游戏的讨论不是为了描述这些游戏，而是为思想的表达划定界限，即通过考察语言游戏而表明可说和不可说的区别。显然，这个工作与维特根斯坦的前期哲学观似乎并没有根本的区别；唯一的区别只是在于，后期哲学中取消了对这种界限的唯一规定，而是把界限看作是复数的。
>
> 2. 在《哲学研究》中，维特根斯坦在我们使用语言的知识中建立了一种秩序，即实用主义或工具主义的语言概念，特定目的就是要消除哲学问题。也就是说，维特根斯坦讨论哲学的目的就是要消除哲学。这的确是后期维特根斯坦在使用“哲学”这个概念时希望得到的结果。
>
> 3. 维特根斯坦提出的划界工作并不是在消除形而上学或反对形而上学，相反，他只是希望表明界限的性质。在范先生看来，表明界限的性质，这应当被看作一种形而上学

的工作。所以，维特根斯坦才会对他的学生说："别以为我轻视或嘲笑形而上学。相反，我认为过去伟大的形而上学著作是人类思想最崇高的产物之一。"①

4. 后期维特根斯坦认为，哲学问题的出现是我们错误使用语言的结果。所以，哲学是"一场通过语言来阻止我们的理智入魔的斗争"（《哲学研究》§109）。他的目的是"给苍蝇指出一条飞出捕蝇瓶的路"（《哲学研究》§309）。范先生指出，维特根斯坦喜欢用心理学术语对哲学问题作隐喻性描述，这是维特根斯坦个人参与其中的表现，也是维特根斯坦对自己的哲学方法和目的的恰当描述。

5. 维特根斯坦在《哲学研究》中反复提醒我们，他在用词上把"表面语法"与"深层语法"区分了开来。"表面语法"是"一个词的使用立刻给我们留下深刻印象的东西……它的使用部分——人们可能会说——可以被耳朵听进去"（《哲学研究》§664）。那么，"深层语法"就是词语的应用。范先生指出，"他现在关注的不是语言形式（正如他在《逻辑哲学论》中所做的那样）的理论研究，而是语言功能的语用研究"。

6. 与他的前期哲学一样，维特根斯坦在后期哲学中对待形而上学的态度并不是完全拒斥的，而是试图为形而上学寻找恰当的适用范围，重新界定形而上学的性质。范先生指出："维特根斯坦提出了一些看待形而上学的积极方法。他强调，虽然形而上学的陈述从表面上看是荒谬的，'但它们所表达的思想是极其重要的'。它们清楚地展示了我们语言中某些重要词语的语法。"因此，"维特根斯坦后期的著作并不是反形而上学的；尽管它是非形而上学的。他的主要任务是理解形而上学的本质，而最重要的是，他的贡献在于提出了一种看待哲学的新方法"。

时至今日，范先生的这些观点依然具有重要的思想启发。我在多篇文章中都曾强调指出，维特根斯坦的后期哲学就是对哲学的消解，但这种消解是为形而上学寻找新的表达方式（江怡，1991、1999、2012、2015、2016、2018、2022）。现在想来，这些说法正是受到了范先生观点的深刻影响。

三、关于维特根斯坦前后期思想的一致性

通读范先生的著作，我们会看到，这部著作的一个重要特征就是强调了维特根斯坦前后

① 见本书第二部分中的M. 德瑞里，"关于维特根斯坦的一次研讨会"。

期思想的一致性。他在全书的序言中就明确指出，维特根斯坦“关于哲学本质和任务的概念具有重要的连贯性。在《逻辑哲学论》中得出的观点（哲学问题来自于我们对语言逻辑的误解；哲学不是科学，而是一种阐明和澄清的活动，等等）继续在他后期的作品中起主线作用。因此，维特根斯坦后期对哲学本质和任务的概念最好被看作他早期观点的一种‘发展’，而他后期的方法则是对他早期方法的‘否定’。我认为，这是从整体上清楚理解他的哲学的关键”。在分别论述维特根斯坦前后期思想时，范先生正是依据这种一致性的视角分析了维特根斯坦思想的不同特征，通过比较维特根斯坦在前后期的不同论述，指出了它们之间的思想联系。在范先生看来，这种思想的一致性主要表现在这样几个方面：一是哲学观上的一致，二是语言观上的一致，三是对待传统哲学的态度上的一致，但最为重要的是哲学方法上的一致。在我看来，范先生整部著作的核心就在于论述了维特根斯坦的哲学研究方法，通过对其前后期思想的不同阐明，揭示了方法上的转变才是维特根斯坦给哲学研究带来革命性变化的重要贡献。

范先生著作的原书名就是《维特根斯坦的哲学观》，因此，维特根斯坦的哲学观就是该书的主要内容。在维特根斯坦去世后不久，西方哲学界对维特根斯坦的哲学观提出了许多不同的看法，比较有代表性的观点是认为，存在着两个维特根斯坦，即维特根斯坦Ⅰ和维特根斯坦Ⅱ。把维特根斯坦的前后两种哲学看作是截然对立的，因而在哲学观上也是相互冲突的。这是维特根斯坦研究中的标准看法。国内哲学界在介绍维特根斯坦哲学的时候也基本上接受了这种看法。然而，范先生在这本书里却一反这种标准看法，提出了他自己的独特分析，即认为维特根斯坦前后期思想在哲学观上具有一致性。这种一致性表现在：其一，维特根斯坦始终坚持哲学与科学的区分，始终反对把哲学理解为一种理论或知识体系；其二，维特根斯坦始终把哲学的任务确定为对语言意义的澄清或显示，因而哲学被看作由于我们错误使用语言导致的理智疾病；其三，维特根斯坦始终相信哲学研究的目的是消解哲学，由此也就治疗了我们的理智疾病。范先生在书中对这些观点都做了详细的阐述。但让我印象更为深刻的则是范先生对当时流行的标准观点的批评以及对其他观点的反驳，所有的论述都有理有据，逻辑清晰，充分体现了一位分析哲学家处理哲学问题的深厚功底。

关于维特根斯坦前后期在语言观上的一致性，范先生也做了详细的分析。他对《逻辑哲学论》中的语言观做了相当哲学和逻辑的分析，特别指出了维特根斯坦的图像理论和真值函项理论在《逻辑哲学论》中的核心地位。我对其中的一个观点特别印象深刻，即范先生提出的关于维特根斯坦的逻辑形式的观点。正是从逻辑的观点出发，维特根斯坦把命题看作事实的逻辑图像，把语言的逻辑结构与世界的事实结构相结合。因而，我们可以通过对命题的逻辑结构的分析，得到关于世界的事实结构的理解。这正是范先生提出的对维特根斯坦思考方式与写作方式的逆向阅读的主要根据。在思想的顺序上，从命题到事实，从语言到世界，这是一种认识论的方式；在论述的顺序上，从事实到命题，从世界到语言，这是一种形而上学的方式，用范先生的话说，就是一种先验的方式。的确，“逻辑是先验的”，这是维特根斯坦的思想前提；但“世界就是所发生的一切”，则是维特根斯坦的思想结果。正是逻辑与哲学的结合，使得《逻辑哲学论》时期的维特根斯坦把语言看作用于掩饰思想的装扮，也是为思想划界的方式。而在后期哲学中，维特根斯坦对待语言的态度则更为激烈。他不仅把语言活动看作一种类似于人类其他活动的游戏，而且把语言看作导致我们思想混乱以致产生哲学这种理智疾病的根源，进而把以遵守规则的方式显示语言的日常用法，看作消除思想混乱和治疗理智疾病的唯一药方。按照范先生的解释，《哲学研究》处理语言的方式与《逻辑哲学论》的方式在性质上并无二致。这就为我们进一步理解维特根斯坦前后期思想的一致性，提供了更为有力的证据。

当然，在范先生看来，维特根斯坦思想的一致性，还特别明显地表现在他对待传统哲学的态度上。在前期思想中，维特根斯坦把传统哲学的错误看作错误地使用语言的结果，或者是被语言的语法表象所迷惑，误以为形而上学命题可以像自然科学命题一样去描述世界，因而具有认识论上的意义。维特根斯坦通过对语言的逻辑分析，揭示了语言的逻辑句法，给出了正确理解世界的命题形式，但最后又把这种命题形式作为构造世界的脚手架而放弃，由此直接进入对世界结构的理解。这就让我们可以避免传统哲学的形而上学方式，而通过显示命题的逻辑形式去揭示世界的结构。这是一种比传统哲学更为简单的方式，虽然其中不可避免地要预设逻辑的先验前提。在后期思想中，维特根斯坦则放弃了这种先验前提，让语言直接回到日常的使用当中，用语言游戏的有效性验证我们对世界理解的正确性。这是比前期思想更为彻底的方式，更是对传统哲学的理论说明方式的彻底放弃。所以，范先生一再强调指出，《哲学研究》并没有给我们提供任何关于哲学或语言的理论说明，更没有提出任何一种哲学体系。维特根斯坦后期思想的反理论特征，正是对传统哲学的彻底反叛。正是基于这样的观点，我才明确提出，维特根斯坦的后期哲学在当代西方哲学中带来了一场“实践的转向”，即哲学研究从理论转向了实践。

不过，根据范先生的观点，这种哲学上的转向最重要的动因是方法论上的转变。这在本书的序言中就得到了明显的说明，范先生用伽利略在天文学上的革命作为范例，表明维特根斯坦的哲学革命首先源自引入了一种“新的”方法。的确，维也纳学派成员在解释维特根斯坦哲学的革命性意义时也是如此判断，他们把这种方法论上的革命看作一种哲学上的革命。然而，范先生在阐明这种方法论上转变的意义时，更多的是落脚在维特根斯坦前后思想的不同侧重上，即《逻辑哲学论》中的先验方法和《哲学研究》中的经验方法。这些方法决定了维特根斯坦在不同时期的思考方式以及处理哲学、语言、逻辑和世界等问题的不同方式。简单地说，按照范先生的观点,《逻辑哲学论》的先验方法为我们提供了思考思想的逻辑路径，而逻辑自身的先验性特征则确保了我们对世界结构的先验把握。

不仅如此。先验方法还规定了前期维特根斯坦理解哲学、语言、逻辑和世界等问题的基本面向：借助于这种方法，维特根斯坦把哲学看作不同于自然科学理论的一种澄清意义的活动；把语言看作遮蔽了思想的一种外在伪装；把逻辑解释为一种先天的规则；把世界看作不可用逻辑言说的先天秩序。与此不同,《哲学研究》的经验方法则为我们提供了理解语言游戏的入门通道，由此我们才能摆脱由于语言的错误使用而导致的理智疾病。当然，这种经验方法也规定了后期维特根斯坦理解哲学、语言、逻辑和世界等问题的主要方向：借助于这种方法，维特根斯坦把哲学看作一种由于误用语言而产生的理智疾病，哲学研究的目的就是最终消除这种理智疾病，因而也就消除了哲学本身；他把语言活动理解为如同人类其他日常活动一样的游戏，把逻辑解释为各种语言游戏中的一种特殊形式，把世界解释为由不同的语言游戏共同构成的生活世界，其中显示了不同的生活形式和世界图式。这样，范先生就通过对方法的不同解释，完成了对维特根斯坦前后期思想一致性的说明。

必须指出，关于维特根斯坦思想的一致性问题，在当代国际维特根斯坦学界已经有了更为广泛的共识，特别是“新维特根斯坦学派”的出现，使得这个问题变得毫无争议了。然而，我们需要看到，20 世纪 60 年代是西方哲学界理解和研究维特根斯坦思想的最初阶段，范先生能够在这个时候明确提出维特根斯坦前后期思想的一致性问题，这在当时以区分两个维特根斯坦为标准观点的情况下是极为罕见和大胆的。这充分体现了范先生对维特根斯坦思想的深刻理解和远见卓识。

四、关于范光棣先生其人其事

正如我在前面所说，我初识范光棣先生是通过阅读他的著作，那已经是 20 世纪 80 年代的事情了。但令我意外的是，通过现代通讯和媒体技术，从 2019 年 5 月起，我与范先生建立了个人联系。在我们共同的社交媒体上，我了解到，范光棣先生出生于 1937 年，1963 年毕业于美国伊利诺伊大学数学专业，1965 年毕业于美国夏威夷大学哲学专业，1968—1970 年在美国佛罗里达州立大学哲学系担任副教授，1971 年起在加拿大约克大学担任哲学系副教授和系主任，1995 年从约克大学荣休。之后，他始终关注国际维特根斯坦研究和分析哲学史研究的发展，并且对中国传统哲学，特别是道家思想有深入的研究，出版了《用英语读老子〈道德经》》(中英对照版，2020)。除了专著《维特根斯坦的哲学观》(1971) 和主编《维特根斯坦其人及其哲学》(1969) 外，他早年还出版过专著《皮尔士的溯因理论》(*Peirce's Theory of Abduction*, 1970)，编辑出版《论奥斯汀专题文集》(1969) 和《美国帝国主义读本》(1971)。他还主编了杂志《社会实践》(*Social Praxis*)。近年来，他出版了个人散文集《杂文漫谈》(*Talking about This and That*, 2021) 和回忆录《十兄弟的故事》(*The Story of Ten Brothers*, 2020) 等，甚至还出版过一本根据个人养生经验而撰写的《神奇的震动疗法》(中英对照版，2021)。据我所知，《维特根斯坦的哲学观》一书曾被翻译为法文、意大利文、荷兰文等六种文字出版。

据我了解，范先生早年是新中国的积极支持者和宣传者。他在夏威夷大学读书期间就参加了当地的社会主义左派活动，反对国民党台湾当局的独裁专制。他还曾因为一位来自台湾的左派成员受到国民党台湾当局的迫害而求助于罗素的道义支持，得到了当时已经 95 岁高龄的罗素的极大声援。他在编辑《美国帝国主义读本》时，曾约请罗素专门撰文，这就是该书的第一章“反抗美帝国主义以致和平”。20 世纪 70 年代初，中美之间的紧张关系有所缓和，范先生曾作为美国教育代表团成员赴华访问，受到了周恩来总理的亲切接待。范先生因祖国大陆在经济建设和社会发展上取得的成绩而倍感鼓舞，对中国政府表达了愿意为国家贡献力量的愿望。根据范先生的回忆，当时周恩来总理对此表示了赞许，但建议范先生能够以华侨身份在海外工作，这样可以更好地为国家做出一份特殊的贡献。从范先生后来的经历看，他的确没有辜负周恩来总理的期望，始终以一位爱国华侨的身份活跃于国际舞台，赢得了世界华人的普遍赞誉。

我与范先生之间的个人交往只有短短的三年时间，但有两件事给我留下了非常深刻的印象，让我亲身感受到了一位睿智老人的热情和宽厚。

2019 年底，我在美国加州大学伯克利分校做学术访问。范先生热情地与我联系，专门从加拿大给我寄来了一本他最新出版的专著《我与维特根斯坦、马克思及老子的邂逅》，让我感到分外温暖。基于之前对他的著作的了解，我当时非常渴望知道他是如何把这三位哲学家放到一起的。阅读后发现，范先生在书中充分体现了马克思的实践哲学、维特根斯坦的世界图像以及老子的大道为简的完美统一，这也体现了他完整的人生哲学。

2021 年，我应国际分析哲学史研究会的邀请，负责组织该研究会 2022 年的年会。在安排会议发言人的时候，我首先就想到了范先生。会议组委会知道，他是国际维特根斯坦研究的真正元老，如果能够邀请到他参会，将会是我们极大的荣幸，同时也担心他年事已高，不知能否参会。当我心怀忐忑地向他发出邀请后，范先生愉快地接受了我们的邀请，并表示，如果条件允许，他也愿意亲临山西大学参会。我们得到这个消息后非常高兴，知道有了他的参加，我们的会议一定能够取得圆满成功。由于新冠疫情，会议组委会最终不得不采用线上会议形式。但范先生依然非常认真地准备了他的会议报告，为了不拖延发言时间，他还事先专门做了发言预习。得知这个消息后，我们分外感动。范先生最终克服了时差的困难，顺利按时完成了会议报告，得到了与会者们的高度赞许。会议结束后，我向范先生专门表示了感谢，但没有想到的是，范先生反过来向我表达了歉意，说他发言的时候嗓音沙哑，可能影响了听众的理解。这让我真实地感受到了一位真正学者的宽厚与认真！在这里，我想再次向范光棣先生表达崇高的敬意！

我知道，2022 年 9 月 27 日，范先生做了一次大手术，用他的话说，就是经历了一场痛不欲生的人生，闯过了他人生中的第四个难关。但作为年逾 85 岁的老人，范先生却始终保持着一种积极乐观的人生态度，令人敬佩！他不仅头脑清晰，思维敏捷，判断迅速，逻辑严谨，而且风趣幽默，妙语连珠，热情好客，宽厚大度。从他的社交媒体中可以看到，范先生还时常关心国家大事和国际风云，始终保持着一种理性的头脑和分析的精神。我想，或许正是这种睿智大度，才使得他能够在耄耋之年依然胸怀世界，直面人生。这是一位真正哲学家的胸怀和眼界，也是一位睿智老人的最高境界！希望读者能够从他的这部著作中，感受到这位哲学家的智慧。

参考文献：

Anscombe, G. E. M. (1959). An Introduction to Wittgenstein's Tractatus[M], H. J. Paton(ed.). London: Hutchinson University Library, Hutchinson & Co. (Publishers) Ltd..

Boncompagni, B. (2016). Wittgenstein and Pragmatism, On Certainty in the Light of Peirce and James[M]. Basingstoke: Palgrave Macmillan.

Goodman, R. B. (2002). Wittgenstein and William James[M]. Cambridge: Cambridge University Press.

Misak, C.J. (2016). Cambridge Pragmatism: from Peirce and James to Ramsey and Wittgenstein[M]. Oxford: Oxford University Press.

Ogien, A. (2018). Practical Action: Wittgenstein, Pragmatism and Sociology [M]. Cambridge: Cambridge Scholars Publishing.

江怡，1989. 当代语言哲学与形而上学的复兴 [J]. 现代哲学 , 3: 48–51.

江怡，1991. 论后期维特根斯坦的哲学观及其对当代哲学的意义 [J]. 辽宁大学学报 , 4:104–

107.

江怡，1996. 维特根斯坦：一种后哲学的文化 [M]. 北京：社会科学文献出版社 .

江怡，1998.《逻辑哲学论》中的实在论与本体论 [J]. 哲学研究 , 6: 56-62.

江怡，1999. 哲学就是对语言的误用——试论中期维特根斯坦对哲学的消解 [J]. 自然辩证法通讯 , 10: 14-20+80.

江怡，2002.《逻辑哲学论》导读 [M]. 成都：四川教育出版社 .

江怡，2011. 从《逻辑哲学论》看西方哲学的实践转向 [J]. 哲学动态 , 1: 86-89.

江怡，2012. 论维特根斯坦的“哲学语法”概念 [J]. 哲学研究 , 7: 46-49+57+128.

江怡，2015. 维特根斯坦论颜色 [J]. 哲学动态 , 7:54-60.

江怡，2016. 论维特根斯坦的后期思想在当代哲学发展中的位置 [J]. 武汉大学学报 , 3: 62-68.

江怡，2018. 论后期维特根斯坦对常识心理学的态度 [J]. 社会科学战线 , 11: 42-49+281+2.

江怡，2021a. 对《逻辑哲学论》的逆向式解读及其问题 [J]. 哲学研究 , 11: 96-103+128.

江怡，2021b. 维特根斯坦与当代哲学的发展 [M]. 北京：北京师范大学出版社 .

江怡，2021c. 维特根斯坦是实用主义者吗？——一项学术史的考察 [J]. 学术月刊 , 11: 5-15.

江怡，2022. 后期维特根斯坦论确定性与不确定性 [J]. 山西大学学报 , 3: 1-9.

Preface to the Chinese Edition of K. T. Fann's Wittgenstein's Conception of Philosophy and Other Essays

JIANG Yi

School of Philosophy and Sociology, Shanxi University

Abstract: K. T. Fann's famous book, *Wittgenstein's Conception of Philosophy*, published in 1971, is one of the fundamentals in the international circle of Wittgenstein's study and has influenced generations in Wittgenstein's study since then. The book discloses Wittgenstein's concept of philosophy in the *Tractatus* from logical, linguistic, and unsayable perspectives. It explicitly claims the metaphysical significance of what cannot be said regarding the relation of logic with language. Fann clarified many misunderstandings of Wittgenstein's ideas by prominent philosophers at that time, in which he dissolved the so-called profundity in interpretations of Wittgenstein's philosophy. The book highlights the consistency in early and later Wittgenstein's thoughts, and focuses on the consistency in philosophical methodology. Having comparatively studied the difference between the two periods, Fann concluded that the shift in the philosophical methodology is Wittgenstein's main contribution to the revolutionary change in contemporary philosophy.

Keywords: Wittgenstein's conception of philosophy; metaphysics; logical world; language games; philosophical methodology

维特根斯坦论记号的生命

◎ 蒋世强

西北师范大学外国语学院

摘　要: “任何记号本身似乎都是死的，那么什么给它以生命？”维特根斯坦提出的这个哲学问题引起了学界关注。主流的观点认为所谓记号的生命即意义有灵论，维特根斯坦前期支持此论而后期对之拒斥。迈克尔·伦特内提出了另一种新解读：在消极阶段维特根斯坦拒斥意义有灵论；在积极阶段维特根斯坦已然给出了判断论。本文论述了上述两种解读的得失，并基于维特根斯坦前后期思想延续性及其哲学旨趣阐述了所谓记号生命的哲学符号学思想。

关键词: 记号的生命；符号；意义有灵论；判断论；哲学符号学

一、引言

维特根斯坦的著作或手稿中大量出现的德语词“Zeichen”和“Symbol”，英文一般翻译为“sign”和“symbol”，即“记号”和“符号”。[①] 尽管翻译多有不同，但维特根斯坦用词是明确的。记号是纸上的标记（mark）或声音。维特根斯坦这样写到:“记号是书写划痕或噪声。”（LWL 26）[②] 纯粹的记号，维特根斯坦并没有赋予其太多的含义，只是书写的划痕或噪声，不具有任何意义，是“符号中可被感官感知的东西”（TLP：§3.32）。符号是记号的使用（德语为 gebrauch）。维特根斯坦前后期对“记号”的理解是一致的，但关于符号之所以为符号的关

---

① 张申府、韩林合在各自的译本中分别翻译为“符号”和“记号”；与之相反，郭英、贺绍甲、黄敏在各自的译本中分别翻译为“记号”和“符号”；陈启伟翻译为“指号”和“符号”。本文认为用“记号”翻译“sign”，更贴近文本中的“mark”，正好维特根斯坦用“mark”解释过“sign”。鉴于中文的“符”一定涉及某种“使用”，故以“符号”翻译“symbol”。下文一律采用“记号”和“符号”分别对应维特根斯坦的“Zeichen”（sign）和“Symbol”。

② 夹注缩略语说明：LWL：*Wittgenstein's Lectures*；PG：*Philosophical Grammar*；PI：*Philosophical Investigations*；PR：*Philosophical Remarks*；TLP：*Tractatus Logico-Philosophicus*；Z：*Zettel*；NB：*Notebooks 1914–1916*。

键在“使用”，如何理解“使用”以及前后期的连续性和差异在学界尚有争议。长久以来，维特根斯坦在追问一个在他看来十分重要的哲学问题：“任何记号本身似乎都是死的，那么什么给它以生命？”（PI：§432）学界多通过讨论这一问题作为打开理解维特根斯坦哲学思想大门的钥匙。本文接续讨论这一问题出于类似目的。

学界通常认为维特根斯坦前期持有不同程度的意义有灵论（the animatory theory of meaning），后期把前期作为论靶，反对意义有灵论。不满于意义有灵论的消极解读，伦特内进一步提出了积极解读，即基于意向论的判断论。本文基于维特根斯坦前后期思想延续性及其哲学旨趣论述了这两种解读的得失，跳出意义有灵论和判断论的思维框架，回到维特根斯坦关于记号和符号的文本论述，阐释了维特根斯坦的哲学符号学思想。

二、主流解读：从意义有灵论到反意义有灵论

意义有灵论认为一个记号的生命就是这个记号具有的意义①，而意义具有思想或心灵属性。按意义有灵论的看法，记号（sign）作为印记或声响不具有意义。记号仅仅作为记号是惰性的（无意义）。记号为了携带意义，需要赋灵。意义有灵论的任务就是说明什么给记号带来了生命。意义有灵论对意义的生成持两部分观，即意义有两部分：表征（惰性的记号）加上赋予生命的使用规则。

（一）维特根斯坦前期的意义有灵论探讨

论者多认为维特根斯坦前期持有不同程度的意义有灵论。其依据是前期维特根斯坦有大量关于思想和实在表征的论述。

其中一个论据是，前期维特根斯坦的意义有灵论受到弗雷格的影响，而弗雷格认为一个句子的意义是思想，这实际上是把命题记号与思想相分离，只有具有思想的记号才有意义，维特根斯坦把此论演变为意义的有灵论（Jim Hopkins，2004）。其文本依据是，维特根斯坦曾说：“弗雷格的观点可以表述为：数学命题，如果只是一些横杠记号的复杂组合，那么就是死的和完全无趣的，然而这些记号显然有某种生命。当然，同样可说的任何命题没有意义就没有思想，命题是彻底的死的和不重要的东西。进一步说，无生命的记号的任何添加都不能让

① 意义的理解在维特根斯坦的不同文本中不尽一样，本文从符号学角度主要讨论了语义学意义和语用学意义。

命题有生命。”（BB：§4）

但是据此判断维特根斯坦前期持有意义有灵论是不充分的。虽然前期维特根斯坦的确在某种程度受到弗雷格的影响，但是，弗雷格的思想是客观的，处于第三世界（除了心灵主观世界和客观现实世界），弗雷格的目的在于反心理主义。维特根斯坦并不把思想放在客观的第三世界。难道维特根斯坦倒退到了心理主义？维特根斯坦在《逻辑哲学论》中认为思想是有意义的命题，命题的总和是语言，思想也具有客观性，只不过不是独立存在的实体，而是语言命题的表现，而语言命题具有公共性和客观性，并没回到具有主观内省的心理主义。而且，这本书中所引用的文本并不是来自前期维特根斯坦，而是来自中期[①]的《蓝皮书》，很难说维特根斯坦提到弗雷格以及关于命题的论述能体现前期的观点。

另一个论据是，维特根斯坦的意义有灵论受到罗素的影响。维特根斯坦在《战时笔记：1914—1917》中写到："思想是事实：其成分和组成部分是什么？它们与所图画的事实的关系是什么？我不知道思想的成分是什么，但是我知道一定有这样的成分与语言的语词相一致。与思想成分和所图画的事实的这种关系是不相关的。这是心理学需要弄清的问题。'思想包含语词吗？'不！但是，跟语词一样，心理成分与实在有同种关系。"

就此可以说，维特根斯坦前期承认心理学在某些方面的作用，但是并不能认定维特根斯坦的思想是主观的心理东西，进而认为这种思想是命题记号的生命。因为维特根斯坦明确把记号的"使用"作为意义的生命，前期记号的"使用"是具有客观性的逻辑句法的"使用"。

根据《战时笔记：1914—1917》关于图画事实的论述以及《逻辑哲学论》中关于思想、语言与实在的图画关系的论述，霍普金斯（J. Hopkins）甚至极端地认为前期维特根斯坦的意义有灵论实际就是心理表征的心理语义学。维特根斯坦在《逻辑哲学论》谈到，世界中事实的逻辑图画是思想，思想是有意义的命题，命题的总和是语言，通过投射规则，形成了世界的逻辑图画。似乎早期维特根斯坦有一套完整的表征理论，但是逻辑图画式的思想表征与具有生理特征的心理表征并不等同，即与福多式心理表征的心理语义学不等同。霍普金斯依据《逻辑哲学论》"日常语言是人类有机体的一部分而且复杂程度不亚于有机体"（TLP: §4.002）的论述，将其解释为自然主义或者具有生理基础的心理语言。其实，这句话只能表明语言的说出依赖于人体机能，并不能直接得出人类语言在大脑有生理表征的模块机制，也就很难认定前期维特根斯坦持有意义有灵论。

---

① 本文把1929年前的维特根斯坦著述视为前期，以《逻辑哲学论》为主。1929年至1936年视为中期，主要指维特根斯坦重返剑桥头几年的手稿和讲课。1936年后的维特根斯坦著述视为后期，以《哲学研究》为主。本文把中期视为过渡期，不作为有决定性的思想。

总之，前期维特根斯坦关于思想和心理表征的论述并不能充分地表明他持有意义有灵论。

（二）维特根斯坦后期对意义有灵论的拒斥

主流的看法是，后期维特根斯坦拒斥意义有灵论。在贝克（Baker）和哈克（Hacker）看来，后期维特根斯坦谈论“记号的生命”，并不是赞成意义有灵论，恰恰相反，是将其视为反对的靶子。哈克的文本依据首先来自《蓝皮书》:“似乎有某种确定的心理过程与语言的运作相关，语言通过心理过程起作用。我指的是理解和意义的过程。我们的语言记号没有心理过程似乎是死的；而且似乎记号的功能就在于导入这一过程……但是如果我们不得不命名记号的生命，我们应该说是它的使用。”（BB：§4）因为维特根斯坦在谈记号的生命是使用时，以及前面谈论记号的生命似乎是心理过程时用“但是”形成转折，所以这表明维特根斯坦是反对意义有灵论的，而且贝克和哈克还认为《哲学研究》中“任何记号本身似乎都是死的，那么什么给它以生命？在使用中有了生命”（PI：§432 ）明确地表明记号生命是“使用”，即“语言实践”。维特根斯坦用“语言实践”揭示了记号生命的错误哲学观念，即意义实在的神话和心灵的实在论是错误的。贝克和哈克还注意到维特根斯坦前后期都认为记号的使用使得语句或话语有意义，为了区别前后期的不同，贝克和哈克把前期的德语词“gebrauch”理解为句法“运用”（application），后期理解为“practice”，即“语言实践”（Praxis der Sprache’ in §51 ，MS 152：§58），就此而言，后期维特根斯坦的语言实践观恰恰是拒斥记号的意义有灵论。

学界对后期维特根斯坦拒斥意义有灵论几乎没有争议。有争议的是，维特根斯坦是否仅仅停留于拒斥这一观点，即只有消极观点（类似所谓的哲学治疗或者寂静主义）？所谓“使用”是否只是意义的使用论，还是维特根斯坦后期完全放弃了语言意义的探讨转到判断论？

三、伦特内的新解读：判断论的提出

在迈克尔·伦特内（Michael Luntley）看来，维特根斯坦探讨记号生命问题实际上已经给出了一个积极的方案。伦特内提出两阶段论，第一阶段是消极阶段，认同维特根斯坦从前期意义的有灵论转到后期反意义有灵论。但这并不意味着维特根斯坦到此为止，他最后的哲学旨趣还需上升到第二阶段，即积极阶段。在积极阶段，伦特内提出了判断理论，认为拒斥意义有灵论即拒斥探讨记号意义的可能性条件，转而探讨判断的可能性条件。

伦特内认为意义有灵论把记号和生命作为两部分，记号和意义被分离，意义又细分为两部分，一部分是表征，另一部分是推理。因为表征，所以需要意向指向对象，因为推理，所以需要规则或语法。前期是逻辑句法，后期是生活形式中的语法。他认为有意义地使用记号就是以某种方式对判断真值条件的决定做出贡献。语法规则很重要，如果没有语法规则就不能有意义地使用记号。也就是说，如果不能揭示一个判断拥有真值以及与其他判断的真值的系统性的联系，那么记号对判断的真值就没有贡献，因而无助于真值判断的拥有。不同于维特根斯坦的消极解读，积极解读预设了判断在拥有真值方面是独立的。独立地具有真值的判断是我们理解概念的方式所特有的功能，是人类理解意义的方式所特有的功能（Luntley，2003：7）。因而，如果超越消极的解读，积极的理解可以从维特根斯坦前期开始。只不过“使用”或“语法”在前后期不一样而已，前期是逻辑句法，后期是日常语言使用的规则，但都需要加入判断活动而不是纯粹语言表达层面的意义表征或意向，意向性必须建立在判断活动上。

维特根斯坦的确拒绝了意义有灵论，他拒绝的是一个哲学上的旧传统，即意义有灵论传统。在哲学史上，旧传统关于语法来源有三种形式：一是语法的柏拉图式来源，二是语法的笛卡尔式来源，三是语法的共同体来源。伦特内对意义有灵论的三个来源进行了反驳，其反驳基于两点：一是意义有灵论基于两部分论证，实际上是用统一的意义模式进行先验论证，而记号的使用不需要一个外在的补充；二是记号的使用其实并不需要分割的两部分的组合。

语法来源的三种形式都犯了错。反对意义有灵论旨在说明意义既不是外在给予也不是内在先天具有。这三个来源都是“哲学疾病”，维特根斯坦后期特别致力于通过澄清语法的误用治疗哲学疾病。但这只是消极阶段，更重要的是维特根斯坦告诉我们要“正确的看世界”，即伦特内所谓做出知觉判断，而非内省的精神活动。“判断的可能性的基本条件就是我们正确地看事情。”（Luntley，2003：18）

伦特内宣称，积极解读并不是建构理论，也不违背维特根斯坦的元哲学思想，即哲学是活动不是理论。“语法是视角性的，判断结构是判断行为结构，事情并不能个体化，独立于判断，这个判断就是作为行动者的主体。简言之，积极阶段并没抛弃意向解释的图画。”（Luntley，2003：18）伦特内实际上抛弃了传统意向论，重构了意义的新意向性论，即判断活动的意义意向论。这里的哲学基本问题不是“意义的可能性条件是什么”而是“判断的可能性条件是什么”。前一个问题让我们忘记了要在意向性中以一个视角讲述我们的角色故事，积极阶段的论证的主旨是我们不能忘记给出整个的角色，不然就会出错（Luntley，2003：18）。换言之，积极阶段解读完全放弃了语言意义的探讨而转到了判断论。

伦特内的新解读具有一定合理性和启发性。他从维特根斯坦拒斥意义有灵论出发，进一步提出判断论，不仅注意到维特根斯坦哲学思想的消极面，还注意到其积极的一面。他的判断论基于意向性，即行动者做出判断是一种意向性表达（约翰 · 塞尔式意向性，不是胡塞尔的意识意向性），能阐释记号生命的心理属性，同时以行动者意向解释判断活动从而避免了心理主义。但是，由于判断论仍然要考虑命题判断的真值和心理语义性质，而且放弃了维特根斯坦的语言意义的探究，因此不足以解释维特根斯坦为什么如此重视谈论记号的生命，也不足以解释记号与符号的关系以及记号的生命与语用意义的关系。

四、哲学符号学思想阐释

维特根斯坦的论述一定要放到具体思想发展以及当时论述的背景下才能得到恰当的理解，他的同一语词（或许也有翻译问题）在不同思想发展阶段和背景下可能表达不同的哲学旨趣。传统的主流解读考虑到了维特根斯坦的不同思想阶段，这是合理的，但还应考虑到维特根斯坦出于不同背景可能在消极意义上论述，也可能在积极意义上论述。伦特内的新解读区分了积极和消极的论述，这是合理的，但是维特根斯坦并没有任何文本提到他主张判断论。确切地讲，伦特内的积极解读（判断论）是在消极解读的基础上对维特根斯坦思想的进一步发展，并非维特根斯坦原本的哲学旨趣。回到维特根斯坦对记号和符号的论述本身，结合其思想发展的不同阶段及相关哲学背景，可以看到，所谓记号的生命问题实际上是维特根斯坦独特的哲学符号学。他在不同背景下论述旨趣有所不同，需要区分消极和积极的符号学，我们需要从如下几方面去理解维特根斯坦独特的哲学符号学。

首先，维特根斯坦前期到中期用得比较多的词“symbolism”既有消极的一面也有积极的一面。在消极层面，维特根斯坦主要反对罗素的符号主义（即从弗雷格到罗素的逻辑主义），反对罗素另外构造一套“逻辑上完美的语言”。这套符号学与意义有灵论类似，因为符号主义总是以记号指称世界中某对象或以心理表征某物（符合莫里斯的语义学定义）。如此，语词表征对象，对象的描述是符号主义的一部分（PR：§45）。但是这种符号主义是维特根斯坦要批判的：“在哲学中，我们总是在制造符号主义神话。”（Z：§211）他有时会明确加上“罗素的”符号主义。这种符号主义是消极符号学，即“符号主义神话”（mythology of symbolism）。当他在积极层面使用“symbolism”的时候，表达的是维特根斯坦自己的符号学。他在《逻辑哲学论》中阐述了区分记号与符号的重要性，着重论述了逻辑句法的作用。前期的符号学思想基础是，需要区分记号与符号，并把意义与指称分置于不同层级，名称记号只有指称，没有意义，而句子作为符号时只有意义，没有指称。“为了从一个记号认出符号，需要注意有意义的（句法）使用”（TLP：§3.326），而一个记号没有句法使用语句，没有语句的意义，名称也就没有所指。甚至到中期，维特根斯坦在积极层面仍然坚持："我沉迷于这种符号学（symbolism）。"（PG：§108）他还说："在我们的符号学（symbolism）研究中，不存在前景和后景，没有可见的记号伴随不可见的力量或者理解。"（PG：§43）也就是说，记号的生命不是指记号前后还有什么神秘东西。在积极层面，"symbolism"在前期就是逻辑句法使用，在中后期就是语法使用："记号中让我们感兴趣的，对我们重要的意义是在记号的语法中所体现的。"（PG：§44）按查尔斯·莫里斯（Charles Morris）的符号学框架，符号学包括句法学、语义学、语用学。就此，阿佩尔（K. Apel）认为维特根斯坦前期是句法—语义学符号学（即逻辑句法加一套表征对象的语义符号学），后期是语用学符号学，探讨语言符号如何在日常生活中使用。这里不论阿佩尔先验符号学解读的正确性，仅就他对维特根斯坦前后期的符号学划分而言无疑是合理的，因为前期《逻辑哲学论》的逻辑句法澄清命题的意义就是句法—语义学符号学，后期《哲学研究》的语法探究即为语用学符号学。

其次，维特根斯坦的语言哲学是大语言观，即包括通常的语言和其他符号，他在谈到语言时说："考虑一下我们叫做'语言'的东西的多样性：语词语言、图像语言、姿势语言、声音语言。"（PG：§28）换言之，大语言观即符号学。维特根斯坦明确把姿势符号（gestures）当作初始记号（primary signs），把语词当作次级记号（secondary signs）（PG：§28），以此来表明语言的讨论是处于符号学视野下的。只不过维特根斯坦的符号学是独特的，不同于索绪尔关注语言符号系统，也不同于皮尔士给出一套基于新范畴理论的逻辑符号分类体系。

最后，维特根斯坦符号学带有人类学特质。在《哲学研究》序言中，维特根斯坦明确表明斯拉法（P. Sraffa）对他有很大启发。当时维特根斯坦和斯拉法对前期的逻辑形式有不同的看法，斯拉法做了一个姿势符号以示反驳——用一只手的手指贴在下巴下往外刮一下，这个动作在意大利的那不勒斯表示轻蔑和讨厌。维特根斯坦后来对学生里斯（R. Rhees）说，斯拉法以他基于人类学的符号学影响了他（Monk，1991）。维特根斯坦实际上承认了《哲学研究》内含基于人类学符号学的哲学思想。

特别需要注意的是，"记号的生命"这一表述本身也包括消极面和积极面。主流的解读主要选取了维特根斯坦的消极表述，因而认为"记号的生命"是拒斥意义有灵论。其实，维特根斯坦有明确的积极表述。例如："语词有灵魂，不仅仅是（语义学）意义。"（PG：§32）这表明语词记号是有生命的，有灵的。但是，考虑这里的背景，维特根斯坦论述记号的生命或灵魂是想表达人们在日常生活中理解的语词是活生生的，他考虑的是在当下行动中表情达意的语词符号，也就是说，语用学的意义才是真正的交流意义，而不是死板的、理论上的、字面上的意义。在积极的意义上，维特根斯坦前期沉迷的符号学（symbolism）就是意义有灵论，而其后期认为语用学的意义才是语言游戏的意义，其具有目的性，意义在活动中是动态的，这就是后期积极层面的意义有灵论。就此，“我们想说，‘意义动起来，而（心理）过程就停止了’”。“符号（symbol）就是产生效果的东西。”“考察一个语词的意义就是考察效果或者目的，这是语法考察。”在积极意义层面，维特根斯坦明确回答了记号的生命问题。“任何记号本身似乎都是死的，那么什么给它以生命？在使用中。”（PI：§432）后期的“使用”就是让意义动起来（活起来），不是那个死板的语义学的意义，而是在语言行动中的语用学意义。在积极的层面，纯粹理论上的记号与符号区分是需要警惕的，因为在使用中，任何记号都是符号，任何符号都具有物理属性的记号。因此，当后期维特根斯坦强调日常语言的活生生的使用时，记号与符号是等同的，无需在使用中区分，前期属于积极层面的区分在后期属于消极层面的区分，因而从符号学看，前期和后期有连续性也有明显的改变。

五、结语

维特根斯坦关于“记号的生命”的论述固然是一个隐喻，却也不能简单视为语言修辞而将其忽视。它内含极其重要的哲学思想。正确的解读需要考虑维特根斯坦哲学思想的发展阶段及其不同表述的背景，而不能按传统解读，简单地把维特根斯坦前期哲学视为意义有灵论而把后期哲学视为反意义有灵论。伦特内的新解读合理地看到了维特根斯坦哲学兼具消极面和积极面，但也有过度阐发之嫌，维特根斯坦的哲学思想并不需要先经历伦特内所论述的消极的一面然后再上升到积极的一面，最后再得出前后期都只有一个解读，即判断论。维特根斯坦并没有专门论述判断论，他专门论述的是一种独特的哲学符号学。

就前期而言，从消极的层面看，维特根斯坦拒斥罗素式的符号主义的意义有灵论；从积极的层面看，其逻辑句法符号语言也可视为独特的符号学或者某种意义的有灵论（死的命题记号加上活的逻辑句法的运用）。

就后期而言，在消极的层面，后期维特根斯坦认识到前期主张的名称与世界对象的指称关系或表征关系（即句法—语义学符号学模式）的错误，试图考察日常语言使用以揭示前期句法—语义学符号学模式在语言活动中可能出现的误用。就此，后期反对意义有灵论，即反对记号有某种神秘的力量（如前期的表征或指称模式预设的语义力量）给予其生命。但在积极的层面，后期通过语用分析揭示了记号如何具有生命，因而维特根斯坦也可被认为持有某种程度的意义有灵论，只不过这个“灵”（或生命）指的是日常语言的活生生的使用，他旨在探究语言行动的语用学符号意义。

总之，从消极一面看，维特根斯坦前后期符号学思想都反对符号主义或心理主义上的意义有灵论。从积极一面看，基于记号“使用”，维特根斯坦前后期都持有不同程度的意义有灵论。积极或是消极，关键在于对维特根斯坦的论述需要具体考究并加以区分性的理解。后期对前期在哲学符号学上具有连续性，区别是前期的记号“使用”是逻辑句法的，后期的记号“使用”是日常语法的“使用”，前期是句法—语义学符号学，后期是语用学符号学。后期语用学符号学恰恰要揭示前期的句法—语义学符号学的错误，因为其影响了“我们正确看世界”。维特根斯坦语用学符号学的积极面的确是想告诉我们如何正确地看世界。

参考文献:

Apel, Karl-Otto. (1998). From a Transcendental-Semiotic Point of View[M]. Distributed Exclusively in the USA by St. Martin's Press.

Baker, G. P., Hacker, P. (2005). Wittgenstein: Understanding and Meaning, Volume 1 of An Analytical Commentary on the Philosophical Investigations: Part II: Exegesis §§1-184 [M]. Hoboken: WileyBlackwell.

Hopkins, J. (2004). Wittgenstein and the Life of Signs [M]// Max Kölbel and Bernhard Weiss（eds.）. Wittgenstein's Lasting Significance. London: Routledge.

Luntley, M. (2003). Wittgenstein: Meaning and Judgement [M].Oxford: Blackwell Publishing.

Monk, R. (1991). Ludwig Wittgenstein: The Duty of Genius [M]. London: Penguin Books.

Wittgenstein, L. (1922). Tractatus Logico-Philosophicus [M], C. K. Ogden（trans）. London: Routledge.

Wittgenstein, L. (1953). The Blue and Brown Books [M]. New York: Harper.

Wittgenstein, L. (1961). Notebooks, 1914—1916[M]. Chicago: University of Chicago Press.

Wittgenstein, L. (1967). Zettel [M]. Berkeley: University of California Press.

Wittgenstein, L. (1969). Philosophical Grammar[M]. Chicago: University of Chicago Press.

Wittgenstein, L. (1975). Philosophical Remarks[M]. Chicago: University of Chicago Press.

Wittgenstein, L. (1979). Wittgenstein's Lectures, Cambridge, 1932—35 [M]. Oxford: Blackwell Publishing.

Wittgenstein, L. (2009). Philosophical Investigations [M], G. E. M. Anscombe（trans）. New Jersey: Wiley-Blackwell,.

Wittgenstein on the Life of Signs

JIANG Shiqiang

College of Foreign Languages and Literature, Northwest Normal University

Abstract: “Every sign by itself seems dead. What gives it life?” This philosophical problem raised by Wittgenstein has attracted the concerns of academic circles. The mainstream reading is that the view on life of signs is the animatory theory of meaning. Early Wittgenstein supports the theory but later rejects it. Michael Luntley proposes another new reading: in the negative phase Wittgenstein rejects the animatory theory of meaning, whereas in the positive phase Wittgenstein endorses the theory of judgment. This paper discusses the advantages and disadvantages of the above two readings and expounds the philosophical semiotic reading on the life of signs based on the continuity of Wittgenstein’s thought in the early and later periods and his philosophical purport.

Keywords: the life of signs; symbol; the animatory theory of meaning; the theory of judgment; philosophical semiotics

[书评]

回归本真身体体验的实证性研究

——评《具身认知心理学：大脑、身体与心灵的对话》

◎ 朱林蕃
复旦大学哲学学院

知识究竟是在一个确定的基础上不断积累和丰富的，还是在一个又一个模型之间不断进化和取代的？哲学家们对此争论不休，我们或许在这里会列出一个长长的哲学家名单。但是科学家们似乎倾向于忽略关于知识内部演化的讨论，从经验验证入手，通过理论猜想与实验的融合推动理论范式的不断革新。笔者之所以提起这一点，是因为一次偶然的机会听到一位知名哲学系教授点评别人研究的时候这样说道："具身认知是很早的东西，别人早就做过了，你想拿到课题就需要让领导看了都能眼前一亮。"笔者并不清楚这位教授所说的"让领导眼前一亮"是什么意思，但他对于具身认知的不屑让人感到，这位学者本人距离前沿的学术研究已经很远了，也距离有良心的学术研究很远了。

具身认知在20世纪80年代末走进认知科学研究，也被许多人看作"第二代认知科学"的代表性成果（Lakoff & Johnson，1999）。在众多哲学资源以及神经生物学和行为科学等学科的共同助力下，具身认知在当代已经建立起比较成熟的跨学科研究体系，并形成许多著名的研究团队，比较有名的如英国伦敦大学学院哲学研究所、丹麦哥本哈根大学的主体性研究中心和德国波鸿大学哲学系等。而在国内，之前已经有叶浩生（2017）、刘晓力（2014）、李恒威（2007）、费多益（2010）等诸多学者引领的科研团队在具身认知领域辛苦耕耘，而最近陈巍教授带领的科研团队，已经成为中青年梯队中的佼佼者。陈巍与殷融、张静三人合著的《具身认知心理学：大脑、身体与心灵的对话》（2021）一书便是这个团队的最近研究成果，也是国内在具身认知领域中具有建设性意义的研究成果。本文即试图结合陈巍等学者的这本新著与具身认知在国内认知科学跨学科研究中的内容和意义做出一些简要的评述。

回顾认知科学的学科发展历史，学科的理论先天存在着两个截然不同的来源（Chemero，2011），第一个来源是以信息论与控制论为主的模拟心智的进路，这个进路演化出了认知主义和早期情境认知（广义的具身认知）的迭代式发展历程。这个进路的学者大多是20世纪50年代梅西会议的科学家与工程师，他们想要做到的是通过逻辑和算法探究认知的本质。在当时人们对于认知或心智黑箱一无所知的前提下，他们提出通过计算机“模拟”人类心智的功能，从而力求在问题解决的效力上达到某种智能能力的等同。这就是早期机器功能主义的雏形，即希望通过模拟人类心智的某些信息处理方式来达到智能多重可实现性——智能可以通过从人的神经载体平移到电子管的硅基演算机器上来实现。而在 20 世纪 80 年代面对哲学家与动态认知进路挑战之后，这一刻画逐渐过渡到了强调身体与脑融合的具身认知领域。从认知主义到具身认知的理论演化在认知科学的学科历史上有大量书写（Thompson，2010；Shapiro，2011），但事实上，认知主义还有另外一个隐秘的源头被大多数人忽略，即美国实用主义的源头，这一源头间接地影响了后来的生态心理学，并进而对具身认知的机制刻画产生了深远的影响。《具身认知心理学：大脑、身体与心灵的对话》一书是国内比较少见地指出具身认知的实用主义与实验心理学背景的著作。不仅如此，三位作者创见性地将具身认知的“史前史”开辟为全书的第一篇，并在这部分集中解决了具身认知理论的三个历史性的，也是基础性的难题：

（1）传统的心理学对于身体与心智的因果解释是非常狭隘的，这不仅使得身体与心智的探索落入了哲学上所谓“身心二元论”的窠臼，也使得行为、环境等真实生活认知（real life cognition）因素被排除在研究之外，也就是说，心智活动在行为与环境活动中的广义因果链条被旧的研究教条所蒙蔽和束缚了。

（2）方法论的多元主义（methodological pluralism）有助于学科与研究的发展，曾经过度拘泥于内省法或者第三人称的研究范式在今天都已经被时代超越。认知神经科学、认知心理学（当然也包括当代的具身认知研究）已经将第一人称、第二人称与第三人称的研究视角均纳入到学科研究范式中，打破了过去坚持被试与环境分离、第一人称与第三人称分离的方法论的唯我论（methodical solipsism）使得心智研究陷入“缸中之脑”的尴尬悖论。

（3）由于心理学内部发现了身体与行动的重要性，长期在哲学内部争论不休的身体（感觉与行动）、文化、环境等因素对认知过程的影响在心理学的实验上是可以得到理论和实验的互相印证的。

正是基于上面三点，具身认知理论得到了一个比较稳固的根基，使得之后的讨论更加从容。

如同上面提到的，情境认知理论（situated cognition）最早本来是作为具身认知的广义概念出现的（Robbins and Aydede，2009），但是伴随着理论的发展，逐渐出现了4E认知（或4EA认知，甚至5E认知）的说法。这些概念分别指称情境认知概念下的具身认知、嵌入认知（embedded cognition）、延展认知（extended cognition）和生成认知（enactive cognition），而与这四个概念相关的还有情感认知（affective mind）、分布式认知（distributed cognition）和生态认知（ecological cognition）。恰如陈巍教授在书中第二篇对“元理论”进行探索的时候所说，当具身认知的研究范式逐渐成熟并走向分化之后，这些概念群形成了某种“战国时代”的姿态，并呈现在读者和研究者面前。也就是说，在具身认知的研究分化中，尽管它们各自强调不同的侧面，但总的来说，这些概念的支持者希望说明的是，认知过程并不是一个简单的脑活动的过程，而是脑神经、情绪、身体、环境、文化和社会等不同侧面“卷入”到认知过程中的远端因果链条的一部分。但除了解释身体与环境之间因果互动的内部因果与外部因果（远端因果链条），构成性（constitution）概念的提出或许是4E认知概念群中最具特色的部分。

构成性是狭义具身认知的重要解释（Shapiro，2014；Weiskopf and Adams，2015）。广义的具身认知知识希望在解释认知过程的因果链条中加入其他要素（例如身体、情绪等对认知的影响），而构成性概念则希望说明一个认知过程是由不同要素共同构成。这样一来，不仅对于认知过程的实证性监测视角得到了转变，我们解释“认知”（cognition）概念的内涵也发生了变化。认知或许不再是一个思维要素的内部的因果推理过程，而是一个内部推理过程与外部广义因果过程共同构成的复杂缠绕（entanglement）。

也就是说，在元理论部分，陈巍教授团队显然在理论上支持一种相对激进的具身认知观点，即认为认知过程是构成性的，而具身认知中所涉及的身体并非解剖学意义上的身体，而是一个认知过程中发生功能的身体（lived body）。

《具身认知心理学：大脑、身体与心灵的对话》是一部试图打破哲学与认知心理学壁垒的著作，三位作者在实验部分的努力尤其值得尊敬。正如本文开头所说，具身认知理论引入中国已经有十多年历史，大多数学者（特别是哲学家）仍然是从繁冗的概念与理论框架入手进行研究，而从实验入手的研究仅限于心理学界内部少数的几位学者。陈巍教授团队的这本书最重要，也是最具有特色的部分，恰是第三篇与第四篇中对具身认知实验证据的分析，以及大量基于具身认知的延伸性实验研究。限于文章篇幅，下面我们不妨撷取部分实验例证做出一些评述。

关于主体感知（sense of agency）与身体归属感（body ownership）[①] 的研究虽然在早期的

---

① 虽然本书作者使用了“身体拥有感”的翻译，但笔者更倾向于“身体归属感”的翻译习惯。

橡胶手（rubber hand）实验、镜箱（mirror box）实验中都有大量的重复性证据［也包括近几年出现的身体虚拟边界和幻觉研究等（Liang，2015）］，但这些实验在早期并没有与“具身”（embodiment）这个概念深刻联系起来，科学家仍然是“独立地”对这些实验与身体认知的关系做出解释，直到后来哲学进路的一些认知科学家进入这个领域，才使得实验解释丰富起来。身体图式（body schema）与身体图像（body image）的区分是基于现象学进路的一种解释（Gallagher，2005；何静，2013）。在这种解释中，认知主体对于身体的边缘刻画源自对于自身物理属性边界的理解，但是在任意一个认知过程中，我们的感知范围与认知活动所调用的身体资源却是游移的。在其他的一些研究中（Blanke and Metzinger，2009；Alsmith and Longo，2014），一些研究者试图说明身体归属感是一种源自最小化自我意识的说明，身体归属感包含着认知主体关于自我知识的基本看法——即自我认同（self-identification）、自我位置（self-location）与第一人称观点（first-person perspective）等。但无论怎样，在有些认知科学家看来，身体归属感的迁移现象是认知主体先天获得的某种能力，使得我们可以自由调用一切可用的（accessible）资源来完成任务导向性活动；而在另一些学者看来，这是认知边界的可塑性（plastic boundary）造成的（Clark，1998）。无论这两种解释的切入点如何，都能说明认知过程是与身体密切相关的，而身体作为一种认知活动可调用的资源，它或许仍然是“脑中心的”（brain-centered），而不是解剖学意义上“脑边界的”（brain-bounded）。这样一来，认知边界就像安迪·克拉克（Andy Clark）所说，从皮肤和颅骨的边界延展到了世界上的其他部分（Clark，2011）。如果橡胶手参与了认知过程，那么认知边界或许可以迁移和延展到橡胶手上。而这也或许恰是镜箱实验所要达到的治疗目的——通过感知迁移与人格层面的认知治疗，使得幻肢疼痛症患者的疼痛从幻肢转移到身体其他部分，从而使疼痛得到缓解。在治疗的过程中，由于患者的认知的边界发生延展，身体归属感也随之扩展或收缩。对身体归属感边界的探索似乎说明，认知过程并不能理解为一种物理或生理系统的机械性活动，而是一种信息系统的功能性活动。为了保证一个信息得到良好的（快速、高效、准确）处理，这个功能性的信息系统也必然将可以提高系统效率的其他要素带入到系统内部进行操作与整合（operation and integration）。在这个过程中，为了保证功能性系统与外部因素建立起信息高带宽流动的“耦合系统”（coupled system），认知边界则需要随着耦合系统的建立或失效而实现功能性地扩展或者收缩（朱林蕃、赵猛，2019）。因而，一方面，身体归属感边界的迁移现象与相应的橡胶手实验、镜箱实验可以作为具身认知成为认知心理学独立的研究领域并驳斥传统认知主义的重要证据；另一方面，我们或许也可以通过归属感边界的迁徙来思考认知过程中信息处理的边界如何实现，以及认知过程中核心要素是由哪些方面构成的等问题。

更有趣的是，本书第四篇出现了一些基于橡胶手实验的更进一步的研究和实验，即通过对橡胶手实验中实验被试的手与橡胶手的同步性考察，来更深入地讨论身体现象对于认知的影响。三位作者选择了同步性（synchronization）作为身体归属感深入研究的重要切入点。我们知道，在经典橡胶手实验中，被试的真实右手被隔板隔开，而原来与左手对称的右手位置被橡胶手取代。科学家用两根羽毛同时刷动橡胶手与真实的手，这时候，大多数被试会报告自己的痒感迁移到了橡胶手上。而在扩展版本的多重对照实验与解释中，对照组（例如，偏移真实手与橡胶手的距离、使用橡胶手之外的其他物体等）往往会出现对经典解释产生诸多挑战性的证据。比如，在一些实验中，即使不存在橡胶手，有些被试的感觉竟然可以迁移到光滑的桌面上等。那么，为了对经典实验进行辩护，同步性立场或许是一个比较有意义的辩护（或说明）。作者通过对莱顿大学两个不同实验的再分析指出，视觉刺激的同步性因素对于被试是否能够准确地将感觉迁移到其他对象（橡胶手或其他）起到了显著的作用。

通过同步性研究，陈巍教授团队初步揭示了身体归属感的两个层面的理论意义。在方法论上，同步性概念揭示了第一人称经验与第三人称观察之间的差异，即将自身作为主体（seeing self as subject）与将自身作为客体（seeing self as object）之间的差异（Wittgenstein，1958），这种差异通常伴随着同步性的协调而得到弥合，伴随同步性的消散而得到扩大。这说明，同步性可以作为研究不同人称体验的范式转换的重要中介。在研究内容上，同步性或许对于当下非常“流行的”心智的预测加工（predictive process）研究具有重要意义。在当代颇具竞争力的三种预测加工范式（认知主义大规模预测加工模块假说、联结主义的预测加工假说、具身认知的预测加工假说）中，主流的预测加工观点认为，人类的预测加工存在多层级的信息处理加工模式，即通过自下而上的被动推理（passive inference）与自上而下的主动推理（active inference）之间形成预测误差（predictive error），而人类的认知行为的动机在于通过预测误差的最小化（predictive error minimization）来规避风险，从而实现自我保存的目标（Hohwy，2013）。而将橡胶手实验与预测加工理论相融合，我们或许会发现，同步性对于被动推理（感官输入的自下而上信号传递）具有重要意义。如果在橡胶手刺激与真实手刺激之间达到同步性协调，那么，预测误差可以缩小，认知主体的归属感迁移通路会变得可通达（accessible）。而当同步性不协调时，感官输入与主动推理之间产生的惊异（surprise）会较大，那么预测误差也会随之变大，这样一来，手的感觉归属感迁移的通达性（accessibility）难以实现，对于身体感知与身体图式的讨论也就显得薄弱了。这就说明，本书三位作者准确地将同步性作为研究的切入点，在他们之前的论文基础上进行了更系统性的阐述，证明了这个概念对于当代具身认知与预测加工研究的重要性，这在国内，乃至国际前沿来说也是非常具有开创性的尝试。

在本书的最后部分，三位作者非常用心地作出了具身认知研究的展望式宣言。一方面，本书通过扎实的理论分析和实验解释说明具身认知在实体研究和研究范式上已经超越传统认知科学，实现了相对独立自主的研究边界，并借助许多实验不断推进和深入；另一方面，内感受与身体表征的研究在未来或许会在具身认知内部产生更多具有变革意义的研究。

综观《具身认知心理学：大脑、身体与心灵的对话》全书，有四个独特且开创性的视角。首先，介绍了具身认知的实用主义与实验心理学进路的历史背景，在历史脉络上补充了过去研究的一些不足，这在国内比较少见。其次，在关于具身认知概念的辩护以及理论内部分化的介绍方面，作者能够给予准确的说明，并以构成性概念为核心，点出具身认知作为新范式与过去研究核心理念上的不同。再次，本书进行了大量的实验分析与实验解释，材料丰富，分析恰当有力，对具身认知内部诸多话题（具身语用、具身感知与自我、镜像神经元与社会认知等）均有涉及，并在这些话题基础上，延伸出以具身认知范式为基础的集体的案例性实验分析（道德语义与具身、发展心理学与具身、身体归属感与具身等），这些在国内具身认知研究专著中是具有典范性的。最后，本书为未来的具身认知研究开辟了一条具有独特视角的道路，即以内感受作为主题的研究进路，为更多学者在该领域的研究指明了颇具前景的方向。

笔者拙见，如果三位作者在以下两个方面更进一步，或许本书会更臻完美。首先，既然本书已经对许多既成的实验进行了讨论，不如就“百尺竿头更进一步”，通过自己团队的实验室资源做出一手资料的实验，特别是在经典实验的可重复性与对照组实验的创新设计上，或许会有一些推进性的创见。其次，构成性与同步性两个概念在本书中被着重强调，但是笔者认为，这两个概念都是作为论证颅内的脑神经与颅外身体环境等要素共同组成的“耦合系统”的子概念。也就是说，要论证具身认知或具身认知相关的概念群，耦合系统机制的发现与阐释才是最难的部分。

再回顾认知科学的发展史，认知主义与具身认知之间的辩论已经持续三十年，在理论上的辩护各有进退，在实验上又有各自的发展。正如威勒（M. Wheeler）在评价延展认知假说二十年的时候曾经说过的，虽然功能主义可以在理论上说明假说的合理性，但关键还在于解释它的机制（Wheeler，2014）。延展认知如此，具身认知也如此。虽然过去在理论上，具身认知驳倒了认知主义，但是在认知机制上仍然有很多空白。三位作者恰是在这个意义上呈现了一部佳作，不仅在理论上，也在以实验为基础的各种认知机制的刻画意义上说明了具身认知（与其相应的概念群）存在着向人类本真经验回归的合理性。可以说，《具身认知心理学：大脑、身体与心灵的对话》一书为国内具身认知的研究点燃了一盏照亮暗路的明灯。

参考文献:

Alsmith, A. J. T., Longo, M. R. (2014). Where Exactly am I? Selflocation Judgements Distribute between Head and Torso[J]. Consciousness and Cognition, 24: 70–74.

Blanke, O., Metzinger, T. (2009). Full-body Illusions and Mnimal Phenomenal Selfhood[J]. Trends in Cognitive Science, 13(1): 7–13.

Chemero, A. (2011). Radical Embodied Cognitive Science[M]. Cambridge, MA: MIT Press.

Clark, A. (1998). Being There[M]. Cambridge, MA: MIT Press.

Clark, A. (2011). Supersizing the Mind[M]. Oxford: Oxford University Press.

Gallagher, S. (2005). How the Body Shapes the Mind[M]. Oxford: Oxford University Press.

Hohwy, J. (2013). The Predictive Mind[M]. Oxford: Oxford University Press.

Lakoff, G., Johnson, M. (1999). Philosophy in the Flesh: The Embodied Mind and its Challenge to Western Thought[M]. New York: Basic Books.

Liang, C. (2015). Self-as-subject and Experiential Ownership[M]// T. Metzinger and J. M. Windt (eds). Open MIND:24 (T). Frankfurt am Main: MIND Group.

Robbins, P., Aydede, M. (2009). The Cambridge Handbook of Situated Cognition [M]. Cambridge: Cambridge University Press.

Shapiro, L. (2011). Embodied Cognition [M]. New York: Routledge Press.

Shapiro, L. (ed.). (2014). The Routledge Handbook of Embodied Cognition [M]. New York: Routledge Press.

Thompson, E. (2010). Mind in Life [M]. Cambridge, MA: Harvard University Press.

Weiskopf, D., Adams, F. (2015). An Introduction to the Philosophy of Psychology [M]. Cambridge: Cambridge University Press.

Wheeler, M. (2014). Revolution, Reform, or Business as Usual? The Future Prospects for Embodied Cognition [M]// L. Shapiro (ed.). The Routledge Handbook of Embodied Cognition (pp. 374–383). New York: Routledge Press.

Wittgenstein, L. (1958). The Blue and Brown Books [M]. Oxford: Blackwell.

费多益，2010. 寓身认知心理学 [M]. 上海：上海教育出版社 .

何静，2013. 身体意象与身体图式 [M]. 上海：华东师范大学出版社 .

李恒威，2007. “生活世界”复杂性及其认知动力模式 [M]. 北京：中国社会科学出版社 .

刘晓力，孟伟，2014. 认知科学前沿中的哲学问题 [M]. 北京：金城出版社 .

叶浩生，2017. 具身认知的原理与应用 [M]. 北京：商务印书馆 .

张静，陈巍，2016. 身体意象可塑吗？——同步性和距离参照系对身体拥有感的影响 [J]. 心理学报，48(8): 933-945.

朱林蕃，赵猛，2019. 重新审视“延展心灵”概念 [J]. 自然辩证法通讯，41(6):1-8.

[会议综述]

“事实”与“价值”

——第十三届全国分析哲学研讨会综述①

◎ 徐强

西南民族大学哲学学院

2022 年 5 月 21—22 日，由中国现代外国哲学学会分析哲学专业委员会和中国社会科学院哲学研究所《哲学研究》编辑部主办，西南民族大学哲学学院承办，中国人民大学书报资料中心和上海社会科学院哲学研究所《哲学分析》编辑部协办的“第十三届全国分析哲学研讨会”在四川省成都市举行。由于疫情原因，会议采用线上线下相结合的方式进行。会议主题是“‘事实’与‘价值’”。来自全国 80 多所高校和科研单位的专家学者和西南民族大学的师生代表共三百余人参加了会议，140 人次做了会议报告。会议设置了 20 个会场，包括 2 个主旨发言会场、12 个大会主题会场、3 个专题会场、2 个学生专场和 1 个专业委员会会场。《中国社会科学》《哲学研究》《哲学分析》《福建论坛》《中国社会科学报》、英文版《中国哲学前沿》（*Frontiers of Philosophy in China*）以及商务印书馆等期刊和出版社的记者编辑参加了会议。本届会议无论在数量还是在质量上，都是迄今为止规模最大的全国分析哲学研讨会。

一、主题紧贴现实，内容丰富多元

本届会议选取“事实”和“价值”作为会议主题，主要基于两个原因。其一，当今全球正在经受新冠疫情的肆虐，抗击疫情是我国目前面临的一个重要任务。因此，作为分析哲学研究者，我们应该考虑到将理论与实践相结合，同时号召广大分析哲学的同仁从分析哲学的视角来重新思考“事实与价值”的关系。西南民族大学作为国家民族事务委员会直属高校，

---

① 基金项目：2021 年四川省社科规划项目“魏斯曼与维特根斯坦‘中期’哲学比较研究”（编号：SC21A036）。原文发表于《哲学分析》2022 年第 4 期，经允许收录于此。

本综述内容部分基于各分会场主持人的总结，在此感谢他们的辛勤付出。这些主持人包括：段吉福、夏吾李加、袁海军、万小龙、曾怡、郁锋、莫斌、胡浩、陈常燊、黄敏、徐竹、伊万 · 伊万诺夫（Ivan V. Ivanov）、刘未沫、代海强、王华平、刘小涛、何静、朱菁、张瑛、林允清、潘天群。特别感谢山西大学江怡教授对本综述的修订和补充。

富有鲜明的民族特色，其哲学学科主要研究的特色就是中国少数民族哲学。结合党和国家近年来提出的“铸牢中华民族共同体意识”的主导精神，本届会议以“‘事实’与‘价值’”为主题，就是为凸显哲学研究的现实关怀；其二，“事实”与“价值”本身就属于分析哲学核心研究主题之一。上海社会科学院成素梅指出，从科学史角度看，“事实”的概念在 17 世纪由自然哲学家发明，自然哲学家将“事实”定义为脱离理论的“经验块”。然而，在量子理论中或在微观领域内，量子化不仅使得用来描述现象的概念不能用于两次观察之间的中间状态，而且诸如光子、电子之类的微观粒子的指称也不再是“真指称”，而是“理论上的指称”。因此，微观事实不再是价值无涉的经验块，而是与理论联系在一起。如何理解“事实与价值”的关系，就关乎我们对概念的语义和语用的把握以及其他相关问题。成素梅确信，与会专家学者围绕本次会议主题所展开的多视角的研究和思想碰撞，一定能够深化我们对“事实与价值”问题的理解。

围绕这个会议主题，本届会议特别设置了 6 个分主题和 3 个专题。6 个分主题包括：分析哲学中的“事实”概念、分析哲学中的“价值”概念、“事实”与“价值”的关系、分析哲学史的回顾与反思、分析哲学家思想研究以及维特根斯坦专题研究；3 个专题会议包括：“素朴实在论”、“严肃本体论的各类证据”以及“哲学践行”。这些分主题和专题讨论充分展现了分析哲学研究的主要内容。6 个分主题表明了分析哲学研究的重要特点，即关注概念分析和对哲学家思想的深入探讨，而对分析哲学史的研究已经成为当代分析哲学研究的重要内容。设置专题会议是本次研讨会的一个鲜明特色，专题会议的主题也充分反映了当今分析哲学研究的发展倾向，即形而上学研究和实践哲学的转向，包括实验哲学的兴起等。

二、不同视阈中的事实与价值

与会学者们围绕“事实”与“价值”及其相关问题，在主会场展示了他们对这些问题的不同理解，展开了激烈的思想交锋。

（一）继续推进分析哲学的“中国化”思路

山西大学江怡指出，国内在分析哲学领域取得的成果包括“分析哲学在中国”和“中国的分析哲学”。这些成果使得“中国分析哲学”概念正在形成。但他同时指出，已有研究依然存在诸多缺憾，譬如没有形成中国分析哲学的问题意识。江怡认为，如今特别需要系统梳理中国分析哲学的历史，从哲学理论高度重新认识分析哲学对中国哲学当代重建的重要作用，从理论阐释、方法论论考察和问题建构方面，充分展现中国分析哲学对中国当代哲学的特殊贡献。

如何对分析哲学进行“中国化”呢？厦门大学朱菁尝试从20世纪20年代中国学者对分析哲学的吸收和融会贯通的历史中寻求寻求资源，以此来对当前的分析哲学“中国化”工作提供参照。朱菁认为，金岳霖的《知识论》堪称上世纪中叶世界范围内知识论研究的顶尖成果。他特别指出，金岳霖较为完整地提出了当今被称为“析取论”的知觉学说，比最先提出此学说的西方学者早了20年。紧随朱菁的观点，有学者进一步论证了“汉语哲学”的构想：西南民族大学戴登云提出了作为发生哲学的汉语哲学的构想，浙江大学金立和山西大学谷成城讨论了汉语论证的评价标准。

（二）从分析哲学内部审视“事实”与“价值”二者的关系

南京师范大学陈真指出，“事实”与“价值”的关系问题焦点在于，前者在逻辑上是否蕴含后者。基于已有的研究，陈真提出了一种跨越事实—价值鸿沟的“先天道德客观主义”或“先天规范客观主义”理论。陈真认为，规范性判断（价值判断）是先天的，它们不可能建立在归纳证明的基础之上，但许多规范性判断的正确性又是毫无疑问的。因此，它们只能是先天为真的，即我们只要充分理解相关的判断就可以知道其为真。

北京师范大学唐热风考察了表信信念（doxastic belief）的本质。一般来说，信念是一种表示信念态度的命题，可以构造为有关一个命题的表信态度。唐热风认为，这种有关信念的理解首先是对信念的对象和信念的内容之间的混淆。唐热风分别对信念的对象和信念的内容做了分析和澄清，并提出对信念的一种新的理解。她认为，她的理解对于我们有关人类经验和动物感知方面的研究具有一定的影响。

（三）从伦理和实践角度，尝试让分析哲学服务于日常生活

南京大学潘天群将分析哲学的研究范式引入到哲学践行，从而提出“分析的哲学践行”的理念。他指出，当代意义上的哲学践行是20世纪80年代兴起的一场哲学运动，哲学家或哲学践行者根据自己的哲学背景或训练，发展出哲学践行理论和方法从而服务于大众。他认为，哲学史上许多哲学家从事哲学研究的范式或者方法论是哲学践行的主要资源，而对于分析的哲学践行而言，苏格拉底的“对话”以及维特根斯坦的“治疗型”哲学观点为分析的哲学践行提供了理论和实践支撑。最后，潘天群指出，分析的哲学践行既有优势也有限度。

（四）继续推进分析哲学关键人物的思想研究，加入到国际分析哲学研究的对话之中

在主旨发言中，学者们分别考察了蒯因（Quine）、克里普克（Kripke）、威廉姆森（Williamson）以及格拉汉姆·普瑞斯特（Graham Priest）的有关哲学思想，并对上述哲学家的思想进行了回应和客观评估。

武汉大学陈波指出，自然主义是蒯因哲学的主要特征，他对蒯因的自然化认识论做出了更为全面且更富于同情的澄清，通过批判地回应其遭到的三大反驳和威廉姆森对自然主义的三条责难来为蒯因的主要立场辩护，认为上述反驳和威廉姆森的三条责难主要来自于误解或者误读，因此它们是无效的。

山东大学王文方一直在关注当代美国分析哲学家普瑞斯特的思想动态。在此次会议中，他回应和分析了普瑞斯特于2021年提出的"无"（nothingness）的观念。他指出，普瑞斯特对海德格尔的"无"概念的分析就是顺应了当今国际分析哲学研究强调欧陆哲学和英美分析哲学融合的愿景。从历史角度来说，维特根斯坦曾在20世纪30年代跟维也纳小组的哲学对话和互动中谈论过海德格尔的"无"的理念。普瑞斯特提出了三个大胆的论点："无"是一个对象；"无"同时又不是一个对象；一切都建立在"无"之上。但是，经过充分的论证，王文方认为，上述论点都不具有说服力。

武汉大学朱志方重新审视了"先天性"与"分析性"这两个重要的哲学概念。他指出，"先天性"起源于康德，但维特根斯坦取消了先天综合命题，接着蒯因否认分析与综合的区分，从而转向实用主义的经验主义。最后克里普克主张先天性是认识论的概念，而必然性属于形而上学。朱志方认为，克里普克对先天性的理解有重要的哲学意义。

四川大学任晓明指出，当今世界处于百年未有之大变局，因果推理的跨学科交叉研究和跨文化互动研究，对提高科学管理水平、做出科学决策和促进经济社会和谐发展具有重要意义。从分析哲学的视角看，因果推理研究是跨学科研究和跨文化互动研究。

（五）从分析哲学的角度来审视人工智能，提出"分析的人工智能哲学"观念

山西大学魏屹东论证了经典人工智能本质上是理性的事业，而理性的实质主要是分析这一主张。非理性的东西，譬如意识等精神现象，是难以人工智能化的。即使强人工智能或者具身人工智能等，目前也只是停留在设想或理念阶段，离技术上的实现或物理的实现还相当遥远。最后，魏屹东将人工智能哲学当作一种计算的分析哲学。

总体上看，本届大会的演讲主题和主旨内容反映了当前中国分析哲学研究的整体形态。它们不仅涉及分析哲学的“中国化”议程的推进，也包括了分析哲学的历史、主要人物、核心议题等方面的研究，还包括了分析哲学所具有的哲学践行的“价值”功能。

三、对“事实”与“价值”的深入分析

围绕“事实”与“价值”概念，与会学者们在不同分会场中充分展现了他们的不同理解，并形成了一些引人入胜的思想交锋。

（一）关于“事实”概念的讨论

在对“事实”的概念分析上，西安邮电大学王策指出，“事态”被赋予严格的哲学概念是由洛采在他的《逻辑学》中首次提出并获得正式确立的。南方科技大学袁海军考察了塞尔有关“事实”概念的观点，论证了塞尔的制度事实概念可以拓展到对知识本质的讨论。华中科技大学张若愚讨论了大卫·阿姆斯特朗（David Armstrong）和大卫·刘易斯（David Lewis）围绕事态的非部分论组成这一观念的争论。青海师范大学崔治忠从中国分析哲学史的角度讨论了金岳霖的事态观，以及胡军、王中江对金岳霖的批评，他对上述批评给予了回应。

在对“事实”的问题研究上，西安交通大学王小红基于认知科学的实证研究，挑战了“事实的逻辑图像可以凭借语言清楚地言说”的哲学共识。上海交通大学赖长生讨论了知识的门槛问题的几种现有简答及其缺陷，主张用知识程度主义消解知识门槛主义与门槛问题。英国利兹大学徐华明讨论了内部信道在构建内部觉知过程中的作用。武汉大学樊达为一种特殊的反事实条件句提出了实用主义的解释。浙江大学达维德·法西奥（Davide Fassio）分析了现有“理由形成”理论的不足，并提出了一种替代性的综合方案。中国科学院颜春玲分析了牛顿力学和波姆力学的差异，论证了两种物理学理论中粒子的本体论是不同的。

“事实”和“实在”的关系非常紧密。中山大学王华平论证了朴素实在论承诺了经验主体与外部事物的亲知关系，从而承诺了泛心论。山西大学梅剑华则是为实践实在论辩护，他认为这种理论不仅可以为日常对象存在辩护，而且有因果效力。上海交通大学柳海涛指出，社会实在与心理实在互为一体，这种动态的一体结构是通过以规则为中心的行动得以实现的。北京师范大学展翼文利用条件句的多维语义学，论证了有理由将模态片断论看作形而上学的一条严肃进路。中山大学萧浩健利用语境模型来对关于知道的两种表达方式的类比进行说明。北京师范大学房岳则论证了知觉经验既是关系性也是内容的。

（二）关于“价值”概念的讨论

如何对待“事实”或者“实在”，表明了我们所拥有何种“价值”。从分析哲学的角度看，“价值”主要涉及知识论和伦理学研究范畴，因此本届会议有关“价值”概念的讨论主要是从知识论和伦理学的角度展开的。

从知识论角度看，上海财经大学方红庆从规范主义视角，提出对布兰顿规范知识论及其对可靠论改造的自然主义解读。北京师范大学代海强从规则怀疑论的视角论证了原初规范性。四川大学宋子明则为决策论的规范性提供了辩护。山西大学申晓旭和马健讨论了自然主义与规范主义的争论，考察了后分析历史解释的规范性基础。深圳大学胡浩汇报了自己近来有关规范性问题的研究工作。东北师范大学刘金山从法兰克福学派的视角来处理预定论与自由意志问题。天津大学张巍则重在阐明集体意图和道德共识形成的关联。

从伦理学角度看，华东政法大学沈宏彬介绍了德沃金关于价值真理与能动性的理论。电子科技大学万小龙提出了“道义逻辑”，并且阐明了这种逻辑作为真性模态逻辑在伦理方面的应用，从而给价值哲学以启发。厦门大学田海滨从道德断言规范性问题的多重维度讨论了知识、解释和理解的联系与区别。复旦大学罗涵将形式化与非形式化方法相结合介绍了不必承担的认知义务理论并给出了他的改进方案。西南民族大学周莹则从中西比较哲学的角度出发，比较了巴特勒和孟子的某些伦理学观点的异同。华东师范大学颜青山尝试从概念分析的方法来分析“好”这个词，最后他论证了“好”是一个逻辑状语的观点。贵州大学牛尧和华侨大学黄俊维分别讨论了运气相关的哲学疑难。复旦大学张明君为科学中的“价值无涉”论题做出了辩护。上海大学刘小涛就如何理解哲学实验的认知价值提出了建议。中国科学技术大学张贵红则系统地考察了大卫 · 刘易斯的价值倾向理论并论述了该理论的发展历程。

（三）“事实”与“价值”的关系

围绕“事实”与“价值”二分的观点，学者们在不同分会场都展开了相关讨论，进而扩展到对相关概念的语义研究。上海社会科学院阮凯指出，“事实”与“价值”二分在分析哲学中的崩溃源于蒯因的《经验主义的两个教条》。分析哲学家对待“事实”与“价值”的关系可以分为三种观点：严格二分；事实部分有价值前提，部分与价值无涉；所有事实都与价值联结。阮凯提出，不同哲学家之所以对事实与价值的关系有不同观点，根本原因就是他们对事实有不同的理解，在不同的层面使用了“事实”概念。这样，整理事实概念在哲学研究和日常语言中的多种语义，对于我们重新理解事实和价值的关系有重要启发。

从哲学史角度看，浙江大学康文煌一反休谟的做法，从心智发展活动层面上试图弥合事实和价值二分造成的价值真的认知基础问题。西南大学李章吕和唐上程从康德哲学视角考察了事实与价值二分法崩溃的原因及其启示。他们认为，上述二分法崩溃的观点源自普特南，是基于普特南的自然实在论倾向和“概念图式”，而“概念图式”则是取自于戴维森。四川大学曾怡和华中科技大学吴婧爽讨论的问题都涉及语义敏感条件下的各种可能规则，前者在中国古代文献阐释的基础上提供了一种视野，而后者在现代语用的实践中谈及对弹性语义的调适可能。

从哲学问题的角度看，宁波大学裴士军从事实与价值的二分角度对道德实在论与建构论进行了综合性的把握。南京大学黄梦瑶以乌鸦悖论为例思考了将价值判断建基于事实证据之上的逻辑条件。华东师范大学郁锋报告了在虚拟实在中如何区分正觉与错觉、幻觉的问题，并提出一种新的能够兼容现实和虚拟两种实在世界的感觉经验正确性条件。兰州大学郭昱辰考察了想象哲学中的异质性问题进展，提出用技艺观来回应这一问题。四川大学陈正之分析了现象知识“看上去相同”的传递性问题，论证了现象语境主义方案并不能成功。

四、对分析哲学历史和哲学家思想的进一步研究

（一）分析哲学史研究

如今，分析哲学史逐渐成为分析哲学研究的主题之一。在相关分会场的讨论中，学者们注重史论结合，量化分析与定性分析结合，古典命题与现代前沿结合，展现了分析哲学史研究的多重镜像。

其一，从哲学史角度反思并考察分析哲学的方法论。西南民族大学窦安振从古希腊哲学文本中挖掘古代的“分析”概念所具有的外延和内涵，概要梳理了哲学分析方法的源流。中国社会科学杂志社莫斌基于分析哲学发展历史的角度重新思考了分析哲学中的“分析”方法，他宽泛地理解分析哲学的“分析”，认为哲学存在三种意义上的“分析”：概念分析、符号分析与社会分析。岭南师范学院陈跃瀚反思了卡佩伦的概念工程方案，试图论证卡佩伦所谓关于“世界的”与“无指称的”“概念”是前后矛盾的，因此“概念”也必须要有指称。

其二，因果关系和实体一元论。中国科学院吴东颖论述了作为因果关系理论的干涉主义在社会科学中的效应，认为回归不连续分析法和双重差分法背后的共同趋势和连续性的假设使干预主义方法论能够为其提供全面的解释和论证。清华大学李明基于奠基关系解读斯宾诺莎实体一元论阐释，进而提出斯宾诺莎实体一元论同当代主流版本一元论具有家族相似性，而且这种做法对当代一元论依然具有深远的理论价值。

其三，科学哲学研究议题的探讨。浙江大学高洁辨析了 5 种概率方案（包括主观贝叶斯主义、客观贝叶斯主义、分别基于主体已有或倾向拥有知识的条件概率、客观概率）在理性决策中各自具有的优势与问题，试图证明没有一种方案是令人满意的。四川大学陈以森论证了卡特林 · 格鲁（Kathrin Glüer）的现象意向主义（phenomenal intentionalism）与她的贝叶斯主义前提是不协调的。

最后，由厦门大学、华侨大学和中山大学等高校组成的课题组带来了关于中国分析哲学研究者们的哲学观点的调查研究，这一工作受到了国外学者戴维 · 博格特（David Bourget）和戴维 · 查莫斯（David Chalmers）等人的启发。通过对调查问卷的分析，他们发现国内分析哲学研究者在诸多重要问题上与国外学者的看法存在一定差异，这些差异显示了中西哲学在历史和文化背景上的特殊性。

（二）分析哲学家的思想和分析哲学不同领域的研究

对分析哲学家的思想研究也是本届研讨会的重要内容之一，与会学者们就许多重要问题展开了更为深入的讨论。

其一，现象学和分析哲学的关系。中山大学巫东霖通过对胡塞尔的含义理论与弗雷格的涵义观念之间的区分，尝试回应达米特在《分析哲学的起源》一书中对胡塞尔的有关理论的指控。福建社会科学院刘君澄清了牛津学派极力反对胡塞尔现象学的缘由。

其二，早期分析哲学奠基人物和团体的研究。学者们的焦点集中在逻辑经验主义、弗雷格和蒯因三个方面。西安电子科技大学石伟军指出，弗雷格的逻辑主义认为算术是逻辑，算术由基数理论和实数理论构成。但是，弗雷格的实数理论是什么样的呢？石伟军认为，弗雷格在有关著作中并没有明确说明如何理解量的比例这一关键思想。学者们曾给出了四种实数定义，而石伟军则给出了第五种定义：从集合论的语言中重构弗雷格的量的理论，从而完成弗雷格的实数理论。与石伟军的路径不同，深圳大学郑宇健从“事实”与“价值”二分法崩溃的角度来解读弗雷格的《算术基础》，表明我们今天再次从弗雷格有关数的先验性的观点出发可以为上述问题带来很多启示。浙江大学陈勃杭重新审视了逻辑经验主义“分析”与“综合”的二分观点，认为上述二分法的显著功能就在于在特定问题情境之下区分需要预设的概念框架和需要诉诸的经验事实。内蒙古大学刘诗韵分析和考察了库恩的科学典范与自然类名称观点所具有的优点和缺憾。重庆师范大学吴烁偲考察了蒯因的同一性论题，认为蒯因的语境—实用主义方案消解了跨时间的同一性难题，却保留了同一关系是内在关系的直觉。如果我们区分绝对的同一性和相对的同一性，不难发现蒯因为同一性提出了过于严苛的标准，语境—

实用主义的崩因式方案其实可以有更多的本体论成员。

其三，对当代分析哲学代表人物思想的研究。东南大学孙涌庆考察了布兰顿所倡导的康德式的实践推理方案，他分别比较了休谟、戴维森和康德所代表的实践推理路径，试图论证布兰顿的实践推理以及规范性理论中可能存在的不足，提出了一种可能的改进方案。

其四，对分析哲学不同领域的研究。在语言哲学领域，学者们主要聚焦于语义理论。南京大学段天龙考察了费恩基于真值制造者所提出的语义的内容理论，论证了费恩的语义理论相比于戴维森的从句方法和客观方法所具有的诸多优点，譬如该理论可以让我们有能力去定义一系列关于内容的重要概念。华中科技大学张瑛指出，博格提出的语义最小论的出发点是人类的心智结构，她着重分析了博格如何以福多的心智理论为基础从而论证字面意义的模块性与交流意义的非模块性，认为博格的理论面临着四个困难，最后尝试指出语义最小论理论需要解决的核心问题。西北大学邵世恒、清华大学周炼和武汉大学杨博文分别报告了他们对于语言哲学中语词同一性、免于误认错误以及命题本质问题的研究进展，充分展现了当代语言哲学问题研究的深度和广度。在伦理学领域，香港中文大学赖姆尔·尼古拉斯（Rimell Nicholas）仔细讨论和分析了近来关于"future-like-ours argument"的相关争议，譬如堕胎、人格同一性等争论。在元哲学领域，哲学方法论和哲学研究的性质等主题近年来也作为元哲学问题得到国内外分析哲学界的关注。四川师范大学王鹏指出，黑格尔的"承认"观念是当代哲学最为盛行的概念。在对黑格尔的"承认"概念的阐发中，布兰顿和霍耐特是代表性人物。王鹏主要考察了上述二人有关"承认"的理解，尤其是"承认"作为"治疗"的哲学。

（三）维特根斯坦哲学研究

在分析哲学史研究中，维特根斯坦哲学始终是研究者关注的焦点之一。2021 年是维特根斯坦《逻辑哲学论》出版一百周年，国内外哲学界以不同形式召开了多场维特根斯坦哲学专题会议。在中国分析哲学研究界，可以说 2021 年是"维特根斯坦年"。如 2021 年国家社科基金以维特根斯坦哲学专题为主题研究立项的项目有 4 项，包括 3 项一般课题和 1 项重点课题。这是国家社科基金以维特根斯坦哲学研究为主题立项最多的一年。2022 年，国内外维特根斯坦哲学研究热潮仍然没有褪去，数量和质量都有进一步的提升。本届探讨会有 30 余位参会者专门以维特根斯坦哲学为论文主题，这在历届研讨会中也是规模最大的。

维特根斯坦哲学研究分为两个层次：第一层次是对维特根斯坦哲学文本和哲学思想的阐释；第二层次是灵活运用维特根斯坦的哲学观点。第二个层次基于第一个层次，因此，阅读、理解维特根斯坦哲学文本就是最为基本的工作。但是，目前国内外学者在第一层次上所作的工作还存在很多有争议的地方，还有许多悬而未决的问题。本届研讨会上，学者们就这些问题展开了热烈的讨论。

其一，维特根斯坦与弗雷格、拉姆齐、罗素等人哲学思想关联的研究。郑州大学钟远征认为，理解弗雷格是理解前期维特根斯坦意向性观点的基础，也为把握维特根斯坦中后期的相关思想做准备工作。中山大学石星雨以罗素的多元关系判断理论的基本内容以及维特根斯坦对该理论的批评为主题，分析了几种哲学史的解读，并给出了自己的解释。西北大学张学广和李若仪指出拉姆齐对维特根斯坦的批评性影响并没有得到学术界的真正重视和深入研究，二人立足于拉姆齐的遗作《数学的基础》，力图为拉姆齐影响维特根斯坦的过程、论题和意义提供一个系统的解释框架。顺着这个观点，南开大学刘晋芳从逻辑形式、符号与记号的区分以及同一性概念角度对维特根斯坦与拉姆齐在20世纪20年代的讨论进行了概述。

其二，早期维特根斯坦哲学研究。重庆工商大学王佳鑫仔细梳理了《逻辑哲学论》中的“事实”与“形式”概念以及维特根斯坦对相关概念的澄清。武汉大学刘倬帆指出，张庆熊、倪梁康、徐英瑾都讨论过维特根斯坦和胡塞尔对颜色不相容问题的论述，但他们的讨论都有不足之处。

其三，“私人语言”主题研究。维特根斯坦在《哲学研究》中指出，“私人语言”由于自身是矛盾的概念，而且违背了语言的使用和社会属性，因此是不存在的。从哲学史角度来说，湖北大学王振对维特根斯坦关于私人语言问题的讨论展开反思的新角度。北京第二外国语大学林允清把私人语言论证与“甲虫盒”论证联系起来进行讨论，指出它们之间的关系。浙江大学楼巍以话剧的形式阐释私人语言论证中“杠精”与维特根斯坦之间的交锋。与上述学者的观点相反，同济大学焦鹏程则试图论证私人语言存在的可能性。

其四，对“遵守规则”的阐释和回应。上海社会科学院周靖仔细梳理了匹兹堡学派的“三驾马车”对遵守规则的阐释，包括塞拉斯、布兰顿和麦克道尔；基于实用主义立场，周靖认为布兰顿的立场是最优立场。山西大学陈常燊对克里普克的“怀疑论论证”背后所预设的内涵主义立场进行了批评，他认为遵守规则的表达式是超内涵的，并且论证了超内涵的原始性特征以及关于规范性的原始主义观点。类似地，北京师范大学谢逸汝也从规范主义路径出发试图解决“遵守规则”悖论。海南大学袁莱琼从元伦理学维度考察了维特根斯坦关于规范性的思考。中山大学贝智恩则利用维特根斯坦在《论确定性》一书中的思想来批评怀疑主义。

其五，维特根斯坦的数学哲学和确定性思想研究。中山大学马怿恺聚焦于自然数概念，勾勒出了维特根斯坦数学哲学思想中与外延主义不相容的一些要素。清华大学李之涵探讨了晚期维特根斯坦提出的“构成性不确定”思想。

其六，维特根斯坦哲学的整体性和元哲学思想研究。随着“新维特根斯坦”学派的兴起，该学派所提出的维特根斯坦哲学思想的连续性和整体性理念也逐渐得到了国内学者的关注。西南民族大学徐强给出了维特根斯坦哲学连续性理念的定义，并且对李国山所认为的“治疗型”哲学贯穿在整个维特根斯坦哲学中的观点做了回应。中山大学黄敏以弗雷格关于逻辑普遍性的解释作为对照，分析了前期维特根斯坦与后期维特根斯坦关于逻辑普遍性的观点所发生的变化。

其七，维特根斯坦与当代分析哲学家思想的关联研究以及与人工智能、教育哲学的研究。南京大学安德烈·斯特罗洛（Andrea Strollo）讨论了维特根斯坦与威廉姆森在概念分析问题上的分歧，并给出自己对两者分析的调和思路。南京信息工程大学崔中良结合维特根斯坦对他心问题的论述讨论了人工智能研究中人机交互问题。上海交通大学樊岳红集中讨论了维特根斯坦的教育哲学。

五、学生专场和专题会场精彩纷呈

除了参会人数超过往届之外，本届研讨会还有一个特别之处，就是设立了两个学生专场和三个专题会场，这为国内的分析哲学研究提供了更多专门的交流机会，也为青年学生的成长提供了学术提升的机会。

第一个学生专场中有七位同学作报告，内容可分为知识论（5 篇）和分析哲学史（2 篇）。第一组文章涉及对信念、知识、智慧等知识论最核心概念的讨论，包括它们与真理的关系，与价值的关系，也涉及知识论一元论与多元论不同图景。第二组文章讨论包括一篇较为具体的关于弗雷格前期语境原则和后期组合性原则是否可以相互融合的问题的文章，和一篇对分析哲学的历史的一般性回顾的文章，最后提到了分析哲学与汉语哲学的关系。值得一提的是，本次研讨会有一名本科生参加（四川大学谈之辰），这是历届研讨会所没有的。第二个学生专场由 8 位硕士研究生作报告，报告主题集中在伍德的功能主义因果观、韦奇伍德的道德概念角色语义学理论、王浩哲学思想、维特根斯坦、真理紧缩论、人际宽容论的认知目标、数学游戏的无基础性、戴维森自然语言语义学。本场会议呈现出以下几个特点：主题前沿、论证精细、观点鲜明。在问答环节，同学们就相关问题展开了激烈的交锋和讨论。

第一专题会议的主题是“素朴实在论”。华东师范大学徐竹主持了该场专题会议。当代素朴实在论研究既是分析哲学史上的常识实在论、直接实在论等理论立场的延续发展，也是知觉哲学、心灵哲学相关论争的热点议题。该专题会议共有 6 场报告，北京师范大学唐热风、中国人民大学刘畅、华东师范大学徐竹、天津外国语大学骆长婕、同济大学陈仕伟、北京师范大学祁伟分别从信念论与素朴实在论的关系、意向对象与物质对象的区别、常识确定性的信念辩护、严格素朴实在论的辩护与反驳、知觉经验的关系论与表征论的对立，以及麦克道尔的析取论与对怀疑论的回应等方面，展现了当代素朴实在论观点所蕴含的丰富维度、内在张力及其在知觉哲学、心灵哲学研究上的广泛前景。

第二专题会议的主题是“严肃本体论的各种证据”。中山大学伊万 · 伊万诺夫（Ivan V. Ivanov）主持了该专题会议。该专题会议由在国内高校工作的外籍专家和国内学者组成，大家围绕“严肃本体论”的有关证据类别的主题展开了讨论。中山大学伊万诺夫和北京大学亚瑟 · 希佩尔（Arthur Schipper）合作的论文主要围绕着有关日常对象的感知经验展开讨论。华侨大学凯文 · 林奇（Kevin Lynch）则主要考察了哲学中的语法混淆。西南财经大学刘越重新思考了有关不可分的论证。清华大学蒋运鹏从经验证据的角度考察了有关日常对象的存在。

第三专题会议的主题是“哲学践行”。南京大学潘天群主持了该专题会议。西安交通大学丁晓军倡导新冠疫情下的哲学践行主动发挥其功能，帮助人们更好地应对由疫情带来的变化。贵州财经大学周章买结合案例探讨了溯因推理在哲学践行中的应用。扬州大学罗龙祥指出，将哲学对象归结“对话”，既体现哲学的本性，也体现“心灵治疗”的古老宗旨。杭州锦绣育才中学附属学校邓永城重点阐述了哲学探究共同体的苏格拉底对话及其应遵循的归谬原则。香港中文大学范雪麒揭示了许鹤龄对叶公子高的分析存在的不足之处，并且提出另一种咨询态度。贵州财经大学王蓉肯定了柏尼菲对庄子思想的跨文化解读，从而让读者自觉与中国古代经典发生真正的思想联结。

六、对中国分析哲学研究未来发展的展望

第十三届全国分析哲学研讨会为期两天，专家学者与学生们进行了思想碰撞、观点交流，成果丰硕，收获显著。中国现代外国哲学学会名誉理事长、分析哲学专业委员会负责人江怡在闭幕式上指出，本届研讨会表现出网络化、年轻化、专题化以及国际化等鲜明特点。对于中国分析哲学研究的未来发展以及分析哲学专业委员会今后的工作，他特别强调，专业委员会应当更加年轻化，吸纳更多青年才俊加入分析哲学专业委员会；分析哲学研讨会举办形式应当更加多样化；分析哲学研究内容应当更加专业化；中国的分析哲学研究应当更加本土化。在本届研讨会期间举行的分析哲学专业委员会的专题会议上，经过讨论商议，委员会确定下一届全国分析哲学研讨会将于 2024 年由山东大学哲学与社会发展学院承办。闭幕式上，山东大学王文方代表承办方热情欢迎国内外学者踊跃参加“第十四届全国分析哲学研讨会”。我们相信，两年后的研讨会将展现中国分析哲学研究的更多优秀成果。

立足中国大地的分析哲学研究

——山西大学“中国分析哲学史研究线上系列讲座”纪实

◎ 董化文
山西大学哲学社会学学院

2021 年，国家社会科学基金重大项目“20 世纪中国分析哲学史研究”（批准号：21&ZD050）正式立项，山西大学江怡教授担任首席专家。该项目旨在通过对中国分析哲学的历史梳理和理论建构，澄清分析哲学中国化的问题路径，提出分析哲学在中国的研究方法，形成中国分析哲学的问题意识，突出中国分析哲学的多学科特征。为了集中体现国内外相关研究最新成果，自 2022 年 7 月起，由江怡教授担任总策划，该项目课题组设立“中国分析哲学史研究线上系列讲座”，特别邀请国内外著名专家展开思想交锋碰撞，期望引发国内哲学界的进一步思考，促进中国分析哲学研究的发展，提高我国哲学研究的整体水平。截至 2022 年 12 月，该系列讲座已成功举办六场，郑州大学王路教授、武汉大学陈波教授、厦门大学朱菁教授、陕西师范大学周柏乔教授、华南师范大学陈晓平教授与斯洛文尼亚卢布尔雅那大学助理教授扬・弗霍夫斯基（Jan Vrhovski，中文名“卫阳”）等，围绕分析哲学在中国的发展史、分析哲学重要问题的中国解释、中外分析哲学家思想的比较研究展开讨论，侧重于阐释分析哲学中国化的核心主题，凸显立足中国大地的分析哲学研究成果。

一、分析哲学在中国的发展

历史地看，分析哲学在中国的传播和研究，伴随着西方哲学传入中国之后哲学学科在中国的逐渐确立，以及逻辑学学科在中国的发展。朱菁、扬・弗霍夫斯基与王路三位教授的讲座聚焦于分析哲学与中国的关系，以历史考察的方式，围绕分析哲学在中国的发展这一主题，从不同视角向我们描述了分析哲学在中国的发展历程。朱菁侧重探讨了 20 世纪上半叶（1900—1952）中国哲学学科的建制化过程，扬・弗霍夫斯基则聚焦数理逻辑学科在中国的发展以及相关哲学术语在新中国最初十年（20 世纪 50 年代）的历史演变，王路侧重于改革开放之后分析哲学在中国的迅速发展，以个人学术经历，体现中国分析哲学的发展历程。

（一）哲学学科在中国的建制化是分析哲学在中国立足的制度保障

朱菁教授通过对苏轼名句的借用和改造，以“回首向来萧瑟处，亦见风雨亦见晴”，表达了他对20世纪上半叶（1900—1952）哲学学科在中国的建制化过程的理解。他主要依据四个标准考察了哲学学科在中国的萌芽和发展：在公认的学科体系中具有稳定的独立地位；阶梯型的专业人才培养体系；成熟的课程体系；专业化的学术共同体。

西方的哲学学科起源于中世纪欧洲的大学。当时的大学主要由神学院、法学院、医学院、文学院构成。除传统的神学、法学、医学这样的专门学问外，还有传统七艺算作通识学问。七艺分为两类，一类是文法、修辞、辩证法；另一类是算术、几何、天文、音乐。当时的哲学学科通常被放在文学院，但与神学院也息息相关。在中国，哲学学科建制与大学的建立和发展同样息息相关。19世纪后期，教会大学开始在中国建立，揭开了中国高等教育发展的第一个篇章。这些大学延续了西方大学普遍重视哲学学科并且在大学设立哲学系的传统，中国的哲学培养活动也就在中国的教会大学里率先展开。朱菁以南京金陵大学作为教会大学主要代表，介绍了教会大学哲学学科建立发展的情况，搜集并整理出金陵大学在这个阶段培育出的诸如刘伯明、刘国钧、方东美、倪青原、萧焜焘等哲学学人的史料。

朱菁对哲学学科在教会大学的建制化情况做了如下总结：

1. 教会大学比较重视哲学教育，学生需要修哲学课程，但这主要是在办学规模小、哲学学生人数少的学校。大学教育主要以通识教育为重心，哲学方面课程在所有课程中占有一定比例。

2. 部分学者哲学视野开阔，哲学相关著作颇丰。尽管教会大学学生主要接受西式教育，重视英文学习，但学生们也接受了中国传统思想文化方面的训练。

3. 金陵大学哲学课程有西方哲学史、科学方法论与伦理学。

4. 出现诸如《金陵文摘》《斯文》等期刊，形成了最初的专业学术共同体。

然而，朱菁指出，以金陵大学为代表的教会大学哲学系办学规模较小，培养学生较少，对社会产生的影响也较小。在社会上有较大影响的哲学系主要是在公立大学。朱菁以北京大学和清华大学为例，介绍了当时公立大学哲学学科建立发展的情况。

北京大学的哲学系始建于1912年，初为“北大文科哲学门”，1914年起正式招生，1919年更名为“北京大学哲学系”。北大哲学系建系伊始就名师云集，主要代表人物有陈黻宸、马叙伦、章士钊、陶孟和、陈大齐、胡适、梁漱溟和杨昌济，1920 年后聘用张竞生、熊十力、张颐和邓以蛰。朱菁根据北大学者的回顾，描述了当时北大哲学学科的“热”：就读学生数量众多，哲学课慕名旁听者甚众，哲学系学生素质极高，多人在学界或政界颇有成就（尚小明，2010）。朱菁指出，新文化运动直接推动了哲学学科的发展，而北大作为国内国立大学的代表，其哲学系的气象、格局与影响力是教会大学哲学系无法比拟的。与北大相比，清华大学哲学系走过的道路有所不同。清华哲学系始于 1926 年 9 月，以金岳霖入职清华大学讲授逻辑学课程并受命组建哲学系为标志。1926 年至 1952 年，清华大学陆续聘用冯友兰、邓以蛰、张申府、沈有鼎、贺麟、洪谦、张岱年等学者。清华大学的教授们普遍重视逻辑学，研究内容与方法有着强烈的分析哲学导向（唐少杰，2020）。

关于阶梯型的专业人才培养体系，根据朱菁的分析，这个时间段的各大学哲学学科建设主要以本科教育为主，研究生教育成就比较突出的是燕京大学与清华大学，哲学博士培养当时在国内还没有。但是，哲学学科在当时公认的学科体系中还不具备稳定的独立地位，国内拥有哲学系的大学数目不多，办学经费也不充足，学生就读哲学科系的意愿还不是非常强烈，这些都导致当时许多大学的哲学系难以为继。

在哲学专业学术共同体的建设方面，当时全国创建了一些哲学期刊，如《哲学》《哲学月刊》《哲学杂志》《哲学评论》等杂志，并创办了中国哲学会。作为专业研究学会，中国哲学会对当时的中国哲学学科发展起到了重要的推动作用。

关于 20 世纪上半叶哲学学科在中国的发展历程，朱菁总结出三个特色：

> 一是“国际视野”。当时参与哲学学科创建和发展的骨干基本上都有留学背景，关注与研究的内容很多都源于国外。正是这种国际视野，使得当时的中国学者对西方哲学中的经验主义传统和刚刚出现的分析哲学思潮给予了特别关注，并在第一时间将它们引入中国。例如，张申府对维也纳学派哲学和维特根斯坦思想的引入，胡适对杜威实用主义的介绍等。
>
> 二是“中国本色”。当时的哲学学者通常以中国文化与中国命运立场来探索哲学，在西方留学的中国学生也时刻牢记祖训，多从中西比较的视野看待西方哲学，力图用中国传统文化解读西方哲学。例如冯友兰的博士论文以及梁启超、梁漱溟等人的中西比较研究。即使是在教会学校任职的外国学者，所做的大多数工作也是对中国典籍的翻译和对中国文化的学术传播。
>
> 三是“博学多思”。当时的学者思想活跃，敢想敢说，勇于交锋，形成了良好的学术

讨论氛围。例如，出现于二三十年代的“科学与玄学论战”就表现出高度的思想活跃，而出现于40年代的冯友兰与洪谦之间的形而上学之争，也展现了学者之间自由讨论的良好风气。

（二）哲学、科学和技术的融合造就了新中国的数理逻辑学科建设

扬·弗霍夫斯基的报告聚焦于数理逻辑学科在中国的发展，以及相关哲学术语在新中国最初十年的历史演变。他主要从三个方面阐述了这个演变过程：第一，哲学研究的基础与意识形态变化；第二，制度与体制上的演变；第三，学科研究内容的变化。

扬·弗霍夫斯基认为，历史不是突然开始的，每一种思潮都有其出现的历史背景。20世纪20年代，罗素访华在北京大学讲授数理逻辑，讲座内容于第二年以《数理逻辑》为名出版，数理逻辑始为国人所知。20世纪30年代，武汉大学的数学家们开始推进数理逻辑的“数学”方面研究，即集合论和希尔伯特形式公理化。但是，在燕京大学、清华大学、北京大学和武汉大学，数理逻辑当时都被当作一门哲学课程讲授。这意味着，在中华人民共和国成立以前，数理逻辑已经被确立为哲学的一部分，而非数学的一部分。20世纪40年代，中国处于战争时期，相关史料不足，但扬·弗霍夫斯基以华罗庚、张申府等当时学者传记中对数理逻辑态度的文字线索为例，说明这一时期数理逻辑的地位。他认为，当时大多数高级知识分子认为数理逻辑是逻辑的最高形式，是最先进的科学方法。

1949年，中华人民共和国成立，国内的哲学思潮也发生了重大改变。扬·弗霍夫斯基指出，1949年之后的十年，中国视苏联为“老大哥”，全面向苏联学习，逻辑学方面当然也不例外。1949年至1953年，中国的数理逻辑对苏联模式的学习，主要表现为对苏联的科学哲学材料、报告和辩证唯物主义论文的翻译。在翻译的过程中，科学家们对自然辩证法和与科学相关的辩证法材料尤感兴趣。第一次全国辩证唯物主义研讨会在1949年12月召开，由中国科学工作者协会和中国科学社共同主办。在这一时期，苏联将数理逻辑视为唯心主义的基础而加以批判。但在这次研讨会中，一位来自北京的年轻数学家孙泽瀛提出了自己对静态逻辑与动态逻辑划分的批判。扬·弗霍夫斯基认为，这表明在这一时期，中国学者对数理逻辑与形式逻辑的关系仍然有着自己的思考，中国的数理逻辑研究并不是对苏联模式的照搬。1953年，中国知识分子写的《数理逻辑》发表，这意味着，中国的数理逻辑研究已经从向苏联模式学习转变为积极主动思考。

扬·弗霍夫斯基认为，新中国成立后，中国哲学家主动参与哲学话语的创作，并推广自己的科学事业。他特别提到华罗庚于1953依照苏联学术模式组建了中国科学院数学研究所，

华罗庚担任所长，胡世华担任数理逻辑组组长，关肇直负责研究数学基础。扬·弗霍夫斯基指出，关肇直在1955年发表了为数学理论工作辩护的重要文章《论目前对数学这门科学的几种错误看法》（关肇直，1955），通过柯尔莫哥洛夫（A.Kolmogorov）使用直觉主义逻辑的例子来说明直觉主义不能被数理逻辑完全抛弃，主张重新定义当时的数理逻辑和数学哲学，呼吁数学家们积极参与新的数学哲学方面的工作，为塑造中国数学哲学自身的话语、发展一种新的不同于苏联数学哲学的中国数学哲学贡献自己的一份力量。

1956年4月28日，毛泽东主席在中共中央政治局扩大会议上提出，“百花齐放、百家争鸣”应该成为我国发展科学、繁荣文学艺术的方针。扬·弗霍夫斯基指出，这个政策变化使数学哲学的重大变革成为可能。在政策支持下，中国科学家们开始研究自然辩证法，成立了自然辩证法研究学会并创办了享有盛誉的期刊《自然辩证法通讯》，它们为数理逻辑的数学哲学的形成提供了一个共同的平台（胡世华、吴光磊，1956）。扬·弗霍夫斯基特别指出，毛泽东主席非常支持数理逻辑研究，主动发起组织了“逻辑学大讨论”。但在这场大讨论中，中国哲学家们关心的是形式逻辑与辩证逻辑的关系，而非数理逻辑本身。

1956年至1960年，党中央对数学和其他产生重大影响的新科学都给予了足够的重视。扬·弗霍夫斯基认为，政治因素在促进学科发展上有非常重要的影响，一定程度上也促进了数理逻辑与数学基础的发展。胡世华是这个时期的重要代表人物。在这一时期，胡世华写了很多文章，论述数学基础（吴光磊、胡世华，1956）、数理逻辑（胡世华，1957；胡世华、吴光磊，1956）、控制论和计算机科学的重要性（胡世华，1956）。胡世华还是马克思主义数学哲学的主要倡导者，他认为数理逻辑不只是数学的一部分，而应该是数学的哲学基础。他还论证数理逻辑与辩证逻辑的关系，认为数理逻辑是新中国马克思主义方法论的一部分，有助于自然辩证法与辩证唯物主义的发展。此外，胡世华还通过宣传中国当时研究的电子计算机的发展，来说明数理逻辑是一门应用科学。

扬·弗霍夫斯基指出，1958年至1961年，中国的科学哲学研究强调科学的实用性和应用性，而非科学的抽象理论。由于数理逻辑和普通数学是一门抽象科学，数学家们再次挺身而出，证明实践是理论工作的结果。中国科学院的计算数学家和数学学者的数量，随着当时电子计算机程序的兴起逐渐增加。随着中国科学院建立各学科发展中心，这些数学学者逐渐转移到其他研究所。胡世华在这段时间开始了他的“计划”，其目标是将数理逻辑解释为数学的终极哲学。胡世华与关肇直在1958年和1959年试图创建一种更全面的数学哲学，以取代或完善自然辩证法，他们发表了许多关于这个主题的论文，展示数理逻辑的实用性。1959年，中国科学院数学研究所组织了一场关于数学基础的研讨会，胡世华做了重要演讲，介绍了数学基础研究的特点，揭示了数学学科的性质。关肇直通过对数学研究基础的描述，回答了数学基础研究的方法、数学理论的前提、促进数学内容和应用发展的方法、改进证明的方法论等方面的问题（胡世华，1960）。

最后，扬·弗霍夫斯基总结道，中国的数理逻辑研究最初是模仿或照搬苏联的数理逻辑研究模式，但很快进入了自我创造的过程，新中国的数理逻辑研究走出了一条特殊道路，很快自觉参与了社会主义建设。中国学者对数理逻辑重要性的理解并非来自苏联，而是来自二十世纪二三十年代马克思主义知识分子的论述。中国数学家对未来的数学哲学、数学的新基础等问题都提出了创新的观点。

（三）改革开放后的中国分析哲学研究成果显著

王路在讲座中明确主张，应当用20世纪著名的分析哲学口号来理解分析哲学，即分析哲学的根本任务就是对语言进行逻辑分析。王路围绕三个标准来谈论分析哲学和分析哲学家的工作：第一，对语言进行逻辑分析的哲学是分析哲学，对语言进行逻辑分析的哲学家是分析哲学家；第二，不强调对语言进行逻辑分析，但只要与逻辑相关就是分析哲学；第三，只要是与语言相关就是分析哲学。其中第一个标准为强标准，后两个标准为弱标准。在过去许多年里，我国出现了大量的相关翻译与论著，从以上三个标准看，我国的分析哲学研究取得了非常大的成绩。

根据以上三个标准，王路认为，金岳霖先生应当是中国分析哲学的首创者。自1925年赵元任先生介绍金岳霖先生到清华任教并创办清华大学哲学系起，分析哲学在我国已有近百年的历史。金岳霖先生的著作基本写于1949年之前，但分析哲学在中国获得重大发展则是从改革开放至今：大量分析哲学经典著作被引进，国内分析哲学著作和文章大量涌现。王路回顾了自己从1981年工作至今从事逻辑和哲学研究40多年的学术经历，这在时间线上与改革开放后中国分析哲学的迅速发展历程基本重合，他的学术历程充分反映了40年来分析哲学中国化的历程。王路认为，自己的工作是与逻辑、语言、翻译、弗雷格以及对语言进行逻辑分析相关的，他的哲学研究的这些特征，某种意义上也是中国分析哲学40年的基本特征。

王路重点从翻译的角度表达了自己研究弗雷格与分析哲学的认识和体会。他认为，学习弗雷格的思想，可以通过阅读德文文献、英文文献和中文文献，但英文和中文的文献都是对德文一手文献的翻译。阅读中文翻译有其自身优势，应该摒弃那种读中文翻译“掉档次”的心理。王路认为，翻译的基础是理解，理解的结果是译文，译文又进一步影响理解。通过举例说明，王路指出，不应想当然地以为西方人对弗雷格思想的理解一定是对的，在理解弗雷格思想的问题上，我们跟他们站在同一条起跑线上，只不过他们的背景更多一些，讨论的问题更多一些。我们讨论的基础不如他们，但经过学习，完全可以做到比他们的讨论和理解得更好。王路以弗雷格的 Bedeutung（意谓）（弗雷格，2006：7-9）与 Wahrheit（真）（弗雷格，2006：17）为例，讲述了自己在不同阶段对这两个概念的不同理解和翻译。他认为，这种以翻译带动研究的方式进一步阐释了翻译的基础是理解，理解的结果是译文，译文又进一步影响了理解。

最后，王路强调了发展与超越对中国分析哲学研究的重要性。从分析哲学的口号可以看到，逻辑与哲学具有非常密切的关系。罗素认为，逻辑是哲学的本质，这个观点体现了逻辑在哲学中的重要地位。然而，我国逻辑与哲学的研究现状却表现出两种极端情况：一是研究逻辑的人不懂哲学，对哲学采取轻蔑远离的态度；二是研究哲学的人不懂逻辑，对逻辑敬而远之。王路介绍了自己多年来的部分工作成绩，包括句子图式、分析哲学与传统哲学的联系与差异、形而上学与“加字”哲学、哲学的性质等。王路认为，仅仅达到这样的认识还不够，还需要超越这个认识，这才是中国分析哲学研究乃至中国哲学研究发展的希望。王路认为，从逻辑到哲学，实际上就是在对语言进行逻辑分析。我们所有关于世界的认识都是通过语言来表达的，因此可以通过分析语言而达到对世界的认识。

二、对中国分析哲学家工作的研究

陈波、陈晓平和周柏乔的三场讲座以分析哲学的重要问题为切入点，通过阐释分析哲学家思想的核心问题，并对这些问题给出中国式的解答，推进对分析哲学家的思想的准确理解。特别值得强调的是，陈波着重阐释并澄清了中国著名逻辑学家和哲学家金岳霖提出的一种与罗素的事实观迥然有别的事实观；陈晓平着重介绍了由冯友兰和金岳霖创立、在中国分析哲学发展进程中具有里程碑意义、体现了分析哲学中国化的新理学，并对新理学面临的“存在问题”困境给出了自己的解答；周柏乔回顾了石里克的思想以及 20 世纪 50 年代后的语言哲学发展，从中整理出支持断定论的可能依据，进一步理解语言与（科学）理论的关系，以及知识确定性的含义。这三场讲座充分展现了中国的分析哲学家对分析哲学的重要问题的不同理解和解释，由此碰撞出新的思想观念，增进了我们对分析哲学的性质、任务以及范围的理解，推进了分析哲学新图景的构建。

（一）分析哲学家对“事实”概念的不同分析

陈波围绕对事实问题的不同观点指出，罗素发展了一种实在主义的事实观，其核心论题是：世界包含事实，事实在外部世界中。罗素将这套学说称为“逻辑原子主义”。金岳霖受罗素的影响，提出了一种认知主义事实观。但金岳霖不是罗素哲学的追随者和复述者，他基于深广的中西哲学传统，做出独立思考，提出了带有原创性的哲学学说。陈波认为，金岳霖的事实观得出了很多与罗素的事实观截然相反的结论，因而，金岳霖是现代中国一位很少见的原创型哲学家。

金岳霖的认知主义事实观的核心论题是：事实是被接受和安排了的所与。更明确地说，事实是认知主体在感觉材料的基础上所做的一种认知建构，兼具客观性和主观性。这种事实观包含如下八个论题：

（1）事实是被接受和安排了的所与。

金岳霖认为，事实是被接受了的或安排了的所与：“事实是一种混合物，它是意念与所与底混合物，我们既可以说它是套上意念的所与，也可以说填入所与的意念。”（金岳霖，1983：738、741）金岳霖澄清了“所与”“意念”这两个概念。他认为这里的“所与”更偏向于感觉经验而非实在论，它们是客观外物作用于我们的感官系统后被我们感知到而留存下来的东西，是我们认知的出发点和形成知识的材料。他认为这里的“意念”既摹状（描述）又规律（规范）。当意念用于“规律”他者时，实际上是被用作一种标准。如果我们用意念去接受和安排所与，就会得到“事实”。事实牵扯到判断，含有认知主体的判断性成分。事实肯定不是摆在那里等待我们去发现的纯客观存在，而是我们在感觉材料基础上所做的一种认知建构。

（2）一个事物和一个事件隐含无穷多的“事实”

金岳霖认为，一件东西并不只是一件事实，一件东西是一大堆的事实的简单的所在枢纽（金岳霖，1983：742-743），可以由它形成一个潜在无穷分层的事实体系（金岳霖，2013：1327-1328、1333）。因此，在任何一个东西或事体身上都潜存着无穷多的“事实”等待我们去认知和提取，这些“事实”在未被我们认知到和提取之前，对我们来说实际上不能算作“事实”，最多只能算作“沉默无声的事实”，相当于马克思主义哲学所说的“自在的自然”（与“人化的自然”相对），处于我们当下的认知范围之外，但为我们未来的认知扩展留下了空间。

（3）没有普遍事实，事实都是特殊的

金岳霖指出，有普遍命题，但没有普遍事实（金岳霖，1983：751）。他所谓的“普遍”有两个意思：一是覆盖某个领域里的全部个例，二是超越自然的时空。在金岳霖看来，普遍命题有很多种，例如逻辑命题、表示自然规律的命题、某个领域内的经验概括、历史总结命题等等。他认为，逻辑命题对这个世界无所说，是重言式命题，与事实无关。事实是可以发生的，特殊的东西和事体虽然表现理，然而理没有特殊的。理有虚实。我们虽然可以利用一件一件的事实去发现实理，然而实理不是这一件事实或那一件事实，也不是这一群事实或那一群事实。虚理就更不是事实。普遍的真命题所表示或肯定的当然不是事实，也不是普遍的事实。我们可以找到特殊事实，没有办法找到该普遍命题所对应的普遍事实。金岳霖断言，事实不能是普遍的，“普遍事实”和“普遍个体”的说法几乎是自相矛盾的说辞（金岳霖，1983：751）。

（4）没有负事实，事实无所谓正负

金岳霖认为，命题有正负（即肯定和否定），而事实却没有正负。广义的负命题包括两类：一是直言命题中的否定命题；二是由否定一个命题而得到的命题。金岳霖认为不存在负事实，并提供了两个理由：第一，负事实似乎寄居在正事实上面，由一个正事实可以派生出难以计数的负事实；第二，负事实连直接或间接的感官根据都没有，既不能被直接感知到也不能被间接感知到。金岳霖认为，完全没有感觉根据的东西不能叫做“事实”。他由此做出结论：“真的负命题有事实上的根据，但是没有负事实。”（金岳霖，1983：762）

（5）没有将来的事实，事实都是既往的或正在发生的

金岳霖论述说，我们可以谈及将来会发生的事情，但没有将来的事实（金岳霖，1983：768-769）。他给出了两个理由。第一，我们在现在当然可以预测未来发生的事情，但实际上这个时候我们只是在谈将来的某种可能性，而不是谈确定无疑的事实。事实总是正在呈现的或已经发生的，故没有将来的事实。第二，事实既牵扯到我们的接受与安排，我们总得恭候所要接受和安排的所与降临，不然我们无从发现它们如此如彼。也就是说，要我们能够接受和安排，我们非得要求自然的项目是现在的项目不可。既然未来的项目不是所与，我们就无法接受与安排，因而就不是事实。

（6）没有未曾知道的事实，事实必须是已知的

金岳霖认为，事实是我们用意念接受和安排了的所与，按其本性来说，事实就属于我们的知识范畴，必定已被我们所知道，因此就没有不知道或未曾知道的事实（金岳霖，1983：769-770）。事实和知识总是携手而行，事实的范围与认知共同体的知识范围大致相同，事实的疆域随知识的疆域一道扩展。但是，却有被认知共同体中一些成员知道、而不被另外一些成员知道的事实，这就使得不同认知主体之间的信息交流成为必要和可能。

（7）事实既有软性也有硬性

金岳霖认为，事实确实有“软性”（主观性），因为事实中含有意念对所与的接受和安排，含有判断性因素，含有我们的主观能动性成分（金岳霖，1983：738-741）。“事在人为”的

说法就揭示了事实的这种软性。我们可以利用因果或既成事实或学理去影响、改变或控制未来。在这样做的时候，我们就是在创造事实。这就是事实的“软性”。这种“软性”是我们革命、改革或其他方面的修改的可能性的保障。同时金岳霖还认为，事实更具有“硬性”（客观性），事实中含有不可变异的成分和因素。事实有其本来的秩序和我们后来加上去的秩序，并不是杂乱无章的。所与如何呈现，既取决于事物本来的理，也取决于我们的意念图案或结构，还取决于各种偶然性因素，这些都是我们无法加以控制的。事实是“以意念去接受了的所与，一方面它既有所与的秩序，也有意念的秩序；另一方面，它既有所与底硬性，也有意念底硬性”。（金岳霖，1983：782-784）

（8）既可以“事中求理”，也可以“理中求事”

金岳霖论述说，事实是我们引用意念对所与做接受与安排的结果，但意念本身是有图案或结构的，并且其图案或结构还有大小粗细的分别，而推论是我们引用意念到当前的所与以及到当前的所与之外（金岳霖，1983：780）。金岳霖认为，我们可以“事中求理”。意念越简单越单独，我们越要在事中求理。所谓归纳，大都是事中求理，尤其是逆来顺受的归纳。所谓逆来，是不跟着我们的盼望和要求而来的所与；所谓顺受，是跟着所与而来的接受与安排。在逆来顺受中，我们以事为根据，在事中求意念的关联。我们也可以“理中求事”，即是说，我们能够以理论为工具去发现事实。金岳霖强调，学问越进步，也就是说，学问越专深且越有系统，在理中发现事实的情形就越多。或者说理论越精细，我们就越能够依据理论去发现事实。知识不仅是接受事实的结果而且是发现事实的工具。

相比而言，陈波对罗素的实在主义事实观持有强烈的批评态度，对金岳霖的认知主义事实观抱有更多的同情，并试图进一步发展和完善后者。陈波认为，“事实”是认知主体带着特定的意图和目标，利用特定的认知手段，对外部世界中的状况和事情所做的有意识的剪裁、提取和搜集，因而是主观性和客观性的混合物。用一种更形象的说法，“事实”是认知主体从世界的母体上一片片“撕扯”下来的；认知主体最后撕扯下一些什么，取决于他们“想”撕扯什么、“能”撕扯什么，以及“怎么”撕扯。撕扯下来的“事实”甚至会以多种方式撒谎，从而扭曲本体论意义上的客观真相（陈波，2017）。

（二）对冯友兰“新理学”与金岳霖《论道》的分析

陈晓平指出，现代分析哲学兴起于20世纪初期的西方国家，随后传入中国。三四十年代，中国分析哲学的标志性成果诞生，即冯友兰创立的“新理学”体系和金岳霖所著的《论道》。如果说在“新理学”和《论道》之前，分析哲学在中国只是被传播和介绍，在此之后，便有了中国化的分析哲学或分析哲学的中国化。在这个意义上，陈晓平认为，“新理学”和《论道》在中国分析哲学的发展进程中具有里程碑的意义。

冯友兰的“新理学”和金岳霖的《论道》一方面批判地继承了宋明儒学的理学，另一方面批判地继承了逻辑经验主义。对于旧理学，它的新颖之处在于明确地引入逻辑分析的方法；对于逻辑经验主义，它的新颖之处在于适当地引入形而上学。但新理学并未简单地接受“拒斥形而上学”的口号，而是在摈弃“坏的形而上学”之后引入“好的形而上学”，这也就是说，新理学对于形而上学的拒斥是有保留的。

冯友兰于二十世纪三四十年代建立了他的哲学体系“新理学”。冯友兰的“新理学”受到逻辑经验主义的影响，是在对传统形而上学批判的基础上建立起来的。冯友兰将“新理学”与逻辑经验主义对形而上学的处理进行了比较，区分了坏的形而上学和好的形而上学。传统的形而上学属于坏的，“新理学”的形而上学属于好的或真正的形而上学，因为“新理学”的形而上学命题不是综合的，而是分析的和“不著实际的”。冯友兰认为，真正的形而上学命题是“空灵”的，其空在于不著实际，其灵在于普遍适用（冯友兰，2001：501）。

冯友兰的形而上学主要包括四个概念，即理、气、道体和大全，分别由四组命题加以推导和描述。陈晓平以第一组和第四组形而上学命题为例，管中窥豹，来理解冯友兰的形而上学。

第一组命题是：“凡事物必都是什么事物。是什么事物必都是某种事物。有某种事物，涵蕴有某种事物之所以为某种事物者。”（冯友兰，2001：503）这组命题的最后一句话相当于“有某种事物，必有某种事物之理”，“理”这个概念由此被引入。冯友兰认为自己的形而上学命题对于实际无所断定，因而这个命题是“空的”。不过，形而上学毕竟承认这个世界上有些事物是存在的，因而事物之理与经验实际有所关联，尽管理的存在不依赖实际事物的存在。在这个意义上，空灵的形而上学命题也多少谈及事实，但只是点到为止，仅以此为出发点，做逻辑的演绎或形式的扩展，而对此出发点并不给以详述，更不加以证明。

第四组命题是：“总一切的有，谓之大全，大全就是一切的有。”（冯友兰，2001：512）冯友兰对于“大全”这个语词的定义是逻辑分析的。冯友兰对“大全”做了语义上的逻辑推导，大全是一切存在的全体，人思及大全，这个全体就在他的思之内而不包括这思的本身，实际上并不是一切存在的全体。从中得出“大全悖论”，才能认识到人需思及全体，才能认识到全体不可思。大全悖论由“大全”的定义引起，是一种思想的或语言的悖论，与经验无关。推导大全悖论所凭借的逻辑方法是集合式概括，即数学中构造集合的方法。大全悖论从一个方面揭示了语言的界限，一旦达到这个界限便陷入语义悖论。陈晓平认为，正如康德对“二律背反”的处理，其方法相当于对思维界限的反思。陈晓平指出，冯友兰以这种方式来对待大全悖论，其方法是对康德批判哲学的继承和发展，而其内容则是中国化的。

金岳霖的形而上学主要包括三个概念，即道、式和能。这里的“道”是哲学上的概念，即“宇宙”。金岳霖这里所说的“宇宙”正是冯友兰在其“新理学”中所说的“大全”。道有两个方面，一是作为大全的宇宙，二是无极而太极的历程。相对而言，前者是静态的，后者是动态的。用冯友兰的话说，“道是在动态中的大全，大全是在静态中的道”（冯友兰，2000：650）。这个动态的道就是无极而太极的历程，亦即冯友兰所说的“道体”。

陈晓平认为，金岳霖的“道”的静动两个方面，分别对应于冯友兰的“大全”和“道体”。陈晓平指出，金岳霖事实上也承认过：“本书的式类似于理与形，本书的能类似于气与质，不过说法不同而已。”（冯友兰，2000：604）这样，金岳霖的道、式和能便与冯友兰的四个基本概念——理、气、道体和大全——几乎完全地对应起来。

金岳霖的《论道》和冯友兰的“新理学”几乎同时完成于中国抗战时期的西南联大。他们二人经常在一起交流思想，互阅书稿，彼此启发，比肩并进，共同倡导逻辑分析的方法和学风，把中国分析哲学推向高峰。陈晓平认为，冯友兰和金岳霖的学术互补关系正是新理学将中国旧理学与西方逻辑学结合起来的一个典型和缩影。

冯友兰强调，对于哲学来说，重要的不是结论而是方法。在方法论上，西方哲学对中国哲学的永久性贡献是逻辑分析方法，即“正的方法”，中国哲学对西方哲学或世界哲学的贡献就是“负的方法”。正的方法，试图作出区别，告诉我们它的对象是什么；负的方法，试图消除区别，告诉我们它的对象不是什么。冯友兰的新理学主张正方法和负方法的结合，即逻辑分析和静默显示的结合。正方法和负方法不是相互排斥的，而是相互补充的。冯友兰认为，只用正方法是达不到哲学真谛的，因为“道可道，非常道”；只用负方法那就只有静默而没有哲学，哲学“必须先说很多话然后保持静默”。

陈晓平认为，冯友兰在继承程朱旧理学而发展新理学时所遭遇的困惑，是与实际无关的理如何存在，又存在于何处。这个疑难一直摆在冯友兰面前，最终也未能得到解决。新理学作为一个哲学体系，其根本的失误，在于没有分清“有”与“存在”的区别。如何把“有”与“存在”分辨清楚，在冯友兰看来是问题的关键。

陈晓平主张把形而上学和哲学的其他部分区别开来。陈晓平认为，形而上学是哲学中离经验世界最远的那部分，形而上学属于哲学；离经验世界最近或直接关于经验世界的学问可称为“形而下学”，其典范就是科学，科学不属于哲学。陈晓平将居于形而上学和科学（形而下学）之间的哲学部分称为“形而中学”，包括认识论和伦理学等学科。陈晓平认为，对哲学做出形而上学和形而中学的明确区分，并把形而上学的语言学性质加以明确化，能解决新理学所面临的“存在问题”。具体地说，理在事先和理在事中的“在”都是“存在”，不同之处仅仅在于，理在事先的理，存在于形而上学的世界之中，大致相当于冯友兰所说的“真际”。真际不是虚无飘渺的，而是语言性质的，也可称之为“语言实际”。理在事中的理，存在于形而中学的世界之中，即冯友兰所说的“实际”，为与语言实际相区别，可称之为“经验实际”。这两个不同的“实际”对应两种不同的“存在”：“理在事先”的“存在”是相对于语言实际而言的，“理在事中”的“存在”是相对于经验实际而言的。因此“理在事先”和“理在事中”可以相辅相成，并行不悖，正如形而上学、形而中学以及形而下学可以相辅相成，并行不悖。陈晓平认为，冯友兰的某些论述暗含了“形而中学”的概念，“形而中学”是冯友兰哲学理论的应有之义，他本该提出却没有提出。为此，陈晓平对冯友兰的“新理学”做出修正和补充。

陈晓平指出，金岳霖所说的“道”明显兼备形而上学和形而中学这两个方面。金岳霖从两个方面来阐述“道”。其一是从形而上学（元学）的方面，把道看作抽象的“无所不包”的“宇宙”，即“道一”或“大全”，这是“合起来说的道”；其二是从形而中学（知识论和人事）的方面，把道看作具体的，即“万有之各有其道”，这是“分开来说的道”。进而言之，对于形而上学的道而言，理在事上；对于形而中学的道而言，理在事中。新理学所面临的“存在问题”由此得以解决。

（三）围绕“断定”问题看语言与理论的关系

周柏乔回顾了石里克的思想以及20世纪50年代后的语言哲学发展，从中整理出支持“断定论”的可能依据，借此进一步理解语言与（科学）理论的关系，以及知识确定性的含义。周柏乔指出，石里克哲学的主要内容是力证科学知识为概念性知识，他由此提出了证实原则（命题的意义取决于证实的方法），认为分析语句全凭句义即可被证实为真或为假，而综合语句不能单靠句义来确定其真（假）值。石里克认为，断定可以凭着综合和分析的双重性来说明经验知识的确定性，但这个观点随即遭到了批评。周柏乔指出，反对石里克的主要论据在于“这里，红色！”之类的断定只反映私底下的经验，别人无法证实真有其事。由于“这里，红色！”没有证实的可能，便谈不上是个有意义的表述；如果仍然坚持断定有意义可供发话者掌握，并据此确证断定是真的，那是天方夜谭。

周柏乔总结出石里克对此的两点回应。第一，虽然发话者能够根据断定的意义确证它是真的，但是断定并非分析真句。断定落在语言体系之外，所以才能以单独的身份直接与经验接触；系统内的语句，即使是经验记录语句，也做不到这一点。如果经验知识的确定性要得到保证，那么，这个保证不能来自系统内的分析语句和综合语句，更不能来自早被唾弃的先验综合语句。剩下来便只有系统外的断定有可能为知识的确定性保驾护航。第二，在系统之内的所有综合语句，包括经验记录语句在内，都是可真可假的，仅凭其句义不能证实其真值。断定则在系统之外，无法通过系统内的任何语句关系来确定断定的句义；发话者确信断定为真时断定才会出现。这两点表明，断定如果要效力于知识的确定性，便要在发话时产生句义，并因着句义而确定为真句，这才有可能根据句义来确证断定是真的。

周柏乔认为，石里克的反驳未能说服维也纳学派其他成员的主要原因是，石里克没有解决两个问题：（1）断定由主观经验触发，怎可以成为客观知识的基础？（2）断定在语言系统之外，知识则由系统之内的语句来表述，系统内外的语句没有联系，怎可以让系统外的语句保证系统内所表述的知识的确定性？因此，维也纳学派成员几乎全部站在石里克的对立面。石里克本人在1936年突遭不幸而身故，没有机会为断定论提供完整的论述。但是他的学生辈，例如洪谦和坎贝尔等人，在学派解散之后的六十多个年头里，仍不时撰文回忆当年的争论，并为这个未完成的断定论发表评论（周柏乔，1992）。

洪谦等人一方面反对来自经验的一个断定单凭其意义便能够得到证实为真，不承认这样的断定能够为经验知识保证其确定性，另一方面同意断定与其他综合语句仍保持着一种关系，让认知者因着这种心理性的关系而对综合语句所提供的知识抱有信心。周柏乔指出，洪谦等人对断定的看法实际上在提醒我们，石里克的断定论仍存在价值。周柏乔认为，可配合后逻辑经验主义时期语言哲学的研究态势，为石里克完成未竟之业，并据此进一步梳理证实和意义的关系，以便探讨知识的确定性是否成立。

周柏乔指出，卡尔纳普、蒯因和戴维森都谈论过语言怎样发挥描述外界现象或者传达信息的功能，其中，有一个非常重要的主张值得记取和阐述：语言表述的意义不是预设的，是在证实的过程中酝酿出来的，证实的方法也在这个过程中形成。周柏乔通过对设想事例（科学家在认识“热辐射是什么”时所经历的过程）的论证为我们阐释了这个主张，认为这里的论述绝大部分在发展石里克的断定论时都可参考：（1）意义要经过一番操作才能获得，而不是预设的；（2）提出假设，暂且认定，这个假设一旦被证实了，句义才会诞生；（3）句义与句子被证实为真是互相依存的，没有先后之分，类似于戴维森所说的“极限诠释”（或“彻底解释”）；（4）确定我们所面对的词的概念证实的方法并尝试对其进行证实；（5）如果证实失败，重新确定我们所面对的词的概念并确定其证实方法；（6）开会讨论新现象，启动戴维森所说的极限诠释或彻底解释；（7）开会讨论未必能够达成共识的情况下，依据日后的科研成果决定谁是谁非。

周柏乔通过讨论张红三、李褐四两人在莫斯科红场的经历，支持并且发展了石里克的断定论:（1）断定可共享，成为主体间的认知活动;（2）断定所反映的经验可成为极限诠释的对象，诠释的一个目的在于弄清楚私人经验是怎么一回事，另一个目的在于弄清楚怎样指称它才没有误称，这要看两人共享的断定是怎样说的;（3）证明断定是经验知识的基础;（4）颜色词用得是否正确，与两人在红场的经验无关，正确与否要看被选断定怎样描述颜色;（5）这个颜色与浏览事物的我们形成了一种关系，只要在诠释中确认了这个关系，断定便被定格了，从而使体系外的断定依然保真;（6）断定给体系内提供用语，这些用语进入体系内成为概念的代表之后，便用于表述知识。断定是知识的起点，它本身没有理论的诉求，全凭极限诠释显露它的含义，也显露它的真值。断定也是语言的起点，它为语言做好准备工夫，在体系外通过断定主体间化和适当的诠释，便能够让体系内的用语以代表概念的身份来表述理论性的知识;（7）完善石里克的断定论，原来受困于主观的描述不能传达的问题，现在通过断定主体间化而解决了。周柏乔以张、李的经历来说明断定的知识论的含义，让大家明白断定为经验知识发挥类似于公理为几何学知识所发挥的作用，即成就概念性知识。达至这个结论的方法有别于逻辑分析和语言分析的方法，而是洪谦所称道的“内容解释的方法”，是典型的石里克方法，洪谦又称之为“知识分析方法”（周柏乔，1992）。

最后，周柏乔认为，洪谦是石里克的学生辈，也是同门中唯一称道此法的人，他最有资格为断定论提出完善的方法，后继者大可在他的遗作中发掘更多维也纳学派的宝藏。

三、中外分析哲学家思想的比较研究

陈波和周柏乔的两场讲座，涉及中外学者对分析哲学重要问题的交叉比较研究。特别值得强调的是，陈波、陈晓平与周柏乔的话题都是针对中外不同学者围绕相同哲学思想的讨论展开探讨，充分展现了中外学者对相同人物和主题的不同理解和解释，由此也碰撞出新的思想观念。以比较研究的视角考察中外学者对相同人物和主题的不同理解和解释，可以增进我们对分析哲学的性质、任务以及范围的理解，推进分析哲学新图景的构建。

（一）对罗素与金岳霖事实观的比较研究

陈波的研究侧重于现代逻辑，他从比较哲学的视角分析了罗素与金岳霖的不同观点。罗素发展了一种实在主义事实观。金岳霖应该是受到罗素，或许还要加上维特根斯坦和维也纳学派的影响，着手对有关事实的诸多问题做系统的哲学探讨。如前所述，在此基础上，金岳霖提出了一种认知主义事实观。

陈波强调，金岳霖不是罗素哲学的追随者和复述者，而是一位独立思考的原创型哲学家，发展了一种与罗素的事实观迥然有别的事实观，其中很多结论与罗素的结论针锋相对。他对罗素和金岳霖的事实观做出了以下四点比较评论。

第一，罗素发展了一种实在主义事实观，其核心论题是：世界包含事实，事实在外部世界中（罗素，1996：252）。他通过逻辑分析的原子，如各种"殊相"、谓词和关系，得到各自殊异且相互独立的原子事实，由众多的原子事实通过否定词和量词的连接，得到各种否定事实、普遍事实和存在事实，以此来说明世界的本体论结构。他把自己的这套学说叫做"逻辑原子主义"，其关键假设是：世界的结构反映在语言的结构中，命题的结构与事实的结构平行对应，语言（至少是理想的逻辑语言）与世界同构，故可以由语言去推论世界，反之亦然。罗素的事实观包含如下七个论题：事实难以被周全地定义；世界中有原子事实；世界中有否定事实；没有与分子命题相对应的复合事实；世界中有一般事实和存在事实；不能确定有与命题态度相关的事实；世界中没有关于虚构个体的事实，只有关于现实个体的真实或虚假的谓述。

金岳霖提出了一种认知主义事实观，其核心论题是：事实是被接受和安排了的所与。更明确地说，事实是认知主体在感觉材料的基础上所做的一种认知建构，兼具客观性和主观性。他的事实观包含如下八个论题：事实是被接受和安排了的所与；一个事物和一个事件隐含无穷多的"事实"；没有普遍事实，事实都是特殊的；没有负事实，事实无所谓正负；没有将来的事实，事实都是既往的或正在发生的；没有未曾知道的事实，事实必须是已知的；事实既有软性也有硬性，也就是说，既具有主观性也具有客观性；既可以"事中求理"，也可以"理中求事"。

第二，罗素的实在主义事实观遭遇了难以克服的困难，其中最大的困难就是它所基于的语言和世界的同构说：语言的结构与世界的结构平行对应，故我们可以由语言去推论世界。正是这种同构说导致罗素承认原子事实、否定事实、一般事实、存在事实的存在，但后面这些东西是很难说清楚的。究竟这种同构是真实的存在，还是一种理论虚构？陈波倾向于后者，维特根斯坦后期也完全抛弃了他早期哲学中的同构说及其许多推论。第二个困难与上一个困难有关，就是"事实"与"命题"的关系问题。

金岳霖曾谈到："有时我们的确感到命题容易说事实难说，与其由事实说到命题，不如由命题说到事实。"（金岳霖，1983：749）陈波认为，罗素从来没有说清楚作为客观存在的"事实"究竟是什么：他有时候强调事实是客观的，是相应命题为真为假的使真者；有时候说，事实是真命题之所肯定的内容，这里明显犯有"循环说明"谬误；有时候又说，事实是无法定义的。但他还是采取了"由命题说事实"的路径。他的理论面临如下问题："事实"和"命题"究竟谁先谁后？谁依赖谁？谁说明谁？是先有事实，我们后用命题去陈述事实？还是先有命题，我们根据命题去找事实？如果是后者，那显然与“事实是世界中的客观存在”相冲突。罗素的事实观中有诸多的内在不融贯不一致之处。

第三，与罗素的实在主义事实观相比，金岳霖的认知主义事实观更为融贯，内部冲突也更少。但它也面临很多的问题，其中最大的问题是：如果事实是认知主体在感觉材料的基础上所做的一种认知建构，这种“事实”还能够成为我们认知的可靠出发点吗？还能够成为确证命题、假设、猜想、理论之真假的可靠凭借吗？如何去说明我们的理论特别是自然科学知识的客观性和可靠性？究竟什么是真理？如何去定义、刻画和验证真理？金岳霖的事实观也像罗素的事实观一样，在下面这些问题上纠缠不清：“事实”和“命题”究竟谁先谁后？谁依赖谁？谁说明谁？事实的软性和硬性，也就是主观性和客观性，究竟谁为主，谁为次？

第四，陈波本人对罗素的实在主义事实观持有强烈批评态度，对金岳霖的认知主义事实观抱有更多的同情，并试图进一步发展和完善后者。在他看来，“事实”是认知主体带着特定的意图和目标，利用特定的认知手段，对外部世界中的状况和事情所做的有意识的剪裁、提取和搜集，因而是主观性和客观性的混合物。用一种更形象的说法，“事实”是认知主体从世界的母体上一片片“撕扯”下来的；认知主体最后撕扯下一些什么，取决于他们“想”撕扯什么、“能”撕扯什么，以及“怎么”撕扯。撕扯下来的“事实”甚至会以多种方式撒谎，从而扭曲本体论意义上的客观真相。

陈波在全面阐释并且澄清了罗素与金岳霖的事实观的基础上，对二者进行了比较研究。总体来说，陈波对罗素的实在主义事实观是持批判意见的。他认为，罗素基于语言和世界的同构说是一种理论虚构。他对金岳霖的事实观同样持批判意见，但做出了发展和完善，指出事实是认知主体带着特定意图和目的，利用特殊认知手段进行的，这并非金岳霖所描绘的简单认知主义事实观。

（二）围绕断定理论对语言与理论关系的比较研究

周柏乔回顾了石里克的思想以及逻辑经验主义语言哲学的发展，对卡尔纳普、蒯因和戴维森关于语言与理论的相关论述进行深入挖掘，从中整理出支持断定论的可能依据以及对完善断定论的启示，进一步理解语言与（科学）理论的关系以及知识确定性的含义。

卡尔纳普致力于科学语言的逻辑研究，首要目的在于提供一种语言，当中包含了观察语句和理论语句，前者记录经验世界的现象，后者解释和预测经验世界的现象；其次为语言提供一个逻辑结构，这个语言的逻辑结构为所有的语句安排好它们与其他语句的逻辑关系。科学家为外界现象提出解释或预测，必须尊重这些已经安排好的逻辑关系，借此守护解释和预测的合理性。卡尔纳普认为，科学家掌握好科学语言的逻辑，便能够提出合适的准解释或者准预测，再凭着科学界的取舍标准，从各个准解释或准预测中筛选出最好的解释或者预测，以此代表科学知识（卡尔纳普，1989：386-388）。

周柏乔指出，卡尔纳普等逻辑经验主义者一方面持意义先决的立场，认为掌握了经验语句的意义并不因此而知道它的真（假）值，还需要加以证实，方有定说；另一方面又认为，经验语句的意义要通过语言使用者所采用的证实方式才得以展示出来。这就意味着，要先很好地掌握了此语的证实方法，然后才能看清楚此语的意义是什么。这种证实先决的论调，便抵触了意义先决的说法，逻辑经验主义者知道这个情况，却没有提出调和两者的办法。

蒯因不认同我们所能说出来的仅是理论所表达的意义这种观点。他通过学前儿童说话亦有意义的例子指出，理论的作用在这里被夸大了，这是借助理论来说明意义与证实的主从关系的恶果，需要把语言从理论中拯救出来，挽回语言在理论形成之前原来所能表达的意义，把衡量证实与意义关系的天秤向意义一方倾斜。蒯因认为，对“gavagai”的极限翻译（或称“彻底翻译”）的论证揭示了我们所面对的语言现实，说话者的语言行为所披露的正是一切语言的信息，我们通过这些信息了解说话者怎样看待这个世界，怎样理解自己的想法。蒯因认为，交流的目的在于通过语言共识掌握对方的心理，以便理解对方的生活和信仰。如果是这样，我们便不必太注重彼此同意说出来的话是否为真（蒯因，2005：27-32）。

蒯因认为，我们之所以能够通过翻译来理解别人的话语，靠的不是语句的证实结果，而是掌握他人说话的语境，根据说话者的语境理解他所说出来的话，并且预测接下来所要说的话。理解和预测是否正确，要看彼此的交流是否仍能继续，以满足各自生活和信仰的需要（蒯因，2005：32-37）。蒯因认为，相信意义可充当指引未必可靠，也未必需要。他不同意“意义”是一个可以通过语言信息说得明白的概念，认为这是经验主义的第一个教条。蒯因认为，只有语句系统才有证实可言，经验主义者无视此说，认为简单语句通过语义规定得出的意义独立自存，不受其他语句影响，这被蒯因指认为经验主义的第二个教条。蒯因决意祛除这两个教条，将翻译理论视为一种语句系统，可根据语言信息来修订若干翻译结果以通过检查。修订的翻译结果有自由度，造成翻译不可确定很正常。因此，蒯因认为，不可确定不可怕，不必通过话语的意义为话语求得证实以决定真假（蒯因，2005：231-236）。

戴维森的论述在意义的一方增添了砝码。戴维森接受了蒯因称之为“极限翻译”的论证，认为说话者在交流中遣词造句所透露的语言信息就是他的语言行为所披露的一切。在戴维森看来，语言所表述的意义在交谈中塑造出来，处于不断的补充与修订中，并为交谈双方所共有，以便更好地明白对方的用意。作为一个整体论者，戴维森认为，一个人能说得出的就是他能够想得到的，而想得到的东西应当是可描述的。对话者可以通过对方的话语了解对方想什么，也可以通过自己的想法了解自己说什么，戴维森便称这种对话者为诠释者。戴维森认为，诠释者可采用宽容原则来确定他们真的知道对方在想什么（戴维森，1983：73-74）。

戴维森认为，诠释具有不可确定性，如果控制不了不可确定性，会影响诠释的可靠性。为此，周柏乔考察了戴维森的极限诠释的不确定性是否受控。这种诠释是诠释整个语言的起点。戴维森提倡要有能力在极限诠释中同步地为话语建构互相配合的意义和证实，既不让意义主宰证实，也不让证实来主宰意义（戴维森，1983：64-66）。凭着这样的论述，戴维森把语言从理论中拯救出来，我们因而看到语言不带任何理论的诉求，并以独立的姿态直接接近经验。

周柏乔认为，这三人都谈论语言怎样发挥描述外界现象或者传达信息的作用。综合他们的论述，有一个非常重要的主张值得记取和阐述：语言表述的意义不是预设的，是在证实的过程中酝酿出来的，证实的方法也同时在这个过程中形成。

四、结语

“中国分析哲学史研究线上系列讲座”旨在促进哲学家们围绕中国分析哲学史研究进行深度交流，系统展示当前国内分析哲学研究的现状与进展。据了解，该系列讲座受到科技部、教育部学科创新引智基地（111 基地）“当代哲学与新科学技术互动作用研究”和国家社会科学基金重大项目“20 世纪中国分析哲学史研究”的资助。该系列讲座每月一期，计划延续到2024 年，以腾讯会议、Zoom 会议和学术志平台为主要媒介载体，通过网络会议线上全程直播。该系列讲座在国内哲学界已经产生广泛的学术影响，讲座参与者对授课专家给予了高度评价。该系列讲座不仅为国内外同行提供了很好的学习交流平台，也极大提高了山西大学哲学学科的学界声誉，为形成有国际影响力的分析哲学研究重镇打下了坚实的基础。

参考文献：

陈波，2017.“以事实为依据”还是“以证据为依据”——科学研究和司法审判中的哲学考量 [J]. 南国学术 , 1: 23.

戴维森，1993. 真理、意义、行动与事件 [M], 牟博编译 . 北京：商务印书馆 .

冯友兰，2000. 中国哲学史新编第七册 [M]// 三松堂全集 , 第十卷 . 郑州：河南人民出版社 .

冯友兰，2011. 新理学在哲学中之地位及其方法 [M]// 三松堂全集 , 第十一卷 . 郑州：河南

人民出版社 .

弗雷格，2006. 弗雷格哲学论著选辑 [M]，王路译 . 北京：商务印书馆，2006.

关肇直，1955. 论目前对数学这门科学的几种错误看法 [J]. 科学通报 , 10: 36–40.

胡世华，吴光磊，1956. 数理逻辑的性质、特点、作用及其成果的哲学意义 [J]. 自然辩证法研究通讯 , 00: 12.

胡世华，1956. 控制论中的哲学问题（限于电子计算机及计算机里所提出的哲学问题）[J]. 自然辩证法研究通讯 , 00: 13–14.

胡世华，1957. 数理逻辑的基本特征与科学意义 [J]. 哲学研究 , 1: 6–50.

胡世华，1960. 略论数理逻辑的发生、发展和现状 [J]. 科学通报 , 6: 172–180.

金岳霖，1983. 知识论 [M]. 北京：商务印书馆 .

金岳霖，2013. 金岳霖全集 [M], 第三卷下 . 北京：人民出版社 .

卡尔纳普，1989. 决定论的彼岸 [M]// 洪谦主编 . 逻辑经验主义 . 北京：商务印书馆 .

蒯因，2005. 语词和对象 [M], 陈启伟等译 . 北京：中国人民大学出版社 .

罗素，1996. 逻辑与知识 [M]，苑利均译 . 北京：商务印书馆 .

尚小明，2010. 民国时期大学哲学科系的“热”与“冷”[J]. 北京大学教育评论 , 3: 90–110.

唐少杰，2020. 学术传统与思想创造：清华大学哲学系系史 [M]. 北京：清华大学出版社 .

吴光磊，胡世华，1956. 数学中的唯心主义批判 [J]. 自然辩证法研究通讯，00: 17.

周柏乔，1992. 洪谦教授的三篇文章和他的哲学见地 [J]. 哲学研究 , 4 :77–80.

[新书推介]

《维特根斯坦与当代哲学的发展》简介[①]

◎徐 强
西南民族大学哲学学院

国内著名维特根斯坦哲学研究专家，山西大学江怡教授的《维特根斯坦与当代哲学的发展》是北京师范大学出版社2022年出版的一部学术专著，收入该社最新推出的《走进哲学》系列丛书。本书集中考察了维特根斯坦的哲学发展、维特根斯坦哲学在当代哲学中的地位以及维特根斯坦与当代分析哲学转变的关联。本简介对该书内容做简要总结，重点挖掘作者提出的新观点，以此彰显该书的价值。

一、导论

“导论”指出，国内外其实存在着一些对维特根斯坦哲学价值的批评现象。哲学界“将这种原本并不伟大的人物被认为伟大的现象就称作‘维特根斯坦现象’”。（第2页）作者认为，上述现象仅体现出学界对维特根斯坦对当代哲学造成如此重大影响所表现出的不满，并未降低维特根斯坦哲学的价值。从当代哲学视野来看，维特根斯坦的哲学价值有“双面效应”：“从积极的方面来说，分析哲学的产生以及语言哲学的最终形成，都根植于维特根斯坦的《逻辑哲学论》……从消极方面来说，后现代哲学思潮对哲学的消解以及‘哲学终结论’的再度泛起，又都与维特根斯坦的后期哲学有着明显的血缘关系。”（第2-3页）

二、维特根斯坦的思想发展

第一章：维特根斯坦的个性特征与思想发展

本章试图阐明维特根斯坦的哲学跟他的个性是一致的，体现在唯我与忘我、矛盾性格的

① 基金项目：本文系国家社会科学基金一般项目“‘新维特根斯坦学派’”研究（项目编号：21BZX097）的阶段性成果。

混合体以及文如其人方面。

首先，“唯我与忘我”体现在维特根斯坦进行哲学思考和教学讲座的过程中。无论是在课上还是在课下，维特根斯坦都进行着最为严肃的哲学思考，这对他的智力和体力都是巨大的消耗。作者指出，这种全身心的投入实际上预示着维特根斯坦在哲学思考中进入了唯我而又忘我的境界：“因为正在与自己进行着思想搏斗而‘唯我’，因为专注某个哲学问题而‘忘我’。所以，在维特根斯坦那里，唯我与忘我是一致的：因为唯我而忘我，因为忘我而唯我。”（第13页）值得注意的是，作者认为，维特根斯坦在哲学、世界和人生的基本看法方面并不存在转变与过渡。（第17页）我认为，这点可以视作维特根斯坦连续性视角建构的一个重要依据。

其次，作者坦言，了解维特根斯坦的性格是真正理解维特根斯坦哲学之路关键的第一步。人们普遍认为思想家的性格对他们思想的形成具有重要影响。根据作者的观点，维特根斯坦的独特性格有两个影响：这种性格影响了维特根斯坦的哲学，也影响了同时代的哲学家对他的哲学思想的评价。（第23页）

最后，维特根斯坦的性格特征还表现在他的著作和他的写作风格之中。以《哲学研究》为例，该书是一本画册，没有系统的结构，没有前后表述连贯的思想。“《哲学研究》的这种写作特点并不是维特根斯坦故意而为之，而是他的思想自然流露的结果。”（第27页）

第二章：维特根斯坦与维也纳学派

维特根斯坦在20世纪20年代末期到30年代早期曾经跟维也纳小组主要成员进行过哲学互动。作者发现，以往的学者认为维特根斯坦哲学对维也纳小组的“逻辑实证主义”哲学的形成起到了关键作用，其中以《逻辑哲学论》的影响为最大。作者根据文献考察，指出“维特根斯坦对维也纳学派的影响被人为地夸大了”。（第29页）

第一，就时间先后顺序而言，存在两个维也纳小组，分别为1924年石里克在维也纳大学组织的哲学讨论小组，以及20世纪初期以哈恩等人为代表的“早期”小组。“早期小组的思想更加强调科学的社会功能，特别是纽拉特的观点在其中起到了重要作用。”（第30页）在了解维特根斯坦《逻辑哲学论》中的相关哲学思想之前，石里克小组就已经有了自己的哲学立场。这种哲学立场就是“以科学研究的方式处理哲学问题以及坚持在经验问题上的约定论主张等”。（第31页）上述哲学立场有以下来源：马赫的哲学观点，譬如反形而上学的世界观以及哲学的科学性质等等；法国的约定论思想，包括经验和逻辑。“在这种意义上，我们可以说，维也纳学派的思想根源应当是现代科学论和约定论的经验主义，而不是维特根斯坦的逻辑主义。”（第34页）

第二，就维也纳小组对《逻辑哲学论》的理解而言，作者考察的问题在于上述历史事实是否真的改变了维也纳小组已经确定的哲学观念。为了回答这一问题，作者分别考察了卡尔纳普的自述、哈勒以及斯塔德勒等人的研究成果，从而得出重要结论。它们分别是：（1）维特根斯坦对维也纳小组的影响应该分为维特根斯坦对早期维也纳小组的影响（不存在这种影响）以及维特根斯坦对石里克小组的影响（有限度的影响）；（2）维特根斯坦在20世纪30年代的哲学思想是复杂且变化多端的，维也纳小组对维特根斯坦的理解始终处于模糊的状态，小组成员没有真正地理解《逻辑哲学论》的内容。（第37页）作者认为"维也纳小组对《逻辑哲学论》的阅读在很大程度上是为了更加清楚地表达他们已经形成的一些哲学观点，因为他们在该书中发现了对这些观念的更好的表达"。（第38页）

第三，作者从微观层面考察了维也纳小组部分成员与维特根斯坦的讨论。对于上述主题，作者所关心的问题是"维特根斯坦究竟在多大程度上向他们解释了自己的前期思想，维也纳小组的成员们又在多大程度上理解了他的思想"。（第41页）作者基于文献研究，发现维特根斯坦在跟维也纳小组成员的对话过程中并没有向他们解释自己的早期思想，相反，维特根斯坦是在新的起点上从事哲学研究。因此，"维也纳学派并没有从与维特根斯坦的交流中获得他们所想要的东西"。（第45页）值得一提的是，作者将维也纳学派的宣言作为研究对象：1929年发表的《科学的世界观：维也纳学派》标志着维也纳学派正式成立，作者对宣言的形成历史和具体内容做了考察，他发现该宣言并没有真正地理解维特根斯坦的思想。（第49页）

最后，作者指出以往学者认为维特根斯坦的哲学思想给维也纳小组造成了重大（甚至是决定性）影响的根源来自艾耶尔等人对维也纳学派的介绍工作。（第50页）作者从多个角度指出，上述见解对客观理解维也纳小组和维特根斯坦的哲学都有巨大的损害。

第三章：维特根斯坦论颜色

就颜色主题而言，作者提出了三个问题：（1）维特根斯坦为什么要谈论颜色？（2）维特根斯坦是否提出过任何颜色理论？（3）维特根斯坦有关颜色的观点跟维特根斯坦其他哲学思想是否存在关联？

第一，维特根斯坦在不同哲学阶段都关注到了颜色，他在不同时期对颜色讨论的侧重点也有所不同。为了阐明上述观点，作者分别考察了《逻辑哲学论》、魏斯曼的记录以及1951年的《论颜色》。"维特根斯坦讨论颜色问题，是为了消除我们在某些特殊语词使用上的误区，这些特殊语词主要是指与使用者的主观经验和判断有密切关系的词语，而颜色词正是这类词语的典型代表。他用现象学的描绘方法说明，对这样的语词，我们无法用本质主义的方法加以规定；我们只能观察它们的实际使用，描述与它们相关的一切周遭因素，由此了解它们不确定的意义。”（第 61 页）我认为，作者在这里间接地阐明了维特根斯坦哲学发展的连续性：我们对特殊词语的使用存在误解和误用，“中期”维特根斯坦尝试用现象学的描绘方法表明本质主义的方式是错的，他逐渐开始关注我们对这些特殊语词的实际使用，这表明维特根斯坦逐渐过渡到了《哲学研究》中的研究视野。

第二，维特根斯坦没有提出一种颜色理论，“他所有关于颜色的论述都是围绕着语言的用法展开的”。（第 61 页）一种颜色理论应该具备四个充要条件，而作者指出，维特根斯坦的颜色观点由于未能满足上述条件，所以不是一种颜色理论。（第 64 页）

第三，学界通常认为维特根斯坦在 1929 年之后从对语言的逻辑研究转向了对语言的用法的研究，这种观点可以从《哲学研究》中找到文本支撑，譬如第 43 节。“然而，如果我们仔细考察一下维特根斯坦在 1929 年之后形成的各种观点，我们就会发现，他的目的其实并非简单地指出语言的用法对确定意义的决定作用，而是要进一步追问，当我们在使用语言的时候我们究竟是在做什么。”（第 65 页）作者指出，传统阐释者认为《哲学研究》的主题是通过考察语言的使用来理解语言的意义，这一见解似乎还不够“深入”，维特根斯坦关注的更深层次的问题似乎是“我们在使用语言的时候是否清楚地意识到我们在做什么”。（第 65 页）作者认为，第二个问题要比研究语言用法本身更为重要。“维特根斯坦讨论语言用法不是为了研究这些用法（无论采取什么方式），而是为了说明，当我们在使用语言的时候，我们一定要知道我们在用语言做什么。而哲学错误的产生，正是因为我们不知道这一点但却自以为知道。这才是维特根斯坦提出后期思想的原因。”（第 65 页）

第四章：维特根斯坦的“哲学语法”概念

作者指出，维特根斯坦对“语法”概念的使用并不像其他学者认为的那样严格。进一步说，我们对维特根斯坦的“哲学语法”理念的理解就牵涉到我们是如何理解维特根斯坦哲学的。（第 68 页）为了阐明上述观点，作者从三个方面展开：（1）维特根斯坦哲学研究的目的在于消解哲学研究本身。（第 69 页）用维特根斯坦的话来说，“搞哲学就是为了不搞哲学”。作者认为，维特根斯坦哲学研究的核心问题就是我们以语言为媒介，从而考察人类理智到底在多大程度上能理解世界。（2）“哲学语法”观念虽涉及语言游戏和规则，但是，“维特根斯坦的‘哲学语法’概念是从一种整体的层面，用一种宏观的方法把握人类活动”。（第 72 页）维特根斯坦将语言和游戏等同起来有深刻的用意。作为一种游戏，语言跟人类其他所有活动一样，并无本质差别。“语言游戏”理念的提出不是为了拔高语言在人类生活形式当中的地位。

（3）“哲学语法”可以被视为一种“综观式”的考察。“综观”是一种量化的说法，“是要表明我们对这个世界的理解建立在我们对这个世界一点一滴的详细测量、考察、调查的基础之上”。（第 74 页）“综观”视角对于哲学研究工作而言是最为根本的，主要体现在《哲学研究》第 122 节。根据作者的理解，“维特根斯坦所说的‘发现和发明中间环节’，就是那种连接点，是我们勇于理解世界的综观表达的‘哲学语法’”。（第 77 页）

三、当代哲学中的维特根斯坦形象

作者在概要地展示出了他对维特根斯坦有关哲学观念的理解以后，尝试从当代哲学的视角来考察维特根斯坦哲学。

第一章：维特根斯坦与当代哲学家

就维特根斯坦与当代哲学家的关联而言，作者分别考察了维特根斯坦与弗雷格、罗素、卡尔纳普、海德格尔以及波普尔的哲学关联。

（1）作者基于历史的考察，指出“弗雷格是带领维特根斯坦真正进入哲学之门的领路人”。（第 83 页）作者给出了三点缘由：弗雷格所提出的逻辑观点让维特根斯坦对逻辑和哲学的本质产生了浓厚的研究兴趣；维特根斯坦到剑桥大学向罗素学习哲学是得到了弗雷格的建议；维特根斯坦通过批评弗雷格的哲学从而意识到了他早期哲学的局限。

（2）作者从个人生活和哲学思想方面展示出了维特根斯坦和罗素哲学的复杂关系。就哲学思想而言，罗素并没有真正理解《逻辑哲学论》中的思想。（第 83 页）

（3）作者详细考察了卡尔纳普跟维特根斯坦的哲学互动与“恩怨”，指出卡尔纳普对维特根斯坦的某些哲学思想是有所保留的，双方之所以中断交往是因为维特根斯坦指责卡尔纳普在《世界的逻辑构造》中剽窃了维特根斯坦的思想。（第 87 页）

（4）维特根斯坦在《逻辑哲学论》中提出“可说”和“不可说”的划界从而为“神秘”之物的言说保留可能性的空间，这其实跟海德格尔有关语言的认识是一致的，“因为海德格尔在他的后期就竭力表明，抽象的、概念的语言是有限的，有许多东西是无法用这种语言表达的，因而是神秘的”。（第 88 页）

（5）维特根斯坦与波普尔的关系指的是他们在 1946 年 10 月发生的哲学争论。这一事件后来被当事人、其他在场人员的回忆以及媒体或多或少地歪曲或夸大了。作者对上述事实做了还原，譬如有学者就指出波普尔在撒谎，维特根斯坦当时并没有威胁波普尔。（第 91 页）

第三章：当代西方哲学中的《逻辑哲学论》

就《逻辑哲学论》的解读而言，作者指出“我们对这本著作的重要结构没有给出一个令人满意的解释”。（第 105 页）为了弥补上述缺憾，作者对该书基本结构做了重构，并基于重构视角重新确立了《逻辑哲学论》的时代意义：该书揭示了西方哲学的基本趋向，尤其给我们预示了西方实践哲学可能的未来走向。

第一，作者将《逻辑哲学论》的结构重构为四个层次。命题 1 和命题 2 组成第一层次，内容是关于世界逻辑构造的逻辑原子主义思想；命题 3 和命题 4 组成第二层次，内容是关于命题与世界关系的图像论;命题 5 和命题 6 组成第三层次，内容是关于基本命题的真值函项理论；命题 7 是第四层次，内容是对不可说之物要保持沉默。（第 105-107 页）作者指出，如果要真正地把握该书的思想，除了对上述四个层次的内容的理解，还必须关注维特根斯坦区分上述四个层次的动机或目的。

第二,《逻辑哲学论》遵循了两个基本原则。一是基于弗雷格的“语境原则”之上的整体性原则。“就是说，我们是需要通过一个命题的整体来理解命题中出现的语词的意义。”（第 108 页）二是基于“推论原则”之上的命题性原则。“命题性原则揭示了维特根斯坦在考虑语言问题的时候，特别强调以命题的方式来推出思想。”（第 109 页）

第三，就《逻辑哲学论》的基本结构及其每个层次的形而上学的顺序而言，传统解释认为该书的基本结构是从世界推论到思想，转而进入命题，最后抵达不可说。作者指出上述解释无法对第四个层次（不可说之物）的内容给出合理解释。为了消解这种张力，作者指出，“我们要清楚地理解维特根斯坦在这本书里给我们提供的恰恰是一个由结论反推到前提的过程。”（第 110 页）如果我们从结果到前提，即从第四个层次往第一个层次的方向解读《逻辑哲学论》，这或许能更为客观地理解该书的思想。“关于不可说的思想应当被看作维特根斯坦全书的基本前提。”（第 110 页）维特根斯坦曾说过《逻辑哲学论》是一部伦理学著作，该书包含了可说和不可说，而那些不可说的方面恰好就是该书最为重要的。作者认为，“事实上，维特根斯坦没有在说不可说的东西。恰恰相反，他首先是把不可说的东西排斥在外了，因而全书的最后一个命题，‘凡是我们不能够说的东西，我们只能够保持沉默’这句话是没有任何进一步解释的，因为它不需要解释”。（第 110 页）

按照作者的思路，第四个层次的命题首先排除了不可说之物，然后其他层次才对可说之物进行言说。“而所有可说的部分，按照维特根斯坦的思路，是只能够用属于逻辑语言表达的命题，这样就从第四个层次进入了第三个层次，即关于基本命题的理论。 对命题的考察其实并不仅仅是对于我们是否可以用语言来述说方式的表达。对命题的表达，最重要的是对思想的表达。因为如果没有思想，一切命题都仅仅是纯粹的形式，而在维特根斯坦看来，思想本身恰恰就是复合逻辑形式的命题内容。所以由命题进入思想，就成为顺理成章的事情。在这个意义上，维特根斯坦讨论命题其实是为了讨论思想。而思想恰恰反映的是命题与世界的关系。图像论正是揭示了这一关系。因而从第二个层次进入第一个层次，也成为逻辑的必然。”（第 111 页）

第四，根据维特根斯坦在该书中有关“言说”和“显示”的说法，可说的方面都可以用逻辑的语言来表述。至于不可说的方面，作者认为它们能够用某种方式来显示。（第 112 页）正是抓住了《逻辑哲学论》中的“言说”和“显示”的观点，作者认为语言表达虽然是人类思想表达的重要方式，但并不是唯一的方式。“维特根斯坦《逻辑哲学论》中第四个层次所揭示的哲学的前景，恰恰正是西方当代实践哲学的精髓。”（第 113 页）

第四章：对维也纳学派的重新理解

作者在这里的工作是对“维特根斯坦与维也纳学派”有关研究的深化和拓宽。所谓的深化，就是指从新的角度来理解维也纳小组及其持有的“逻辑实证主义”哲学；所谓的拓宽，就是指作者把蒯因的哲学观点纳入了“逻辑实证主义”。

（1）“维也纳学派哲学的当代遗产正体现在，我们在当今哲学研究的专门领域中会不断地看到维也纳学派成员思想的踪迹。”（第 118 页）

（2）就蒯因和卡尔纳普的哲学关联而言，作者基于文本研究有了新的发现。蒯因反复强调其哲学思想是直接受到了卡尔纳普的启发，双方的哲学讨论内容丰富；双方有关分析性问题的争论在一定程度上左右着当时分析哲学的发展方向。（第 120—121 页）

（3）作者将石里克重新定义为科学哲学家。石里克的哲学其实是丰富多元的。就伦理学而言，石里克的思想跟维特根斯坦的思想类似。

（4）维也纳小组的证实主义观点在以往学者那里所遭受的责难或多或少是有失公允的。作者给出了两点反驳：意义的证实原则其实仅仅是维也纳小组为了证明逻辑命题的恒真性而提出的一个假设，因此跟经验的证实活动是无关的；意义的证实原则中的“意义”概念的内涵并不是通常所认为的具有价值性质的意义，而是命题具有形式含义的意义。（第 127 页）作者一方面批评了已有反对观点没有击中逻辑经验主义的要害，另一方面指出意义的证实原则自身确实存在着张力。

第五章：再论分析哲学的起源

分析哲学是何时开始的，这对分析哲学而言是一个需要回应的问题。作者从四个方面来展开论述。

第一，皮尔士的哲学对分析哲学的实质贡献。在作者看来，皮尔士对当代哲学的最重要贡献就是他的指号学和逻辑学思想。（第 136 页）以逻辑学为例，皮尔士被公认为现代逻辑的创立者之一。“他（皮尔士）早在 1970 年就从布尔的逻辑演算中得到了关系逻辑的概念，比弗雷格的概念文字思想早了近十年的时间。”（第 137 页）皮尔士所开创的美国实用主义哲学在分析哲学的起源中也起到了重要作用。实用主义跟分析哲学联系最紧密的是意义理论，皮尔士用概念的效果作为概念的意义，维也纳小组用证实作为意义的原则的出发点就是皮尔士所提出的相关观点。

第二，我们对分析哲学历史所采取的立场到底是批评的还是分析的？作者试图提出一种重新书写哲学史的方法：我们应该以分析的方法处理哲学史，以“分析的态度”来对待以往的研究成果。

第三，尽管上世纪 70 年代以来分析哲学从语言哲学转向了心灵哲学的研究视野，但这并不意味着语言哲学在分析哲学研究领域中走向了末路。“相反，正是对语言的更为深入的研究直接导致了哲学家们对心灵问题的重新关注。”（第 147 页）语言哲学和心灵哲学是相辅相成的。

第四，分析哲学史是一个新的研究领域。作者提出了“走进历史的分析哲学”的学术主张，有两层含义：“一方面是分析哲学家们开始关注自己的历史发展，把对分析哲学史的研究作为哲学研究的重要内容；另一方面是分析哲学家们试图从哲学史上寻找分析哲学的思想源头，努力把分析哲学理解为西方哲学发展的现代延续而不是与西方哲学的断裂。”（第 150 页）作者认为分析哲学史研究并不纯粹是哲学史的研究，分析哲学史研究目的是要从历史研究中寻找当下所讨论的问题的根源，由此来深刻地注意到分析的传统是如何对当今哲学的发展产生影响的。

四、维特根斯坦与当代分析哲学的转变

研究分析哲学的历史是要从分析哲学的历史中寻求当下分析哲学所讨论的哲学问题的根源。为此，作者从不同方面论述了维特根斯坦哲学与当代分析哲学的转变。

第一章：维特根斯坦在当代哲学发展中的位置

当代哲学家们很少提及维特根斯坦后期哲学的贡献，他们通常对此采取回避态度。（第 157 页）作者因此问道，维特根斯坦后期哲学在当代哲学发展中究竟处于什么样的地位？

首先，“维特根斯坦现象”背后隐藏的是学界对维特根斯坦个性的非难。学界普遍认为维特根斯坦的后期思想对当今哲学的发展基本没有起到任何积极的作用。为什么会产生这种看法呢？原因有三：（1）维特根斯坦对别人有关自己哲学的理解的不满，以及其他哲学家对他的哲学的理解和评价，这两方面导致了维特根斯坦哲学在当代哲学中被忽视；（2）维特根斯坦哲学的表述方式和他的思想对传统哲学思维方式的摧毁作用，导致当代哲学家无法从他的后期哲学中直接获得帮助；（3）维特根斯坦的后期哲学在他的学生和好友中没有得到直接和有效的继承。

其次，后期维特根斯坦哲学有哪些秘密呢？作者基于马尔康姆的观点，指出后期维特根斯坦哲学的“秘密”就是“我们只有站在维特根斯坦的立场或视角，才能看到他的思想向当代哲学敞开的‘独特维度’”。（第 165 页）上述“独特维度”包含三方面：后期维特根斯坦独特的元哲学观点、后期维特根斯坦特有的哲学研究方法以及后期维特根斯坦描述活动的独特方式。

最后，维特根斯坦独特的哲学思想对当代分析哲学的发展也具有独特的影响。作者从两个方面分别阐述了上述影响：“一方面，维特根斯坦的独特思维方式造就了当代分析哲学对具体问题的研究路径，使得当代哲学家们不再把哲学理解为对重大形而上学问题的思考结果，而是对我们所面对的现实问题的反思和批判；另一方面，维特根斯坦对哲学本身的摧毁性打击，使得当代哲学家们不再关心构建关于哲学性质的理论的主张，而是坚定地用科学研究的成果清楚而确定地说明哲学工作所能完成的范围和内容。”（第 171-172 页）作者最后指出上述影响分别具有积极和消极效果。

第二章：分析哲学与欧洲大陆哲学的分野

分析哲学与欧洲大陆哲学的分野肇始于 20 世纪。21 世纪初期有不少哲学家提出要超越或者沟通这种分野。但是，如何超越或沟通上述分野仍然悬而未决。作者认为，上述分野“应当被看作一种学术上的错误策略，造成这个分野的主要原因完全在于分析哲学家们的学术自负和认识盲点，而不在于他们与欧洲大陆哲学家们之间的观点差异……放弃或淡化这个分野，将是我们拓展哲学认识、重新理解当代西方哲学主要特征的第一步”。（第 175 页）作者从如下几个方面阐释其观点：（1）作者发现通常学界从五个方面来区分分析哲学与欧陆哲学：地理和历史、论域、应用方法、风格以及规范性。（第 175-182 页）作者认为上述区别既不符合当代哲学研究现状，也不利于我们对当代哲学的理解。（2）那我们如何看待上述分野呢？按照作者的观点，我们应该放弃或淡化这种见解。从哲学史的角度而言，双方是同源的，而且目的也是一样的。他们都是“反对传统思辨哲学的运思方式，强调从概念意义澄清和表达方式改变出发，重新确定哲学研究的方向”。（第 183 页）双方的分野更多是历史的，而不是现实的。作者补充到，“把分析哲学作为一种历史的存在，不仅是重新认识到了分析哲学的历史意义，而且也恰当地表明了分析方法在哲学研究中的基础作用”。（第 184 页）

第三章：维特根斯坦与分析哲学运动的发展

作者挖掘出了当代分析哲学发展中的三个重要变化：“从反形而上学转变为重新重视形而上学研究，从早期的非历史的研究转变为对其自身历史的研究，从语言哲学转变为心灵哲学。”（第 191 页）语言哲学到心灵哲学的转变有外部因素，也有内部因素。内部因素包括：从“语义上行”到“语义下行”的过渡、语言哲学的专业化使得有关语言的研究逐渐进入语言学的研究领域。外部因素包括心理学中计算机模型的兴起以及心理学的发展等等。（第 195-196 页）分析哲学走向科学化的道路主要是受到了蒯因的影响。心灵哲学的兴起恰好顺应了科学主义的道路，因为“心灵哲学研究的主要目的不是为哲学理论或主张寻求科学的支撑和理论，而是从科学研究中获取哲学的灵感”。（第 196-197 页）分析哲学从反形而上学到重视形而上学研究的转变的主要推动力是斯特劳森和蒯因，（第 197 页）而分析哲学从非历史的研究到对自身历史的研究的转变应该归功于达米特以及比尼等人。分析哲学并非一种哲学方法，它更多地展现为一种清晰表达思想的方式，（第 205 页）这种方式的特征可以概括为思想上的民主和论证上的完美。

第四章：分析哲学运动的历史特征与现实意义

第一，当代分析哲学虽然进入了新的发展时期，但仍是对传统哲学的一种“现代延续”。主要表现在如下方面：深化了西方传统哲学家们对哲学本质的理解；扩展了哲学研究的基本领域；寻求不同哲学之间的共识。（第 223-232 页）

第二，就分析哲学对中国哲学发展的影响而言，根据作者的观点，它们存在着“双向重叠”关系。具体而言，“一方面，哲学学科从西方引进中国的历史正是分析哲学运动在中国发展的历史，当代中国哲学见证了分析哲学在中国的历程；另一方面，分析哲学运动从其肇始就被引入中国哲学界，甚至构成了当代中国哲学的逻辑起点，中国哲学学科的建立和发展同分析哲学有着密不可分的联系”。（第 238 页）作者从四个方面对上述观点分别做了论述。

最后，作者在结语部分讨论了维特根斯坦哲学中“非同寻常”的地方。这些方面体现在：（1）维特根斯坦的思想方式与他的个人生活有着密不可分的关系。我们对《逻辑哲学论》中有关伦理学、死亡、不可说之物的思想的理解必须要基于维特根斯坦的个人生活。（第 271 页）（2）维特根斯坦哲学思想的转变是来自个人生活经历中获得的启发，而不是思想自身的逻辑演变的结果。（3）维特根斯坦的思想与其生活经历之间存在一致性，这种一致性就是言行合一。（4）维特根斯坦对于言说和显示的区分体现出了他敏锐的透视感和对事物把握的整体感。（5）维特根斯坦的“综观”思想。（第 271-275 页）

五、结语

本书是作者近年来研究工作的结晶，既有深度，也有广度。就对维特根斯坦哲学和当代西方哲学的客观理解，尤其是对分析哲学的最新发展趋势的把握而言，我认为本书能够给感兴趣的读者带来深刻的哲学洞见和重要的学术参考价值。

2021 年国内出版的分析哲学著作（译著）选评

书目选择说明

这里选择的书目来自“中国分析哲学群”中发布的“2021 年分析哲学著（译）书目”。截止到 2021 年 12 月 28 日，该书目收入的图书共 37 种，包括 23 种著作（文集）和 14 种译著。这里选择点评其中的十种，包括五本著作和五本译著。2021 年 12 月出版的两种由于出版时间太近，无法确定其是否得到学界了解，此外，三本英文著作和文集由于在国内尚无推广，无法确定其影响力，因此，这五本书不在本点评选择范围。

（一）著作类

1. 黄敏:《分析哲学导论》(修订版)，商务印书馆，2021 年 4 月出版

该书系统讲授分析哲学的基本内容。它从古典实用主义哲学开始，以理想语言学派为主，兼及日常语言学派，涵盖早、中期分析哲学最为重要的十余位哲学家，着重展示分析哲学的工作方式和深层动机。与通常专注于哲学家的历史综述式导论不同，该书着力于学理脉络的挖掘，力图让读者直接面对分析哲学问题，形成自己的思考经验，为进入分析哲学的当前讨论打下基础。该书在2009 年初版（中山大学出版社）的基础上进行了较大幅度的改写和优化，是一本适合哲学专业本科生的教材，也适合有一定欧洲近代哲学史基础的普通或专业读者了解分析哲学。该书目前在豆瓣读书上的评分为 8.6 分，应当算是得到了较高评价。

2. 王路:《逻辑的视野》，清华大学出版社，2021 年 6 月出版

该书是作者近 20 年来发表的论文合集，书名模仿蒯因的《从逻辑的观点看》。取此书名，意在承袭蒯因对逻辑方法的重视，“依据逻辑的理论和方法探讨哲学问题，在已有问题和理论中发现问题，努力去解决这些问题，并在这一研究过程中提出新的问题和讨论方式，从而推进相关问题的讨论，推动逻辑和哲学研究的进步”。该书通过探讨分析逻辑的观念以及

国内外著名哲学家对逻辑的看法，为“什么是逻辑”提供了清晰的答案；通过探索哲学的本质，以及哲学的核心问题，为“什么是哲学”提供了合理的说明；在此基础上，通过把握逻辑与哲学的关联，为哲学解释与逻辑理解提供了有力的辩护。此外，该书还通过讨论逻辑与批判性思维之间的关联，为逻辑教学正名。该书被收入《逻辑、语言与智能——新清华逻辑文丛》。

3. 李麒麟:《知识归属的语境敏感性》，北京大学出版社，2021 年 4 月出版

该书借助于哲学论证、案例分析、概念梳理等手段，对当代知识论中的认知语境主义理论做出了细致分析，探讨了二元和三元的认知语境主义所对应的语境敏感性语言模型，揭示出认知语境主义在刻画关于认知归属的语境敏感性时面临的语言学和语言哲学挑战，并考察了认知语境主义在解决当代知识论一系列重要问题（如怀疑论问题、认知封闭原则、知识的可错主义观念等）中的优势地位。最后，作者提出，相比较其他竞争理论而言，认知语境主义并不具有实质上的理论优势，因此我们应当采取审慎批判的态度对待认知语境主义立场。该书出版后，受到国内学界的特别关注，北京大学叶闯教授认为，“这是一本读起来很有内容，建立在非常扎实的研究的基础上，并把扎实的研究以清晰的文字加以呈现的书”。山西大学梅剑华教授则认为其是“一部结构清晰、论证严密、思想敏锐的知识论专著”。

4. 郦全民:《当代科学认知的结构》，科学出版社，2021 年 7 月出版

该书在科学哲学和认知科学的双重视野下，立足于对科学史和科学前沿领域的考察，系统深入地探究当代科学认知的特征、结构以及演变趋势。主要内容包括：科学认知的基本特征和构架、科学中的认识认知与实用认知、科学认知的计算进路、科学数据处理的新特点、科学模型的地位和建构、科学解释的认知机制、科学预言的认知特性及其限度、科学认知的分布性和复杂性等等。该书是作者承担的国家社会科学基金重点项目“当代科学认知的特征和结构研究”的最终结果。

5. 徐英瑾:《人工智能哲学十五讲》，北京大学出版社，2021 年 7 月出版

该书从与人工智能紧密相关的哲学问题入手，主要讨论了如下话题：强人工智能是否可能；近代唯理论和经验论争论对于人工智能的影响；苏联、日本及欧盟在人工智能发展历程中的哲学教训；航空器自动驾驶背后的哲学难题；军用机器人的伦理是非；儒家与人工智能等。

作者从逻辑架构和历史经验出发，展望了未来通用人工智能发展的可能性、可行性以及相应的社会和伦理影响。该书内容主要来自作者在复旦大学开设的“人工智能哲学”（本科生课程）与“智能科学”（研究生课程）两门课程。该书在豆瓣读书上的评分为 8.6 分，应当算是得到了较高评价。该书还曾入围中国图书评论研究会主办的“月度好书”。

（二）译著类

1. 理查德 · J. 伯恩斯坦著，孙宁、余洋译:《杜威的哲学遗产：自然主义的当代效应》，东方出版中心，2021 年 10 月出版

该书内容是作者在复旦大学杜威研究中心所作的四次“杜威讲座”文稿，收入“日月光华 · 哲学讲堂”系列。全书通过四个篇章全面介绍了杜威的实用自然主义哲学主张，即自由主义的多重面相、约翰 · 杜威的自然主义、自由自然主义、塞拉斯和杜威的自然主义。作者理查德 · J. 伯恩斯坦是纽约社会研究新学院哲学教授，他在半个多世纪的学术生涯中撰写了大量影响深远的哲学著作。2003 年麻省理工学院出版社出版了考察其工作的合集，其中包括雅克 · 德里达、尤尔根 · 哈贝马斯、理查德 · 罗蒂、南希 · 弗雷泽和查尔斯 · 泰勒的文章。他的作品最为人所知的特点是审视不同哲学流派和传统之间的交叉，融合被 20 世纪的分析 / 大陆哲学所割裂的思想家和哲学洞见。

2. 欧内斯特 · 内格尔、詹姆斯 · R. 纽曼著，侯世达编，刘新文译:《哥德尔证明》，中国轻工业出版社，2021 年 3 月出版

逻辑学家、数学家库尔特 · 哥德尔于 1931 年发表的关于不完全性定理的论文，挑战了数学和逻辑研究中的基本假设，被认为是现代逻辑科学在哲学方面的三大成果之一。由于这一贡献，他获得了被誉为美国同类奖项中最高奖的阿尔伯特 · 爱因斯坦奖。即使对于专业研究者来讲，哥德尔的证明也显得过于复杂。该书两位作者以相对简单的形式解释了哥德尔论文中涉及的逻辑与数学基本术语、使用到的证明方法以及证明的主要思路和核心论题，为读者进入哥德尔证明思想提供了一幅简明地图。该书也直接影响了侯世达开始从事数理逻辑研究并写出了巨著《哥德尔、艾舍尔、巴赫：集异璧之大成》。该书译自原书 50 周年纪念版，在此版本中，侯世达澄清了原文本中的一些歧义之处，并添加了一个新的序言。他在序言中不仅展示了自己与该书的关系，还解释了哥德尔证明的本质，明确了哥德尔证明对于思考认知科学特别是人工智能发展的重要意义。

3. 尼古拉斯·雷歇尔著，陈波、张建军编，赵震、徐召清译:《悖论：根源、范围及其消解》，中国人民大学出版社，2021 年 1 月

该书介绍并讨论了已知的绝大多数悖论，比如：模糊性悖论、语义悖论、数学悖论、归纳悖论、决策悖论等。但该书的重点不是悖论史的梳理，而是方法论的探讨。作者在书中提出了诸多一般性的方法，并应用它们来研究各种悖论问题。比如，把区分“真”与“可信性”作为悖论分析的工具；通过引入不一致的圈来区分简单悖论与复杂悖论；通过保留配置及优先性排序来比较不同的解悖方案并以此找到最佳解悖方案；通过有效识别要求来解决悖论；通过成功引入原则来处理语义悖论，等等。作者尼古拉斯·雷歇尔生于德国哈根，10 岁来到美国，22 岁获得美国匹兹堡大学哲学博士，现为匹兹堡大学杰出教授，曾任匹兹堡大学哲学系和匹兹堡大学科学哲学中心主任、国际科学哲学及科学史联合会秘书长以及多个协会主席。雷歇尔教授的研究兴趣几乎涵盖哲学各个领域，包括认识论、形而上学、价值论、社会哲学、逻辑学、科学哲学以及哲学史，共发表 300 多篇学术论文，出版 100 多部学术著作，其中多部著作被译为其他语言。他曾获得三大洲八所高校的荣誉学位，以及众多学术奖项。

4. 帕特里克·林、凯斯·阿布尼、乔治·贝基主编，薛少华、仵婷译:《机器人伦理学》，中国工信出版社 / 人民邮电出版社，2021 年 7 月出版

该书由美国哲学家帕特里克·林、凯斯·阿布尼以及计算机科学家乔治·贝基共同编撰，将来自哲学、人文社会科学的著名学者和计算机、人工智能科学家、工程师的重要成果汇编成册。伦理学往往滞后于技术的发展，但机器人伦理学为我们的技术时代传达了一个重要的启示：我们必须实时对新兴技术提出伦理创新。因此，该书被看作填补了理论层面的学术讨论和现实层面政策制定之间的鸿沟。华东师范大学郁峰副教授在书评中写道，该书“不仅浓缩了当前机器人伦理所面临的许多障碍，而且为机器人伦理学领域内需要提出和回答的问题制定了研究议程”。中国人民大学哲学与认知科学交叉平台举行该书专题研讨会，引起国内学界的广泛关注。

5. 约翰·塞尔著，张浩军译:《观物如实：一种知觉理论》，中国人民大学出版社，2021 年 3 月出版

该书是塞尔对知觉问题的系统研究，核心是视觉体验的意向性。他对哲学史上流行的各种经典知觉理论进行了批评，指出这些理论都犯了一个共同的错误，即“坏论证”，认为这是

造成知觉哲学史上几乎所有混淆和错误的根源。他对知觉体验的呈现意向性做了论证，并通过对知觉意向性的工作机制进行详细分析对坏论证做了系统反驳，也由此对其直接实在论做了辩护。该书在反驳坏论证的同时也对命题态度、怀疑论、感觉预料理论、缸中之脑、原初性质与次级性质、析取主义、无意识的知觉、现象主义、观念论（唯心主义）、知觉的表象理论等进行了细致的分析和严厉的批评。该书出版后在西方引起了哲学家们的普遍关注，也受到了来自各方面的批评。

（江怡主持并执笔）

2022年国内分析哲学研究成果及学术活动统计

（截至2022年12月25日）

一、著作出版（以首字拼音为序）

1. 格赖斯:《理性的面向》，荣立武译，北京：科学出版社，2022年10月。
2. 达米特:《思想与实在》，王路译，北京：商务印书馆，2022年7月。
3. 何朝安:《涵义的形而上学研究》，上海：上海人民出版社，2022年8月。
4. 黄敏:《意义与意向性》，北京：中国社会科学出版社，2022年6月。
5. 江怡（主编）:《中国分析哲学·2022》，杭州：浙江大学出版社，2022年9月。
6. 江怡:《时代问题的哲学分析》，北京：中国社会科学出版社，2022年4月。
7. 卡尔纳普:《语言的逻辑句法》，夏年喜、梅剑华译，叶峰校，北京：商务印书馆，2022年10月。
8. 克里普克:《指称与存在：约翰·洛克讲座》，周允程译，北京：商务印书馆，2022年10月。
9. 贝科夫、皮尔斯:《野兽正义：动物的道德生活》，刘小涛译，上海：上海科技教育出版社，2022年8月。
10. 莫里斯:《维特根斯坦与逻辑哲学论》，李国山译，桂林：广西师范大学出版社，2022年8月。
11. 潘磊:《符号学视域下的皮尔士哲学思想研究》，北京：中国社会科学出版社，2022年9月。
12. 乔姆斯基:《笛卡尔语言学：唯理主义思想史上的一章》，田启林、马军军译，北京：商务印书馆，2022年10月。
13. 芬利:《言辞的混淆（一个规范语言的理论）》，苏庆辉译，北京：科学出版社，2022年10月。

14. 王成兵（主编）:《一位真正的美国哲学家：美国学者论杜威》，北京：中国社会科学出版社，2022 年 11 月。
15. 王聚:《当代知识论导论》，上海：复旦大学出版社，2022 年 9 月。
16. 王聚:《无限主义与人类知识》，上海：上海三联书店，2022 年 8 月。
17. 张学广:《维特根斯坦哲学解释简史》，北京：商务印书馆，2022 年 6 月。
18. 张瑛:《名侦探的逻辑》（第二版），武汉：华中科技大学出版社，2022 年 3 月。
19. 周靖:《推论、社会与历史：布兰顿哲学导论》，上海：上海社会科学院出版社，2022 年 8 月。

二、论文发表（以首字拼音为序）

1. Chen Bo, Vrhovski Jan(eds.), “Special Issue on History of Logic in Contemporary China”, *Asian Studies* (A&HCI Emerging Sources), 2022, 10(2): 1–404.
2. Chen Bo, Vrhovski Jan, “History of Logic in Contemporary China (1949—2021)”, *Asian Studies*, 2022, 10(2): 11–14.
3. Chen Bo, “70 Years of Logic in China: 1949—2019”, *Asian Studies*, 2022, 10(2): 19–79.
4. Chen Bo, “Philosophy as a Cognitive Enterprise”, In Evandro Agazzi, Andreas Arndt & Hans-Peter Hans-Peter (eds.), *Interpretations of a Common World: from Antiquity to Modernity:Essays in honour of Jure Zovko*, Münster: Lit Verlag, 2022: 257–291.
5. Dong Da, Chen Wei, “Deweyan Reflex Arc: The Origins of an Idea”, *Frontiers in Psychology*, 24 March, 2022.
6. Fan Jie, “A Logic of Temporal Contingency”, *Erkenntnis*, published online, December 2022, https://link.springer.com/article/10.1007/s10670-022-00644-5.
7. Fan Jie, “A Logic of Von Wright’s Deontic Necessity”, *Studies in Logic*, 2022, 15(3): 1–17.
8. Fan Jie, “A Unified Logic for Contingency and Accident”, *Journal of Philosophical Logic*, 2022, 51(4): 693–720.
9. Fan Jie, “Logics of (In)Sane Beliefs and (Un)Reliable Beliefs”, *Logic Journal of the IGPL*, 2022, 30(1): 78–100.
10. Fan Jie, “Some Notes on Dyadic Contingency”, *Journal of Logic, Language and Information*, published online, October 2022, https://link.springer.com/article/10.1007/s10849-022-

09385-8.

11. Fan Jie, "Unknown Truths and False Beliefs: Completeness and Expressivity Results for the Neighborhood Semantics", *Studia Logica*, 2022, 110(1): 1–45.
12. Fang Wei, "Design Principles and Mechanistic Explanation", *History and Philosophy* of *the Life Science*, 2022, 44(4): 55.
13. Jiang Yi, "How Is an Analytic Approach to Chinese Philosophy Possible? An Observation from Perspective of Methodology", *Frontiers of Philosophy in China*, 2022,17(1): 14–34.
14. Jiang Yi, "The Vienna Circle in China: The Story of Tscha Hung", In Esther Ramharter, Cham(ed.), *The Vienna Circle and Religion*, Switzerland: Springer Nature Switzerland, 2022: 99–229.
15. Liu Mo, Jie Fan, van Ditmarsch, Hans and Kuijer Lowe, "Logics for Knowability", *Logic and Logical Philosophy*, 2022, 31(3): 385-426.
16. Pan Tianqun, "Calculus of the Empirical Content of Propositions", *Rivista di Filosofia NeoScolastica*, 2022, CXIV(2): 379–388.
17. Strollo Andrea, "Alethic Pluralism, Logical Validity, and Natural Truth", *Philosophia*, 2022, 50(1): 269–284.
18. Strollo Andrea, "Truth Pluralism and Many-Valued Logic: Lesson from Suszko's Thesis", *The Philosophical Quarterly*, 2022, 72(1): 155–176.
19. Strollo Andrea, "Validità logica e Pluralismo Aletico: Due Problemi e un' unica Soluzione", *Rivista di Filosofia Neo-Scolastica*, 2022, CXIV(2): 389–400.
20. Tang Refeng, "Exorcising the Myth of the Given: the Idea of Doxasticism", *Synthese*, 2022, 200(4): 1–32.
21. Wan Xiaolong, "Four Equivalent Relations between MCP and CP and Its Implication in Quantum and Information Theory", *Quantum Engineering*, 2022/5/1, EI.
22. Wang Chengbing, Dong Ming, "Education and the Reconstruction of a Democratic Society: Two Main Themes in Dewey's Philosophy of Education", In Huajun Zhang and Jim Garrison(eds.), *John Dewey and Chinese Education: A Centennial Reflection*, Brill, 2022: 254–266.
23. Wang Chengbing, "Possible Approaches to the Comparative Study of William James and Traditional Chinese Philosophy", *Educational Philosophy and Educational*, 2022, 54(4):

328–330.

24. Wang Chengbing, “The Significance and Research Methods of Enhancing Studies on William James’s Philosophy”, *Frontiers of Philosophy in China*, 2022, 17(1): 61–77.
25. Xu Qiang, “On the Two Interpretative Models of Middle Wittgenstein’ s Verificationism”,《中国分析哲学 · 2022》，杭州：浙江大学出版社，2022 年 9 月。
26. Zheng Yujian, “Path-bound normativity an d a Confucian case of historical holism” , *Asian philosophy*, 2022, 32(2): 215–235.
27. 曹剑波，王云卉：“等重论点诘难”，《自然辩证法通讯》，2022 年第 44 卷第 3 期，第 32–38 页。
28. 曹剑波：“知识是绝对的，还是有程度的？”，《哲学研究》，2022 年第 6 期，第 81–91 页；《中国社会科学文摘》，2022 年第 11 期，第 39–40 页。
29. 陈波：“KK 原则和强知识概念”，《社会科学战线》，2022 年第 11 期，第 22–32 页。
30. 陈波：“蒯因的自然主义：澄清和辩护”，《武汉大学学报（哲学社会科学版）》，2022 年第 3 期，第 64–81 页。
31. 陈波：“逻辑例外论的演变”，《逻辑学研究》，2022 年第 5 期，第 1–10 页。
32. 陈常燊，李威：“一般主义不一般”，《外国哲学》，第 43 辑，2022 年，第 196–218 页。
33. 陈常燊：“‘可能知道’，还是‘知道可能’？”《福建论坛》，2022 年第 11 期，第 80–88 页。
34. 陈常燊：“维特根斯坦的实践涌现论”，《学术界》，2022 年第 12 期，第 147–154 页。
35. 陈常燊：“‘裂缝论证’与艺术作品的物质构成”，《中国分析哲学 · 2022》，杭州：浙江大学出版社，2022 年，第 139–152 页。
36. 陈常燊：“当代艺术学本体论中的指称论题”，《艺术学研究》，2022 年第 3 期，第 32–41 页。
37. 陈嘉明，郑伟平：“当代知识论的中国话语——访陈嘉明教授”，《哲学分析》，2022 年第 1 期，第 176–186 页。
38. 陈嘉明：“知识论语境下的理解”，《中国社会科学》，2022 年第 10 期，第 25–43 页。
39. 陈嘉明：“知识与理解：何者具有最终的价值——评普里查德的认知价值论”，《武汉大学学报》，2022 年第 1 期，第 38–45 页。
40. 陈巍：“脸和心：我们能否通过模拟表情直通他心”，《华南师范大学学报（社会科学版）》，2022 年第 6 期，第 35–48 页。

41. 陈巍："心理模拟：相似性的概念刻画与神经表征"，《浙江社会科学》，2022 年第 4 期，第 103-111 页；人大复印资料《科学技术哲学》2022 年第 9 期全文转载。
42. 陈亚军："杜威经验学说的背景与结构"，《浙江学刊》，2022 年第 1 期，第 164-172 页。
43. 程都："披着黑格尔外衣的皮尔士:实用主义内涵之探析"，《浙江学刊》,2022 年第 1 期，第 173-181 页。
44. 成素梅："科学与哲学在哪里相遇？——从量子理论的发展史来看"，《社会科学战线》，2022 年第 1 期，7-16 页。
45. 代海强，胡惕："基于维特根斯坦思想的体育哲学探究"，《中国分析哲学 2022》，杭州：浙江大学出版社，2022 年，第 175-189 页。
46. 代海强："本质的形而上学——一个批判性的概述考察"，《中国社会科学评价》，2022 年第 2 期，第 14-22 页。
47. 代海强："对《逻辑哲学论》科学观的逻辑重构"，《科学技术哲学研究》，2022 年第 1 期，第 7-12 页。
48. 郭建萍："吉拉·谢尔实质主义真理论探析———从基本的人类认知状况出发"，《山西大学学报（哲学社会科学版）》，2022 年第 4 期，第 27-34 页。
49. 方红庆："我们凭什么相信？ "，《哲学动态》，2022 年第 11 期，第 117-126 页。
50. 方红庆："信念、断言与实用入侵"，《自然辩证法研究》，2022 年第 1 期，第 3-9 页。
51. 何朝安："论布兰顿的实用主义指称理论"，《科学技术哲学研究》，2022 年第 5 期，第 7-12 页。
52. 何朝安："反表征主义与实用主义的元哲学向度"，《哲学研究》，2022 年第 11 期，第 120-127 页。
53. 何朝安："关于未来世界的知识：怀疑与辩护"，《自然辩证法研究》，2022 年第 3 期，第 3-8 页。
54. 江怡："从未来的视角看哲学的性质和任务"，《社会科学战线》,2022 年第 5 期，第 1-9 页；《高等学校文科学术文摘》，2022 年第 4 期，第 23-24 页；《新华文摘》，2022 年第 19 期，第 59-63 页。
55. 江怡："分析哲学对中国哲学建构的影响——一种历史性的考察"，《南国学术》，2022 年第 3 期，第 385-394 页；《社会科学文摘》，2022 年第 9 期，第 23-25 页。
56. 江怡："后期维特根斯坦论确定性与不确定性"，《山西大学学报》（哲学社会科学版），2022 年第 3 期，第 1-9 页。

57. 江怡:“逻辑实证主义与美国实用主义的哲学转型”,《浙江社会科学》, 2022 年第 11 期，第 80-85 页。

58. 蒋世强:“论前期维特根斯坦的哲学符号学思想”,《符号与传媒》, 2022 年第 1 期，第 22-33 页。

59. 李珍:“物理世界的心理因果性何以可能？——基于对干预主义因果论的形而上学之思”,《哲学研究》, 2022 年第 4 期，第 118-127 页。

60. 李月坤，张燕京:“弗雷格关于涵义与指称区别的论证——基于现代逻辑的视角”,《湖北社会科学》, 2022 年第 9 期，第 87-96 页。

61. 刘日明，刘小涛:“智能知识生产模式的本质特征和社会驱动”,《社会科学》, 2022 年第 8 期，第 21-28 页。

62. 刘小涛:“动物道德的哲学选择”,《新文科教育研究》, 2022 年第 3 期，第 53-66 页。

63. 刘小涛:“反对动物信念！”,《哲学分析》, 2022 年第 5 期，第 15-22 页。

64. 楼巍:“什么是《逻辑哲学论》中的‘对象’？”,《哲学研究》, 2022 年第 11 期，第 112-119 页。

65. 梅杰吉:“对‘遵守规则悖论’的一种澄清——从维特根斯坦数学哲学的观点看”,《江西社会科学》, 2022 年第 5 期，第 14-23 页。

66. 梅剑华:“如何理解客观性：对象、意义与世界”,《学术研究》, 2022 年第 1 期，第 17-25 页。

67. 梅剑华:“客观性、因果性与自然律”,《中国社会科学评价》, 2022 年第 2 期，第 4-13 页。

68. 潘磊:“实用入侵的困境”,《武汉大学学报(哲学社会科学版)》, 2022 年第 4 期，第 60-68 页。

69. 潘磊:“实用主义的入侵与信念的合理性”,《哲学分析》, 2022 年第 3 期，第 110-124 页。

70. 荣立武，潘诠:“格莱斯语用理论的内部冲突及解决方案”,《逻辑学研究》, 2022 年第 4 期，第 76-91 页。

71. 荣立武:“相容论理性观的辩护”,《哲学与文化（月刊）》,2022 年第 5 期，第 73-88 页。

72. 阮凯:“什么是否定事实：事实本体论和事实建构论之争”,《科学技术哲学研究》, 2022 年第 2 期，第 48-54 页。

73. 孙宁:“‘直观’的不同意涵及效应：塞拉斯和麦克道尔读康德”,《学术月刊》, 2022

年第 2 期，第 27-35 页。

74. 孙宁：“从康德到皮尔士：继承与超越”，《中国社会科学文摘》，2022 年第 10 期，第 48-49 页，原载于《实用主义研究》2021 年第 3 辑。
75. 孙宁：“描述性形而上学的康德资源与黑格尔倾向：对斯特劳森的定位性考察”，《现代外国哲学》第 21 辑，上海：上海三联书店，2022 年。
76. 孙宁：“如何处理物自体:塞拉斯和梅亚苏”，《世界哲学》,2022 年第 1 期，第 75-84 页。
77. 孙宁：“如何在语用转向后重提语义表征？——以戴维森和布兰顿为例”，《复旦学报》，2022 年第 1 期，第 35-43 页；人大复印资料《外国哲学》2022 年第 5 期全文转载。
78. 孙宁：“塞拉斯及其后继者：从语义学的视角看”，《哲学动态》2022 年第 12 期，第 80-87 页。
79. 唐热风：“知识行动论”，《哲学动态》，2022 年第 7 期，第 85-96 页。
80. 万小龙：“卢卡锡维茨 L3 系统的最低限度隐变量解释”，《安徽大学学报（哲学社会科学版）》，2022 年第 9 期，第 32-40 页。
81. 万小龙：“作为量子信息基础的模态逻辑四个等价性”，《自然辩证法研究》，2022 年第 5 期，第 17-23 页。
82. 王聚：“理解独断”，《社会科学》，2022 年第 6 期，第 17-23 页；《中国社会科学文摘》2022 年第 9 期全文转载。
83. 徐强：“‘事实’与‘价值’——第十三届分析哲学研讨会述评”，《哲学分析》，2022 年第 8 期，第 184-195 页。
84. 徐强：“对‘中期’维特根斯坦‘治疗型’哲学两种解读的回应”，《清华西方哲学研究》，2022 年夏季卷，第 51-70 页。
85. 徐强：“论‘中期’维特根斯坦‘证实主义’的两个面相”，《西南交通大学学报（社科版）》，2022 年第 04 期，第 139-149 页。
86. 徐强：“论贝克对‘中期’维特根斯坦‘治疗型’哲学的‘精神分析式’解读”，《理论界》，2022 年第 7 期，第 37-43 页。
87. 徐强：“论维特根斯坦语义思想发展的连续性”，《科学技术哲学研究》，2022 年第 5 期，第 74-79 页。
88. 余俊伟：“真：一种意义理论研究”，山西大学学报（哲学社会科学版），2022 年第 4 期，第 10-18 页。
89. 翟锦程，闻菲：“沃尔顿对论证相关性的处理”，山西大学学报（哲学社会科学版），

2022 年第 4 期，第 1-9 页。

90. 翟振明："传达真相与说出真相的区别"，《现代哲学》，2022 年第 2 期，第 73-77 页。

91. 张励耕："《逻辑哲学论》中的规范性是怎样一种规范性？"，《当代价值观研究》，2022 年第 3 期，第 64-74 页。

92. 张留华："联结词的意义问题"，《山西大学学报（哲学社会科学版）》，2022 年第 4 期，第 19-26 页。

93. 张小星："确定性与梯度——富莫尔顿亲历理论的困境"，《哲学研究》，2022 年第 1 期，第 116-124 页。

94. 张学广："《逻辑哲学论》在中国"，《西北哲学论丛》（第三辑），北京：中国社会科学出版社，2022 年 10 月。

95. 张学广："后期维特根斯坦'语言实践'概念辨析"，《西北大学学报》（哲学社会科学版），2022 年第 5 期，第 50-59 页。

96. 张燕京，郑甲平："弗雷格的'普遍性'思想——基于句子图式的视角"，《河北大学学报（哲学社会科学报）》，2022 年第 5 期，第 28-35 页。

97. 周靖："超越心灵与世界的界限——从皮尔士哲学出发建构的符号实用主义"，《科学技术哲学研究》，2022 年第 5 期，第 46-53 页。

98. 周靖："论'维特根斯坦式的实用主义'——基于新实用主义的视角"，《学术月刊》，2022 年第 12 期，第 24-33 页。

99. 周靖："皮尔士论知识的基础及其对当代知识论的启示"，《自然辩证法研究》，2022 年第 1 期，第 10-16 页。

100. 周靖："匹兹堡学派中的维特根斯坦：论遵守规则"，《哲学评论》，第 30 辑，2022 年，第 1-17 页。

101. 周北海："指涉方式与语言整体观视角下的名称理论"，《哲学分析》，2022 年第 3 期，第 137-150 页，第 199 页。

三、学术活动（以时间为序）

1. 3 月，武汉大学哲学学院主办“逻辑与哲学”系列讲座，牛津大学阿德里安·莫洛（Adrian Moore）教授举行两场讲座，主题为维特根斯坦哲学。
2. 3 月 26 日，北京大学举办汉语哲学研究中心成立大会和专家论坛。
3. 3 月至 12 月，山西大学“任之讲堂”共举办九期，总 33 期，邀请了江怡、王文方、尚杰、黄勇、杨国荣、赵敦华、张志伟和毕明安（Michael Beaney）等著名学者做主题讲座。
4. 5 月 15 日，山西大学江怡教授主持的国家社会科学基金重大项目“20 世纪中国分析哲学史研究”举行开题论证会，山西大学副校长孙岩、山西省社科办处长刘晓哲、山西大学文科处处长王为民等出席，杨国荣教授担任专家组组长，赵敦华、冯俊、韩震、谢地坤、刘晓力、魏屹东等担任评审专家。
5. 5 月 21 日至 22 日，中国现代外国哲学学会分析哲学专业委员会与西南民族大学联合举办第 13 届全国分析哲学研讨会，主题是“事实与价值”，线上线下联合举行，参会代表 200 余人。
6. 6 月 19 日，山西大学魏屹东教授主持的国家社会科学基金重大项目“人工认知对自然认知的哲学挑战”举行开题论证会，山西大学副校长孙岩、山西省社科办处长刘晓哲、山西大学文科处处长王为民等出席，任晓明教授担任专家组组长，翟锦程、成素梅、李建会、梁吉业、江怡、李茹等担任评审专家。
7. 7 月 6 日至 8 日，山西大学举办国际分析哲学史研究会 2022 年年会，采取线上线下结合形式，来自世界各地 20 多个国家的 70 多位代表参会，陈波教授代表中国做大会特邀发言。
8. 7 月至 12 月，国家社会科学基金重大项目“20 世纪中国分析哲学史研究”主办“中国分析哲学史研究线上系列讲座”，从 7 月开始，每月一期，邀请国内外著名学者围绕项目内容做主题报告，已举办六期，线上直播方式。
9. 8 月 7 日至 16 日，山西大学哲学社会学学院举办“2022 年度分析哲学国际暑期高级研修班”，来自 6 个国家的 14 位专家做了 16 场学术报告，正式学员 200 名，采取线上直播方式。
10. 9 月 24 日至 25 日，中国自然辩证法研究会与山西大学联合举办全国第 20 届科学哲学研讨会，参会代表 200 余名，会议采取线上线下结合的方式。

11. 9月，文集《中国分析哲学 · 2022》由浙江大学出版社出版发行。这是由中国现代外国哲学学会分析哲学专业委员会编辑出版的系列文集的第六辑，由山西大学哲学社会学学院和国家社会科学基金重大项目“20世纪中国分析哲学史研究”课题组全额资助。《中国分析哲学 2022》收入论文 13 篇，译文 1 篇，书评 1 篇，会议综述 1 篇。
12. 10 月 22 日至 23 日，复旦大学哲学学院举办国际怀疑论大会（International Conference on Skepticism），国内外参会代表 12 人。
13. 10 月 28 日至 30 日，由中国逻辑学会现代逻辑专业委员会主办、山东大学哲学与社会发展学院和山东大学概念与推理研究所承办的“2022 年全国现代逻辑学术研讨会”在济南召开。
14. 11 月 26 日至 27 日，北京师范大学哲学学院举办第六届京师分析哲学论坛“规范性哲学研究”，来自全国各高校科研院所百余人参加，共有 8 场主旨报告，44 场分论坛报告。
15. 12 月 11 日，中华全国外国哲学史学会和中国现代外国哲学学会 2022 年年会组织了对江怡教授《时代问题的哲学分析》的新书专题研讨会，韩水法教授、张志伟教授、梅剑华教授、黄敏教授应邀发言，江怡教授做出了回应，80 余位学者参加了研讨会。

四、 组织成立（以时间为序）

1. 1 月 13 日，江怡教授正式担任国际皮尔士学会副会长，任期一年，2023 年起担任会长，任期一年。
2. 3 月 11 日，“逻辑学、方法论和科学技术哲学分会”（The Division of Logic, Methodology and Philosophy of Science and Technology，DLMPST）理事会投票选出 2023 年 DLMPST 代表大会（布宜诺斯艾利斯）程序变更委员会，陈波教授当选为六名成员之一。
3. 9 月 17 日，山西省逻辑学研究会成立大会暨“真、逻辑方法与逻辑基础问题”学术研讨会在太原举行，山西大学郭建萍教授担任首任会长。
4. 9 月 24 日，山东省逻辑学会成立大会暨逻辑学教学与研究讨论会在济南举行，山东大学刘森林教授担任首任会长。

（根据微信群“中国分析哲学”收集信息统计）

编后记

在这个纷繁复杂的2022年岁末,《中国分析哲学·2023》终于编辑完成了！这是《中国分析哲学》系列文集中的第七部，也是该系列文集重新出版后的第二部。在这里，我们首先想要感谢国内分析哲学研究领域的所有学者对这个文集出版的大力支持、鼓励和帮助！你们的关心和关注，才是这个文集得以存在的动力！

从本文集中的“2022年国内分析哲学研究成果及学术活动统计”中可以看到，虽然2022年是不平静的一年，但国内的分析哲学研究依然取得了令人瞩目的成绩，各类学术活动依然非常活跃。本文集收入的11篇论文和1篇书评，集中反映了国内分析哲学研究者们持续关注的热点领域和焦点问题。论文作者中，既有在分析哲学领域中数十年如一日地不断耕耘的资深学者，也有已经在哲学界崭露头角的学术新人，更有年轻一代的后起之秀。最让我们感动的是，这些作者们不计回报，不念功利，主动为我们这个既不是“核心期刊”又没有进入某个系列的纯粹学术集刊，无私奉献出他们的最新研究成果，而且愿意等候漫长的审稿周期！虽然本文集没有进入国内期刊评价系列，但我们依然严格按照国际通行的评审标准，采用双向匿名评审机制，保证了本文集论文的学术质量。在这里，我们要特别感谢为本文集的论文评审做出重要贡献的12位评审专家，他们也是本文集编委会的委员。他们是：陈晓平、黄敏、楼巍、林允清、陈亚军、朱志方、王华平、万丹、叶闯、王文方、刘畅、代海强。

最后，我们依然要感谢山西大学哲学社会学学院对本文集的出版提供的持续资助！感谢浙江大学出版社对文集出版的大力支持！感谢本系列文集的责任编辑伏健强先生的细致工作！

本文集是国家社会科学基金重大项目“20世纪中国分析哲学史研究”的阶段性成果之一。

《中国分析哲学》编辑委员会

主编：江怡

副主编：陈常燊

2022年12月31日